Über die Geheimlehren

Jamblichus

1

Mein Dank geht an Peter Windsheimer für das Design des Titelbildes. Des Weiteren an Ariane und Michael Sauter.

Für Schäden, die durch falsches Herangehen an die Übungen an Körper, Seele und Geist entstehen könnten, übernehmen Verlag und Autor keine Haftung.

Copyright © 2011 by Christof Uiberreiter Verlag
Waltrop • Germany

Herstellung und Verlag:
BoD – Books on Demand, Norderstedt
ISBN 978-3-7347-3425-0

Abammons, des Lehrers, Antwort auf den Brief des Porphyrius an Anebo und Widerlegung der darin enthaltenen Bedenken

1. Teil

Vorwort des Abammon-Jamblichus an Porphyrius; Allgemeines über die von diesem in seinem Briefe an Anebo geäußerten Zweifel bezüglich der Theurgie und Mantik. Über die Wesenheiten, Energien und Wirkungsmöglichkeiten der sogenannten höhern Geschlechter, d. h. der Götter, Dämonen, Heroen und Seelen; ihre Scheidung und Klasseneinteilung unter Zurückweisung der von Porphyrius vorgebrachten Sätze.

I. 1: Gott Hermes, der Herr der Vernunft und vernunftgemäßen Rede, ist nach alter, guter Überzeugung allen Priestern insgesamt gemeinsam; und auch der, der dem wahren Wissen über die Götter vorsteht, ist nur ein einziger und durchaus der gleiche. Auf ihn haben daher auch unsere Vorfahren das zurückgeführt, was ihre Weisheit ermittelte, indem sie ihre eigenen Schriften nach Hermes benannten.

Und wenn daher auch wir beide an diesem Gotte in entsprechender und unsern Kräften angemessener Weise Anteil haben, so handelst du richtig, indem du gewisse Fragen über die Lehre vom Wesen des Göttlichen den Priestern wie Freunden zur Beurteilung vorlegst, und ebenso auch ich, indem ich den von dir an meinen Schüler Anebo gesandten Brief als mir geschrieben ansehen und dir billigerweise alles das wahrheitsgemäß beantworten will, wonach du fragst. Denn es würde sich doch wohl kaum geziemen, dass zwar Pythagoras, Plato, Demokrit, Eudoxus und viele andere Griechen des Altertumes der gebührenden Belehrung von Seiten der zeitgenössischen Schriftgelehrten (Hierogrammaten) teilhaftig geworden sind, du aber, der du zu unserer Zeit lebst und von derselben Sinnesart bist wie sie, um die Anleitung durch die jetzt lebenden Lehrer kämest, die „allen gemeinsame Lehrer" heißen.

In diesem Sinne will ich mich also der vorliegenden Erörterung zuwenden; du aber nimm an, wenn du willst, dass dir der wieder schreibt, dem du deinen Brief zugesendet hast; du kannst aber auch, wenn es dir notwendig erscheinen sollte, immerhin festhalten, dass ich es bin, der sich mit dir brieflich auseinandersetzt, oder sonst irgendein anderer ägyptischer Auslegepriester (Prophet), denn darauf kommt es ja gar nicht an. Oder noch besser, meine ich, ist es, du lässt den, der (zu dir in diesem Antwortschreiben) spricht, ganz aus dem Auge, mag er niedriger oder höher stehen), und achtest mir auf das, was vorgebracht wird, während du deine Aufmerksamkeit nur darauf richtest, ob das (hier) Vorgetragene wahr oder falsch ist.

Zunächst will ich die vorliegenden Probleme nach Zahl und Art ihrer Gattungen einteilen, dann behandeln, aus welchen Sätzen der göttlichen Lehre vom Wesen des Göttlichen sich die Schwierigkeiten ergaben, und dann endlich die Erkenntnissätze aufstellen, auf Grund derer sich diese Schwierigkeiten überprüfen lassen.

So machen gewisse (deiner Fragen) eine (genaue) Scheidung von übel Durcheinandergeworfenem notwendig, andere wieder beziehen sich auf das Prinzip, durch das alles Einzelne nicht nur existiert, sondern auch so, wie es existiert, erfasst werden kann (a priori gegebene Erkenntnisse, wie die angeborene Erkenntnis, dass es Götter gibt; vgl. unten I.3); andere aber, die hierin einen gewissen Gegensatz aufweisen, verlocken unser Urteil nach dieser wie nach jener Seite, und einige vollends machen geradezu eine gründliche Einführung in die Geheimlehre von meiner Seite notwendig (die nicht durch streng logisches Denken, sondern nur durch unmittelbare göttliche Offenbarung Einsicht in die letzten und höchsten Erkenntnisse vermittelt).

Als so geartet sind diese Probleme auch von vielen Orten und von verschiedenen Erkenntnisgebieten hergeholt. Denn einmal macht manches von der Lehre der chaldäischen Gelehrten (Theosophen) Schwierigkeiten, dann ruft wieder das Widerspruch hervor, was die ägyptischen Auslegepriester (Propheten) lehren, und auch einiges von der Erkenntnislehre der Philosophen wirft Fragen auf, die mit den philosophischen Theoremen zusammenhängen. Manches bringt ferner infolge von noch andern Anschauungen, die überhaupt keine Erwähnung verdienen, unschickliche Bedenken herein und manches endlich nimmt seinen Ausgang von (sogar) alltäglichen (hausbackenen) Mutmaßungen der Leute. Alles das ist schon an sich von mannigfaltiger Art und auch noch untereinander auf mannigfaltige Weise verquickt, so dass es aus allen diesen Gründen einer vernunftgemäßen Behandlung bedarf, die es in angemessener Weise in die rechte Richtung und Ordnung bringt.

I. 2: Ich nun will dir einerseits hinsichtlich der angestammten Dogmen der Assyrer die Lehre genau und wahrheitsgemäß mitteilen, andrerseits aber auch unsere eigenen (ägyptischen) Erkenntnisse in einleuchtender Weise enthüllen, indem ich manches auf Grund der zahllosen Schriften des hohen Altertumes vernunftgemäß überprüfe, manches aber auch auf Grund dessen, worin unsere Vorfahren ihr gesamtes Wissen vom Göttlichen in ein einziges in sich abgeschlossenes Werk zusammengezogen haben. Wenn du aber eine philosophische Frage vorlegst, werde ich dir auch diese auf Grund der alten Schriftsäulen des Hermes (Thoth) beantworten, durch deren Studium dereinst schon Plato und vor ihm Pythagoras die Philosophie (unter den Griechen) begründeten. Dabei werde ich die fremdartigen Probleme oder die, die spitzfindig-sophistisch sind und Anlass zu Zerwürfnissen bieten, entweder gelinde und artig zu mildern oder aber ihre Haltlosigkeit zu erweisen suchen.

Die Probleme, die sich nach den allgemein gültigen Begriffen entwickeln, werde ich auch in allgemein bekannter und ganz klarer Weise zu besprechen versuchen; die dagegen, die zu ihrem genauen Verständnis der Erfahrung in den göttlichen Dingen bedürfen, deren man aber nur durch das Walten der Vernunft teilhaftig werden kann, und die somit der vernunftgemäßen Betrachtungsweise voll sind, werde ich auf einen niedrigeren (leichter fassbaren) Standpunkt herabzuführen bestrebt sein; als beachtenswerte Kennzeichen (der Befähigung zu) dieser vernunftgemäßen Betrachtungsweise aber lassen sich die Erwägungen angeben, von denen aus du und die, die dir ähnlich sind, sich durch die reine Vernunftbetätigung mit der Wesenheit dessen, was (allein wahrhaft) existiert (d. h. des Göttlichen), beschäftigen können. Von all dem dagegen, was schon durch (bloße) Verstandesargumente erkennbar ist, will ich nichts zu einer erschöpfenden Beweisführung Nötige übergehen.

Bei der Behandlung aller dieser Dinge werde ich dir billigerweise stets die ihnen angemessene Methode (ihrer Erklärung) angedeihen lassen und das Theologische nach theologischer, das Theurgische nach theurgischer und das Philosophische nach philosophischer Methode beantworten und mit dir prüfen. Und alles, was davon bis zu den ersten Ursprungs-Prinzipien hinaufreicht, wollen wir zusammen durch die ersten Anfangsgründe begleiten und es so ans Licht bringen; was wieder über Gemüts-(Seelen-)zustände oder heilige Weihen bemerkt ward, werde ich notwendigerweise nach ethischen Gesichtspunkten entscheiden und ebenso auch alles übrige der Reihe nach in entsprechender Weise darlegen. So will ich mich denn endlich mit deinen Fragen befassen:

I. 3: Zuerst erklärst du, „zuzugeben, dass es Götter gibt." Das aber ist, so ausgedrückt, nicht richtig; denn die Erkenntnis, dass es Götter gibt, ist unserem (innersten) Wesen selbst von Natur eingepflanzt, ist über alle Kritik und jedes Urteil erhaben und steht vor jedem Vernunftbeweis. Denn sie ist von allem Anfang an eins mit dem ursächlichen (göttlichen) Ursprungsprinzipe unserer Seele und existiert zusammen mit dem auf das Gute (Göttliche) gerichteten Streben, das unserer Seele wesenhaft zukommt.

Dabei aber ist doch, wenn man die Wahrheit sagen soll, die Verbindung unserer Seele (als Emanation des Göttlichen) mit dem Göttlichen der Gotteserkenntnis nicht gleich; denn davon ist diese durch ihre Verschiedenheit von dem Wesen dessen, womit unsere Seele wesenhaft verbunden ist, geschieden. Bevor aber noch die Gotteserkenntnis als etwas vom Wesen der Gottheit Verschiedenes dieses von ihr selbst verschiedene Wesen (vernunftgemäß) begreift, existiert doch schon, von Natur aus selbst geworden und von ihr untrennbar, die Verbindung (unserer Seele) mit dem Göttlichen (im Gottesbewusstsein), da diese Verbindung von den Göttern selbst abhängt und in sich einheitlich ist (indem unsere Seele als Emanation aus dem Göttlichen mit diesem in einem einheitlichen Zusammenhange steht).

Man darf also nicht einräumen, die Verbindung (unserer Seele) mit dem Göttlichen (als ihrem Quell) lasse die Möglichkeit offen, die Erkenntnis, dass es Götter gibt, sowohl anzuerkennen als auch sie nicht anzuerkennen, ja nicht einmal, sie als strittig zu bezeichnen; denn jene Verbindung besteht immer einheitlich in ihrer Wirkung (die das Bewusstsein von der Existenz von Göttern bildet), und es geht daher nicht an, diese Verbindung so zu beurteilen, als hätten wir Menschen die Macht, das Gottesbewusstsein sowohl anzuerkennen als auch abzuleugnen. Vielmehr werden wir selbst von jener Verbindung mit dem Göttlichen ganz umschlossen gehalten, von ihr erfüllt und das Bewusstsein unserer eigenen Existenz besitzen wir nur im Gottesbewusstsein.

Den gleichen Satz aber mache ich dir gegenüber auch für die höheren

Geschlechter geltend, die sich an die Götter anschließen, für die Dämonen, meine ich, die Heroen und die reinen (noch präexistenten oder schon endgültig geläuterten und daher schon wieder dauernd körperfreien) Seelen; denn auch bezüglich dieser (höheren Wesen) muss man immer von dem einen festumgrenzten Grundsatze, dass sie existieren, überzeugt sein, das Nichtfestumgrenzte und Unstete der menschlichen Anerkennung (und Verwerfung) aber beseitigen und auch das außer Acht lassen, was infolge der Überlegung einander gleichwertig gegenüberstehen und daher hierhin wie dorthin neigen kann. Solches ist nämlich mit den Prinzipien der Vernunft und des (wahren, göttlichen) Lebens völlig unvereinbar, hat aber auf das erst Sekundäre (Gewordene, auf jene primären, göttlichen Prinzipien Zurückgehende) und auf alles das Bezug, was dem Wirken und der widerspruchsvollen Gegensätzlichkeit der (erst sekundären) Schöpfung zukommt. Die höheren (primären) Wesen aber darf man nur in einheitlicher Weise erfassen.

Daher soll die uns angeborene Erfassung der ewigen Begleiter der Götter deren Wesen selbst entsprechen: Ebenso nämlich wie diese höheren Wesen über ihre Existenz in immer gleicher Weise verfügen, so erfasse sie auch die menschliche Seele immer in derselben Weise durch das (ihr angeborene) Bewusstsein (ihrer Existenz), strebe aber nicht darnach, durch Mutmaßung, gefasste Meinung oder Schluss, Dinge, die doch nur zeitlich sind, da sie in der Zeit ihren Ursprung nahmen, die Existenz ergründen zu wollen, die (als ungeworden und ewig) über all dem steht; das erstrebe unsere Seele vielmehr nur durch die reinen und untadeligen Bewusstseinsempfindungen allein, die sie aus der Ewigkeit von den Göttern empfing und durch die sie selbst mit jenen höheren Wesen verbunden ist!

Du aber scheinst zu glauben, dass die Erkenntnis des Göttlichen ebenso geartet ist wie die Erkenntnis alles andern und dass aus Entgegengesetztem sich immer das eine Glied ergeben müsse, wie es bei dialektischen Problemen zu geschehen pflegt; doch hat das mit unseren Problemen gar keine Ähnlichkeit. Denn die Erkenntnis (des Göttlichen) ist davon völlig verschieden, da aus ihr das Gesetz der Antithese ausgeschaltet ist. Unsere Erkenntnis (von der Existenz der göttlichen Dinge) beruht also nicht auf dem Gesetze der Einräumung in diesem Augenblicke oder auf dem der (logischen) Entwicklung, sondern existiert vielmehr einartig von Ewigkeit in unserer Seele und zusammen mit ihr.

Bezüglich der ersten Voraussetzung (für die Gotteserkenntnis) in uns selbst, von der jeder Mensch ausgehen muss, der was immer über die

Geschlechter, die höher sind als wir, lehrt oder hört, sage ich dir also dies.

I. 4: Du fragst aber, „welche charakteristischen Merkmale jedem einzelnen der höheren Geschlechter zukommen, durch die sie voneinander geschieden werden." – Wenn du unter diesen charakteristischen Merkmalen Unterschiede verstehst, die innerhalb derselben Gattung entgegengesetzte Arten bilden wie bei der Gattung „Lebewesen" die Arten „vernünftige Lebewesen" und „unvernünftige Lebewesen", dann kann ich Derartiges niemals bei Wesen gelten lassen, die weder eine einheitliche Gemeinsamkeit noch eine ausgleichende Gegensätzlichkeit ihrer Wesenheit aufweisen, noch ihre Zusammensetzung aus einem nichtumgrenzten (d. h. allen Artgenossen gemeinsamen) Gattungs- und einem (die einzelnen Artgenossen) abgrenzenden Artbegriff herholen. Nimmst du dagegen an, dass diese Wesen in ihren ersten wie auch in ihren folgenden Klassen zwar sowohl hinsichtlich ihrer gesamten Wesenheit wie auch in der Gattung voneinander durchaus verschieden sind, dass das (gemeinsam) Charakteristische an ihnen aber nur in einer bestimmten (in allen Klassen wechselseitig vorhandenen) einheitlichen und in sich geschlossenen Anordnung besteht, dann ist diese Auffassung von den unterscheidenden Merkmalen vernünftig. Denn die unterscheidenden Merkmale jener Wesen, die ewig existieren, müssen für sich bestehend, einheitlich und (von einander) in allem gesondert sein.

Du gehst aber bei deiner Fragestellung auch unsystematisch vor; denn es hätte nach der Art der charakteristischen Merkmale zunächst mit Rücksicht auf die Wesenheit der höheren Geschlechter gefragt werden sollen, dann erst mit Rücksicht auf ihre Energie und dann endlich auch mit Rücksicht auf ihre Wirkungsmöglichkeit; so aber, wie du jetzt nach den unterscheidenden Merkmalen fragtest, hast du nur von den charakteristischen Merkmalen bezüglich ihrer Wirkungsmöglichkeiten gesprochen. Mithin forschst du nur nach dem Unterschiede dieser Wesen in dem, was ihnen zuletzt zukommt, das aber, was das Erste und Wichtigste an ihnen ist, gewissermaßen die Elementargrundlage des unter ihnen bestehenden Unterschiedes, hast du ganz unerforscht beiseite gelassen.

Denn es kommt dort auch noch deine Bemerkung über die **aktiven** und **passiven** Regungen hinzu (denen die höheren Wesen unterworfen sein sollen), was aber eine Unterscheidung in sich begreift, die einer Differenzierung der höheren Geschlechter am allerwenigsten angemessen ist. Denn keines von ihnen schließt den Gegensatz von tun und leiden in sich, sondern ihre Wirkungsmöglichkeiten lassen sich vielmehr als davon unabhängig und nicht beeinflusst und als frei von der Beziehung auf das Gegenteil beobachten; aus diesem Grunde lassen wir bei solcherlei Wesen derartige Regungen, nämlich solche von Seiten eines Leidenden, überhaupt nicht gelten. Denn nicht einmal bei der Seele fassen wir ihre Eigenbewegung in der Weise auf, als setze sie sich aus einem Bewegenden und einem Bewegten zusammen, sondern wir betrachten diese ihre Eigenbewegung vielmehr als eine einheitliche, ihr wesenhafte Bewegung, die zu nichts Zweitem eine Beziehung hat, und nehmen an, dass sie davon losgelöst ist, auf sich (als Bewegendes) einzuwirken und (als Bewegtes) durch sich eine Einwirkung zu erfahren. Und da sollte man es geschehen lassen, dass jemand bei Wesen, die vollkommener als die Seele sind, ihre unterscheidenden Eigentümlichkeiten auf Grund von tätigen oder leidenden Regungen ermittelt?

Fremd ist ihrem Wesen ferner auch das, was du noch hinzusetzest, „oder ergeben sich ihre charakteristischen und unterscheidenden Merkmale etwa aus den Akzidenzien? – Bei allem nämlich, was zusammengesetzt ist, und bei allem, was zusammen mit etwas Zweitem oder in etwas Anderem existiert, und endlich auch bei allem, was von etwas Zweitem umschlossen ist, versteht man das eine als das Erste (Ursprüngliche, Prinzipielle), das andere aber als das Folgende (Zweite, Akzidenzielle) und das eine als das (ursprünglich und prinzipiell) Existierende, das andere aber als das zum Wesentlichen (Ersten) erst Hinzukommende (Akzidenz); denn hier liegt ja tatsächlich eine Zusammensetzung vor und (daher erfolgt auch wieder) ein Nichtmehrzusammenschließen (der Teile) und ein Zerfall (des so Zusammengesetzten in das Prinzipielle und das Akzidenzielle). Bei den höheren Geschlechtern dagegen lässt sich ihr aller Wesen nur als in ihrer Wesenheit allein existierend denken und alles Universelle existiert nur ursprünglich und nur prinzipiell; jedes höhere, universelle Wesen existiert nämlich selbständig für sich und hat seine Grundlage weder aus etwas Zweitem noch in etwas Zweitem. Weil es also bei diesen Klassen der höheren Wesen kein Akzidenz gibt, ist es auch nicht möglich, ihre Eigentümlichkeiten und Akzidenzien zu charakterisieren. Schließlich muss die Entscheidung dieser Frage auch noch von den Erfahrungen hergeholt werden, die wir bezüglich der (uns umgebenden sinnlich wahrnehmbaren) Natur besitzen; denn es wird doch gefragt, auf welche Weise sich die Wesenheiten (der höheren Geschlechter) aus ihren Wirkungsmöglichkeiten, physikalischen Regungen und Akzidenzien erkennen lassen. Damit verhält es sich aber gerade umgekehrt: Bildeten nämlich die Wirkungs-möglichkeiten und die Regungen die Grundlage für die Wesenheiten (der höheren Geschlechter), dann wären sie auch tatsächlich für die Differenzierung der Wesenheiten entscheidend; wenn aber (umgekehrt) die Wesenheiten (der höheren Geschlechter) ihre Wirkungsmöglichkeiten bedingen, indem jene schon vor diesen, von ihnen unabhängig, existieren, dann bilden die Wesenheiten die Grundlage für die Unterschiede in den Regungen, Wirkungsmöglichkeiten und Akzidenzien. Diese Erkenntnis aber steht in geradem Gegensatze zu deiner Auffassung von der Art und Weise, wie jene Eigentümlichkeiten zu ermitteln sind, nach denen jetzt gefragt wird.

Die Hauptsache indes ist, ob du annimmst, dass die Götter, Dämonen, Heroen und an sich körperlosen Seelen Angehörige nur einer einzigen Gattung (höherer Wesen) sind, und ob du so ihre Scheidung nach charakteristischen (nur artenbildenden) Merkmalen verlangst, oder ob du darunter eine Vielheit (wesensverschiedener Gattungen) verstehst. Siehst du nämlich in ihnen Angehörige nur einer einzigen Gattung, so wird dadurch die Grundlage der wissenschaftlichen Lehre vom Göttlichen völlig zunichte gemacht; sind sie aber, wie anzunehmen ist, nach Gattungs-begriffen voneinander abgegrenzt und gilt für sie keine gemeinsame Begriffsbestimmung ihrer Wesenheit, sondern ist vielmehr das Höher-stehende vom Tieferstehenden geschieden, dann ist es auch nicht möglich, gemeinsame (gemeinschaftliche) Grenzen ausfindig zu machen; wäre das aber der Fall, dann hebt eben das ihre charakteristischen Eigentüm-lichkeiten (die ihnen tatsächlich zukommen und die ich unten besprechen werde) auf.

Auf diesem Wege also dürfte man das Gesuchte nicht ausfindig machen können. Wenn man aber für die höheren Wesen eine Identität gemäß eines Analogieverhältnisses (zwischen den Angehörigen der einzelnen wesens-verschiedenen Gattungen) in Rechnung zieht, nämlich für die vielen Klassen innerhalb der Götter, dann wieder innerhalb der Dämonen und Heroen und endlich auch innerhalb der Seelen, dann dürfte man ihre charakteristischen Eigentümlichkeiten definieren können (wie ich das unter II. 3. tun werde).

Was also an der vorliegenden Frage richtig ist und inwieweit es unmöglich und möglich ist, sie zu entscheiden, sei hierdurch dargetan.

I. 5: Hierauf will ich mich (auch im Einzelnen) der Beantwortung dessen zuwenden, wonach du fragst: Das Gute existiert entweder außerhalb der Wesenheit oder in der Wesenheit selbst, doch nur in jener Wesenheit, meine ich, die die älteste (ursprünglichste), ehrwürdigste und an sich ganz unkörperhaft ist. Und dieses (in der Wesenheit selbst begründete Gute) ist das vorzüglichste Charakteristikum der Götter, und zwar innerhalb aller ihrer Klassen (wie der intellegiblen, Götter, der Himmels- und sichtbaren Gestirngötter), das ihre Einordnung und Stellung (innerhalb der Abfolge der höheren Geschlechter) aufrecht erhält und sich von ihrer Wesenheit überhaupt nicht trennen lässt, sondern in allen (Klassen der Götter) als dasselbe und in stets gleicher Weise vorhanden ist. Den Seelen dagegen, die, an sich ewig, schon über Leiber gebieten und der Sorge um sie vorstehen, sich aber noch vor der Geburt (in diesen irdischen Leibern) befinden, kommt das Gute nicht mehr wesenhaft zu und ebenso wenig auch das Prinzip des Guten, das (als das Göttliche) ursprünglicher ist als ihre Wesenheit; ihnen kommt vielmehr nur ein Anteilhaben am Guten (vom wesenhaft Guten, d. h. vom Göttlichen aus) zu und die bloße Fähigkeit (gut zu sein), jedoch in ganz anderer Weise, als wir etwa die Menschen am Schönen und an der Tugend (also am Guten) Anteil haben sehen. Denn das menschliche Anteilhaben daran ist zweifelhaft und kommt den Menschen als (aus Seele und Körper) zusammengesetzten Wesen nur als hinzugewonnen zu, während das Anteilhaben der (körperfreien präexistenten) Seelen am Guten in sie als unveränderlich und nie ausgehend eingepflanzt ist, sich niemals von sich selbst entfernt und auch durch nichts anderes (den körperfreien Seelen) genommen werden kann.

Während innerhalb der göttlichen Geschlechter das Anfangs- und das Endglied so beschaffen ist, denke dir zwischen diesen beiden äußersten Begrenzungsgliedern zunächst ein Mittelglied, das vollkommener geartet ist als die Klasse der Seelen, nämlich die (den Seelen unmittelbar) übergeordnete Klasse der Heroen, die die Seelen an Kraft und Tugend, an Schönheit und Größe und überhaupt an allen Gütern, die für die Seelen in Betracht kommen, weit übertrifft, dabei aber doch durch die gleichartige Verwandtschaft infolge des (irdischen, leiblichen) Lebens (der Heroen) mit den Seelen nachbarlich verbunden ist. Dann aber denke dir noch die Klasse der Dämonen, die zwar (unmittelbar) an die Götter angrenzt, dabei aber doch weit unvollkommener ist als sie und (den Göttern als Führern) Gefolgschaft leistet; denn da die Dämonen nicht erste Schöpfer (sondern selbst erst von den Göttern geschaffene schöpferische Energien) sind, folgen sie nur dienend dem guten Ratschlüsse der Götter, setzen ihre unsichtbare Güte sichtbarlich in Werke um, ähneln sich selbst dieser Güte und gleichen ihr eigenes schöpferisches Walten (das sie in der sinnlich wahrnehmbaren Natur betätigen) ebenfalls diesem (göttlichen) Guten an. Sie machen nämlich das an sich unaussprechbare (göttliche) Gute aussprechbar, das nicht Gestaltete (Ideelle) lassen sie in Gestaltungen (innerhalb der sinnlich wahrnehmbaren Schöpfung) durchschimmern, das über jedes Begreifen Erhabene des göttlichen Guten führen sie zu klarer Begreifbarkeit herab, und indem sie jenen Anteil am Schönen (und Guten), der ihrer Natur angemessen ist (aus dem prinzipiell und ideell göttlichen Guten), entgegennehmen, gewähren sie ihn neidlos den ihnen folgenden Klassen der höheren Geschlechter (nämlich den Heroen und körperfreien Seelen) und bringen ihn zu diesen.

Diese (beiden) Mittelglieder (der Dämonen und Heroen) stellen also ergänzend und ausfüllend die gemeinschaftliche Verbindung zwischen den Göttern und den Seelen her, machen ihre Verbindung unlösbar, knüpfen so ein einziges, unmittelbares Aufeinanderfolgen von oben herab bis zum Endglied und bewirken, dass die Verbindung und Vermengung (aller Bestandteile) des (übersinnlichen und sinnlich wahrnehmbaren) Weltalls die beste und angemessenste wird; sie ermöglichen ein Hinabsteigen vom Vollkommeneren zum Unvollkommeneren und eine Erhebung vom Niedrigeren zum Höheren, bestimmen unparteiisch Ordnung und Maß der Beisteuer, die von den vorzüglicheren Klassen (der höheren Geschlechter zu den weniger vorzüglichen) herabsteigt, und ebenso auch das Maß der Aufnahmefähigkeit (für das Vollkommenere), das den niedrigeren Klassen (der höheren Geschlechter) angeboren ist. Sie machen also alles allem entsprechend und harmonierend, wobei sie den Antrieb (und Stoff) zu all dem von oben, von den Göttern her, empfangen.

Glaube aber nicht, dass diese Klassifikation ausschließlich nur den Energien oder nur den Wirkungsmöglichkeiten oder nur der Wesenheit (dieser vier Klassen der höheren Wesen) eigentümlich zukommt, und erwäge sie nicht gesondert, etwa mit Rücksicht auf nur eine einzige dieser Bestimmungen; denn nur, wenn du sie über alle diese Bestimmungen (gleichzeitig) ausdehnst, wirst du auf die jetzt behandelte Frage nach den Eigentümlichkeiten der Götter, Dämonen, Heroen und Seelen die richtige Antwort geben.

Unter Berücksichtigung eines andern Gesichtspunktes ist es billig, jede Einheitlichkeit, wie groß und wie geartet auch immer sie sein mag, ferner die alleinige und ausschließliche Beständigkeit und Begründung in sich selbst und dann die Unbewegtheit, die das Grundprinzip aller unteilbaren (einheitlichen) Wesenheiten ist und als der Urgrund aller Bewegung betrachtet werden muss, den Göttern allein zuzuteilen; ebenso aber auch noch das Hinausragen über das All, so dass sie gar nichts mit ihm gemein haben und endlich auch – alltäglich ausgedrückt – das Unvermengtsein (mit anderem) und das Fürsichalleinbestehen in der Existenz, Macht und Wirkungsmöglichkeit. Die Eigenschaft dagegen, sich in eine Vielheit zu zerteilen, sich anderem mitzuteilen, die Begrenzungen im eigenen Sein von anderem zu empfangen und, befähigt zu sein, den Zerspaltungen (die) in den Teilnaturen (der sinnlich wahrnehmbaren Schöpfung zu Tage treten) Genüge zu leisten, an der prinzipiellen und lebenerzeugenden Bewegung (nur) Anteil und mit allem, was ist und wird, Gemeinschaft zu haben, Vermengungen von allem her anzunehmen und sich seinerseits allem zur Vermengung hinzugeben und alle diese charakteristischen Eigentümlichkeiten über alle ihre Kräfte, Wesenheiten und Wirkungsmöglichkeiten auszudehnen, alles das weise ich als eingeboren den Seelen zu; und damit stelle ich fest, was der Wahrheit tatsächlich entspricht.

I. 6: Was werden wir nun bezüglich der Mittelglieder (der Dämonen und Heroen) sagen? Ich glaube, das ist jedermann schon aus dem Vorgetragenen klar; denn diese Mittelglieder stellen ja ausfüllend die unzerstörbare Wechselverbindung der Endglieder (d. h. der Götter und der Seelen) miteinander her.
Trotzdem ist es doch notwendig, auch das noch durchzugehen: Ich stelle also fest, dass sich auch die Klasse der Dämonen zwar vervielfältigt, aber in einheitlicher Weise und sich zwar auch (anderem) zugesellt, aber ohne sich (damit) zu vermengen und dass sie endlich auch alle andern Unvollkommenheiten annimmt, aber nach der Idee (dem Vorbild) des Vollkommeneren. Die Klasse der Heroen wieder lässt die Zerspaltung und Vervielfältigung zwar noch deutlicher hervortreten und ebenso auch die Bewegung und Vermengung und was damit verwandt ist; doch nimmt sie von oben her das darüberstehende Vollkommenere (der Dämonen- und Götterklasse) in sich auf und verbirgt es gewissermaßen in sich, die Einheitlichkeit, meine ich, die Reinheit (Unvermengtheit), die dauernde Zuständlichkeit, die unteilbare Identität und das Emporragen über alles andere. Denn da jedes dieser beiden (Mittel-) Glieder an eines der beiden Endglieder angrenzt, das eine an das erste (höchste), das andere an das letzte (niedrigste) Glied, ist es natürlich, dass gemäß dieses ununter-

brochenen Zusammenhanges das, was vom Vollkommensten (Göttlichen) seinen Ursprung nimmt, zu dem weniger Vollkommenen herabdringt und dass das dem Vollkommensten (Göttlichen) zuerst Vorgelagerte (Dämonische) die Verbindung sowohl mit dem Niedrigsten (Seelischen) wie auch mit dem darüber Stehenden (Heroischen) herstellt. Aus diesen (Mittelgliedern) kann man also wohl die Verbindung der ersten und letzten Glieder begreifen, und dass sie sich in vollkommener Weise zugleich in der Existenz, Machtfülle und in den Wirkungsmöglichkeiten (aller vier Glieder) vorfinden muss.

Haben wir also erst einmal auf Grund dieser beiden Folgerungen die Einteilung dieser **vier Glieder** endgültig festgestellt, dann genügt es, glaube ich, in allem Folgenden der Kürze wegen und weil schließlich das Verständnis der Mittelglieder schon klar geworden ist, die charakter-istischen Eigentümlichkeiten nur der (beiden) Endglieder zu behandeln, die Eigentümlichkeiten der (beiden) Mittelglieder aber beiseite zu lassen, da sie schon hieraus erfassbar sind, und so ihre Definition auf die kürzeste Weise abzutun:

I. 7: Das eine Endglied (die Klasse der Götter) ist also das oberste, überragende und vollkommene, das andere (die Klasse der Seelen) aber das unterste, dahinter (weit) zurückbleibend und unvollkommen. – Das eine vermag alles, zugleich, augenblicklich und einheitlich, das andere dagegen weder alles, noch zugleich, noch augenblicklich, noch einheitlich. – Das eine erzeugt und verwaltet alles, ohne sich dem, was erzeugt und verwaltet wird, zuzuneigen, das andere aber hat von Natur die Eigenart, sich ihm zuzuneigen und sich (mit seinem Affekt) zuzuwenden. – Das eine steht als beherrschendes und führendes Prinzip vor allem, das andere hängt dagegen von einem Prinzipe, nämlich von der Willensentschließung der Götter, ewig ab. – Das eine fasst in einem einzigen Moment die Effekte aller (seiner) Wirkungsmöglichkeiten und Wesenheiten zusammen, das andere aber schreitet (hierin) von einem zum andern und dringt erst vom unvoll-kommenen Effekt zum vollkommenen vor.

Ferner kommt den Göttern auch noch die höchste und unbeschränkte Macht zu und das Charakteristikum, über alles Maß und so sehr ohne bestimmte Gestalt zu sein, dass sie durch keinerlei Formbegriff definiert werden können. Die Seelen dagegen werden von den Energien (anderer Wesenheiten), die auf sie einwirken, von ihrem Verhältnis (zu andern Gattungen alles Existierenden) und von Neigungen beherrscht, vom

Verlangen nach dem Unvollkommeneren (Materiell-Körperhaften) und von ihrem Vertrautsein mit dem Sekundären; endlich lassen sich die Seelen auch noch durch alle möglichen Normen und auch durch die von Seiten des Unvollkommeneren gestalten.

Der Intellekt (Nus) endlich kommt als Führer und König alles Existierenden und als schöpferische Kunstfertigkeit, die das Weltall schuf, den Göttern (allein) immer in gleicher Weise in Fülle und vollkommen zu, in einer in sich selbst reinen und einheitlichen Wirkungsmöglichkeit begründet; die Seele dagegen hat nur an einem Teil dieses göttlichen Intellektes Anteil, der vielgestaltig ist und immer zur (göttlichen) Führung des Alls emporblickt. Auch wendet die Seele ihre Sorge dem Unbeseelten (Materiell-Körperlichen) zu, indem sie (darin infolge der durch dieses Verlangen nach dem Materiell-Körperlichen verschuldeten Notwendigkeit der Wiedergeburt) in immer andern Gestaltungen (wieder) geboren wird.

Aus eben diesen Gründen kommt ferner den Göttern sowohl das Charakteristikum der Wohlordnung wie auch das des Schönen an sich zu oder, wenn man es so auffassen wollte, die Prinzipien dieser beiden Dinge existieren (in ihnen) mit einander; der Seele dagegen wohnt immer nur ein Anteilhaben an der intellegiblen (nur durch die reine Vernunft erfassbaren, übersinnlichen) Wohlordnung und am göttlichen Schönen inne. Auch liegt in den Göttern der Maßstab des Weltalls oder das Prinzip alles hier (in der sinnlich wahrnehmbaren Schöpfung) Existierenden für alle Ewigkeit, die Seele aber empfängt ihr Maß (ihre Begrenzung) vom Göttlichen und hat an ihm nur in dem ihr zugemessenen Ausmaße Anteil.

Schließlich muss man auch noch vernünftigerweise den Göttern wegen ihrer Gewalt und wegen des Übergewichtes des (in ihnen liegenden höchsten) Prinzipes die ausreichende Macht über alles, was existiert, zuteilen; der Seele dagegen sind gewisse Grenzen gezogen, bis zu denen allein sich ihre Machtbefugnis erstreckt.

Da nun die charakteristischen Eigentümlichkeiten der (beiden) Endglieder so beschaffen sind, kann man wohl, wie ich schon oben sagte, auch die Eigentümlichkeiten der (beiden) Mittelglieder, der Dämonen und Heroen, ohne besondere Schwierigkeiten begreifen; denn diese Mittelglieder grenzen ja an je eines der (beiden) Endglieder an, sind je einem davon ähnlich, rücken von beiden her gegen die **Mitte** zu und schlingen so das Band einträchtiger Gemeinsamkeit, dabei selbst von ihm in den ihnen zukommenden Maßen umschlungen. In dieser Weise also sollen die charakteristischen Eigentümlichkeiten der ersten göttlichen Geschlechter aufgefasst werden.

I. 8: Auf keinen Fall aber erkenne ich die von dir vorgebrachte Klassifikation der höheren Wesen an, die besagt, „die Aufteilung der höheren Klassen auf verschiedenartige Leiber, nämlich der Götter auf Ätherleiber, der Dämonen auf Luft- und der Seelen auf Erdleiber, sei das Prinzip der jetzt gesuchten Unterscheidung." – Eine solche Klassifikation ist nämlich der Götter ebenso unwürdig wie etwa eine Wertbestimmung des Sokrates durch seine Zuweisung an seine Phyle als die, die gerade die Prytanie inne hat. Die göttlichen Geschlechter sind nämlich ihrem Wesen nach insgesamt hiervon unabhängig und frei. Auch verrät das Ansinnen, den Körpern Machteinfluss auf die Formung ihrer eigenen Urprinzipien zuzuweisen, eine schlimme Widersinnigkeit; denn die Körper (Leiber) dienen jenen Prinzipien und warten ihnen beim Vollzug der Schöpfung auf. Auch sind die höheren Geschlechter (wenn sie Körper annehmen) nicht in den Körpern, sondern haben, außerhalb ihrer existierend, die Führung (über sie) inne; daher können sie sich auch nicht mit den Körpern verändern (und in Klassen scheiden). Ferner verleihen sie zwar aus sich den Körpern soviel des Guten, als diese zu fassen vermögen, empfangen aber umgekehrt gar nichts von selten der Körper, so dass sie also auch keine charakteristischen Eigentümlichkeiten von Seiten der Körper erhalten können. Wären dagegen die Götter tatsächlich als Körperqualitäten oder als materielle Wesen oder sonst auf irgendeine Weise körperartig, dann könnten sie wohl auch die an den Körpern vorhandenen Unterschiede mit annehmen; wenn sie aber getrennt von den Körpern und in sich ganz unvermengt (mit Körperhaft-Materiellem) präexistieren (da ja alles Körperhaft-Materielle erst durch die göttlichen Klassen geschaffen wird), wie kann da vernünftigerweise eine Klassifikation der Götter von den Körpern ausgehen? Außerdem macht eine solche Behauptung die Körper vorzüglicher als die göttlichen Geschlechter selbst, wenn sie nämlich die Körper zum Immanenzmittel der höheren (göttlichen) Prinzipien erhebt und ihre prinzipiellen Eigentümlichkeiten in die Körper verlegt. Teilt aber jemand dem, was die Verwaltung (Führung) inne hat, Aufenthalt, Verteilung und Zuweisung mit Rücksicht auf die Art dessen zu, was verwaltet (geführt) wird, so überlässt er dabei doch klarerweise die Entscheidung (über die Art des Immanenzmittels) dem Vollkommeneren (Führenden); denn nur deshalb, weil das Vollkommenere eben das Höherstehende ist, erwählt es sich einen solchen Aufenthaltsort und gestaltet ihn nach sich, keineswegs aber wird das Vollkommenere selbst der Naturbeschaffenheit dessen, was es (das Vollkommenere) in sich aufnimmt, angeähnelt (und nach ihr gestaltet).

Das muss man doch sicherlich wenigstens bezüglich der Teilseelen (d. h. bezüglich jener Seelen) zugeben (die schon in einen irdischen Leib eingefahren sind); denn nach der Art des Lebens, das sich die Seele vor ihrem Einfahren in den Menschenleib erwählte und nach der Beschaffenheit, welche die (noch körperfreie) Seele betätigte, ist auch der organische Leib beschaffen, den sie dann, an sich angepasst, besitzt und ebenso auch eine dementsprechende und sich diesem anschließende (physisch-materielle) Naturbeschaffenheit, die dann ihr vollkommeneres (psychisches) Leben in sich aufnimmt. Aber auch bei den höheren Geschlechtern und denen, welche die Herrschaft über das All in sich enthalten, wird (immer genau ebenso) das Niedrigere im Höheren, das Körperliche im Unkörperlichen und das Geschaffene im Schöpferischen erzeugt und, hiervon im Kreise rings umschlossen, regiert. So sind denn auch die (sichtbaren, sekundären, erst von den höheren intelligiblen Prinzipien geschaffenen) Kreisbahnen der (göttlichen) Himmelskörper, in die (unsichtbaren, primären und ideellen) himmlischen Kreisbahnen der Ätherseele von Uranfang eingepflanzt, stets in ihnen vorhanden und auch die Seelen der Weltkörper, hinaufreichend zu ihrem (göttlichen) Intellekt (oder Nus als ihrem schöpferischen Prinzip), werden von ihm vollständig umschlossen gehalten und in ihm durch Urzeugung ins Leben gerufen. Und so ist der Teilintellekt und auch der (göttliche) Gesamtintellekt in den höheren Geschlechtern zusammen mit inbegriffen. Da nun das Zweite (Unvollkommenere) sich immer zum Ersten (Vollkommeneren) hinwendet, indem das Höhere (Vollkommenere) dem Niedrigeren (Unvollkom-meneren) als Muster vorangeht, kommt dem Mangelhaften Wesen und Form nur aus dem Vollkommeneren zu und im Vollkommeneren selbst wird das erst Folgende (Zweite, Unvollkommenere) prinzipiell erzeugt. Daher dringt sowohl Ordnung wie Maß und überhaupt alles insgesamt nur vom Vollkommeneren zum Unvollkommeneren herab, was immer es auch sein mag; niemals aber strömen umgekehrt die charakteristischen Eigentüm-lichkeiten vom Unvollkommeneren zum Vollkommeneren hinüber.

Damit ist wohl der Beweis erbracht, dass eine solche Klassifikation (der höheren Wesen) nach Körpern falsch ist. Eine solche Behauptung hätte überhaupt gar nicht aufgestellt werden sollen; wenn du aber schon einmal diese Auffassung hegtest, hätte man diese Irrlehre eigentlich überhaupt keines Wortes würdigen sollen. Denn wenn man Falsches aufstellt und es dann als falsch zu widerlegen sich bemüht, so heißt das nicht etwa „reich an Argumenten sein", sondern man ermüdet nur sich selbst in nutzloser Weise.

Auf welche Weise sollte sich übrigens denn die an sich völlig unkörperliche Wesenheit (der höheren Wesen) durch irgendwie beschaffene Körper klassifizieren lassen, sie, die doch gar nichts mit jenen Körpern gemein hat, die an ihr Anteil erlangen können? Wie sollte sie, die den Körpern niemals örtlich zukommt, durch körperliche Orte klassifiziert werden? Wie sollte sie, die durch keinerlei Teilbegrenzungen dessen, was ihr untergeordnet ist, umschrieben wird, durch die Regionen des Kosmos (durch die Äther-, Luft- und Erdregion) geteilt und umgrenzt werden? Was soll denn eigentlich das sein, was die Götter hindern soll, überall hinzudringen? Und was soll ihre Macht einengen, dass sie nur bis zum Himmelsgewölbe hinabdringen können (durch das die Ätherregion gegen die Erde zu begrenzt wird)? Denn das müsste doch das Werk eines Prinzips sein, das die Götter einschließt und in bestimmten Regionen um sie Grenzen zieht. Vielmehr ist das, was wahrhaft existiert und an sich völlig unkörperlich ist, überall, wo immer es sein will. Würde das Göttliche aber, das doch tatsächlich alles überragt, von der Endlichkeit des Kosmos (mit seinen Regionen des Äthers, der Luft und der Erde) umschlossen und wie ein Teil davon umfangen gehalten, dann müsste man das Göttliche ja für geringer einschätzen als körperliche Größe (da auch der Kosmos eine solche vorstellt). Auch kann wenigstens ich nicht einsehen, auf welche Weise das hier (in der sinnlich wahrnehmbaren uns umgebenden Natur) Befindliche geschaffen und geformt werden kann, wenn keine göttliche Schöpferkraft und kein Teilhaben an den (schöpferischen) göttlichen Ideen durch den ganzen Kosmos (und alle seine Regionen) sich erstrecken sollte.

Überhaupt bedeutet diese Lehre, die die Anwesenheit der Göttergeschlechter (auf die Ätherregion) außerhalb der Erde beschränkt, die Vernichtung jedes Kultes und der Gemeinschaft mit den Göttern, deren die Menschheit durch die Theurgie teilhaftig werden kann; denn dieser Satz besagt doch nicht weniger, als dass das Göttliche fern von den irdischen Örtlichkeiten (nur in der Ätherregion oberhalb der Planetensphären) wohnt und dass mithin die Stätte hier (auf Erden) leer vom Göttlichen ist. Dann aber können nicht einmal wir Priester irgendwelche Erkenntnisse von Seiten der Götter erhalten haben, und du handelst daher nicht vernünftig, wenn du uns Priester befragst, als wüssten wir mehr (über das Göttliche) denn die andern Menschen, falls wir uns in nichts von ihnen unterscheiden können. Doch ist an all dem nichts richtig; denn die Götter werden weder in bestimmten Regionen des Weltalls festgehalten, noch ist die Erdregion ihrer unteilhaftig. Sie sind vielmehr eben dadurch die Gebieter (über alles), dass sie von gar nichts eingeengt werden, sondern (umgekehrt) alles in sich umschließen. Das Irdische dagegen, das seine Existenz im Pleroma (in der es umgebenden Fülle) der Götter hat, besitzt die Götter sogleich in sich, die schon vor der Wesenheit des Irdischen existieren, sobald es erst einmal die Fähigkeit erlangt hat, am Göttlichen Anteil zu nehmen.

Dass also diese ganze Klassifikation falsch, diese Methode, die Eigentümlichkeiten der höheren Geschlechter zu ermitteln, unsinnig und das Lokalisieren der Götter an einem bestimmten Orte mit ihrer gesamten Wesenheit und Macht unvereinbar ist, habe ich hiermit bewiesen; die Gegengründe endlich, die du für diese Klassifikation der höheren Wesen (nach Äther-, Luft- und Erdleibern) vorgebracht hast, sollte man eigentlich überhaupt nicht überprüfen, da sie den wahren Erkenntnissen in nichts Stichhaltigem entgegnen; weil man aber auf das Problem und auf das Wissen vom Göttlichen ausgehen muss und nicht gegen die Person disputieren darf, will ich doch auch diesen abseits liegenden Streitpunkt in eine vernunftgemäße theologische Erörterung aufnehmen:

I. 9: Ich führe dich also mit der Frage ein, denn auch dieses Bedenken hegst du, „warum es bei den theurgischen Operationen auch Anrufungen von Erd- und Untererdgottheiten gibt, obwohl doch die Götter nur im Himmel allein hausen?" – Indes ist doch das, was du da eingangs behauptest, dass nämlich die Götter nur im Himmel allein hausen, gar nicht richtig; denn alles ist von ihnen erfüllt. – „Wieso aber" (fährst du zu fragen fort) „werden gewisse Gottheiten Wasser- und Luftgottheiten genannt und wieso haben die einen diese, die andern jene Örtlichkeiten und auch (bestimmte) Körperteile nach fester Umgrenzung erlost, obwohl sie doch über eine unbeschränkte, ungeteilte und unbegrenzte Macht verfügen sollen? Wieso kann es ferner unter ihnen zu einer Vereinigung und Einheitlichkeit kommen, da sie doch durch Teilumgrenzungen und nach der Verschiedenheit ihrer Örtlichkeiten und der ihnen unterstellten Körper voneinander geschieden und getrennt sind?" – Die einzige (und zugleich) beste Lösungsmöglichkeit dieser und endloser ähnlicher Fragen besteht in der richtigen Einsicht in das Wesen dessen, was den Göttern als Verweilen an einem Aufenthaltsorte und Ruhepunkte zukommt. Das Verharren und Ruhen der Götter bestrahlt nämlich alles (wo sie weilen und ruhen) nur von

19

außen her, mag es sich Regionen des Kosmos wie Himmel oder Erde, heilige Städte oder Länder, bestimmte heilige Bezirke oder heilige Statuen hierzu erwählt haben, genau so wie auch die Sonne alles nur von außenher mit ihren Strahlen erleuchtet; wie also das (Sonnen-)Licht das, was es erleuchtet, rings umfängt, so hält auch die Machtfülle der Götter das, was an ihnen Anteil erhalten hat, nur von außen her umschlossen. Und so, wie das Licht dem (erleuchteten) Luftraum zukommt, ohne sich mit ihm zu vermengen – und dass es sich tatsächlich so verhält, wird daraus klar, dass keine Spur von Licht in ihm zurückbleibt, wenn erst einmal die Lichtquelle verschwunden ist, während der Luft doch immer noch Wärme verbleibt, auch wenn die Wärmequelle beseitigt wurde – ganz ebenso erleuchtet (inspiriert) auch das Licht der Götter, abgesondert und nur in sich allein verharrend (alles, wo sie weilen) und durchdringt alles, was existiert, obwohl in sich allein begründet. Und wahrlich, auch das sichtbare (kosmisch-siderische und irdische) Licht bildet eine Einheit, in sich geschlossen, überall ganz ein und dasselbe, so dass es unmöglich ist, einen Teil davon für sich abzutrennen, rings zu umgrenzen oder von der Lichtquelle zu scheiden. Nach den gleichen Gesichtspunkten kann sich zwar das gesamte Weltall, da es teilbar ist, in Hinsicht auf das unteilbare Licht der Götter (das es in sich aufnimmt, in Regionen) spalten; das göttliche Licht selbst aber ist überall eins und völlig dasselbe, kommt allem, was daran Anteil haben kann, ungeteilt zu, erfüllt alles mit vollkommener Kraft, bringt alles durch seine unbegrenzte prinzipielle Überlegenheit in sich selbst zur Vollendung, schließt sich selbst überall mit sich selbst in eins zusammen und verbindet das Ende mit dem Anfange.

Und das ahmt auch das gesamte Himmelsgewölbe und der ganze Kosmos nach; denn er schwingt sich in seiner Kreisbahn herum, schließt sich mit sich selbst in eins zusammen, führt auch die Elemente im Kreisumschwung herum, hält alles ineinander Existierende und zueinander Strebende zusammen, grenzt es nach gleichen Maßen ab, bewirkt den Zusammenschluss der am weitesten auseinander liegenden Teile und des Endes mit dem Anfange, wie der Erde mit dem Himmel, und schafft so eine einheitliche Verbindung und Harmonie von allem mit allem. Wenn nun jemand das sichtbare Abbild der Götter so einheitlich geartet sieht, wie sollte er sich da nicht schämen, bezüglich der Götter, die doch die Urheber (Schöpfer) dieses Abbildes sind (und als solche noch vollkommener als ihr Abbild sein müssen), eine andere Auffassung zu hegen, Spaltungen unter sie zu bringen, Trennungen und körperliche Begrenzungen? Ich wenigstens glaube, dass jedermann so zumute sein müsste! Wenn es nämlich gar keine prinzipielle Beziehung, gar kein Symmetrieverhältnis, gar keine wesenhafte Gemeinschaft und gar keine Übereinstimmung nach Energie und Wirkung zwischen Schöpfer und Schöpfung gäbe, dann könnte sich auch in der Schöpfung gar keine Spur von Analogie (zwischen Schöpfer und Schöpfung) nach Raum und Entfernung, örtlichem Umfang, Anordnung in den Teilen oder sonst einer derartigen Übereinstimmung ergeben, die aber dem Weltall durch die Anwesenheit der Götter in ihm tatsächlich eingepflanzt ist; denn nur bei all dem, was untereinander nach Wesenheit und Energie verwandt oder einander irgendwie ähnlich oder auch ursprungsgleich ist, kann man auch ein gegenseitiges Umschließen oder Beeinflussen beobachten. Wer aber könnte auch bei Dingen, die voneinander tatsächlich in allen Stücken durchaus geschieden sind, ein Gleichgewicht halten, ein analoges Durchdringen in allen Teilen oder auch eine teilweise Umgrenzung oder örtliche Bestimmung oder sonst etwas dieser Art vernünftigerweise annehmen?

Ich meine daher, dass nur das, was die Götter in sich aufzunehmen vermag, so geartet ist, dass es sie in der Weise aufnimmt, die hier der Äther-, dort der Luft- und endlich dort wieder der Wasserregion (des Weltalls) entspricht; weil aber die theurgische Kunst eben dieses Verhältnis begriffen hat, verwendet sie Anrufungen, die einer derartigen Klassifikation und Eigentümlichkeit (der Regionen, die die Götter in sich aufnehmen können) angemessen ist (meint aber mit solchen Anrufungen keineswegs, dass bestimmte Gottheiten nur auf den Äther, andere nur auf die Luft, andere nur auf das Wasser, andere nur auf die Erde oder auf die Region unter der Erde eingeschränkt sind).

Über die Verteilung der höheren Geschlechter über das Weltall sei also soviel gesagt.

I. 10: Hierauf aber machst du dir wieder eine andere Art ihrer Klassifikation zur Grundlage und „scheidest die Wesenheiten der Höheren nach dem Charakteristikum der Reizbarkeit (Beeinflussbarkeit, Affektionsfähigkeit) und Nichtreizbarkeit (Unbeeinflussbarkeit, Affektionslosigkeit)." – Ich aber erkenne auch diese Klassifikation nicht an; denn keines der höheren Wesen ist affizierbar (sondern alle sind durchaus unaffizierbar), jedoch unaffizierbar nicht etwa in dem Sinne, als könnten sie eben dadurch von Affizierbarem unterschieden werden, und auch nicht so, als wären sie zwar zunächst von Natur affizierbar gewesen, hätten sich aber (erst nachträglich) davon durch ihre Tugend oder sonst eine ernsthafte Willensbetätigung freigemacht (wie sich der Mensch von der Beeinflussbarkeit durch seinen Körper und die sinnlich wahrnehmbare Natur freimachen soll und kann). Sondern deshalb vielmehr, weil die höheren Geschlechter völlig über dem Gegensätze der Beeinflussbarkeit und Unbeeinflussbarkeit stehen und weil ihnen die Unerschütterlichkeit (durch welche Reize oder Affekte auch immer) und die Unbeeinflussbarkeit wesenhaft eignet, deshalb stelle ich das Nichtbeeinflussbar- und Unerschütterlichsein an ihnen allen insgesamt fest.

Betrachte einmal, wenn du willst, das letzte (niedrigste) der göttlichen Wesen, die körperfreie (präexistente) Menschenseele! Was bedarf sie der Zeugung in Lust oder der in der Zeugung liegenden Versetzung in die körperliche (reizbare) Natur, da sie darüber erhaben ist und ein Leben lebt, das nicht auf eine Zeugung (sondern auf eine Emanation aus der Weltseele) zurückgeht? Was für einen Anteil aber hat sie auch an dem zur Vernichtung führenden Leide, das die Harmonie ihres irdischen Leibes vernichtet, sie, die jetzt außerhalb jedes (physischen) Leibes steht und außerhalb der auf diesen Leib beschränkten Natur und auch völlig von jener Harmonie gesondert ist, die aus der (göttlichen) Harmonie in der Seele auch in den (irdischen) Leib (bei seiner Beseelung im Augenblicke der Geburt) hinabdringt? Ja sie bedarf jetzt nicht einmal jener Reize, die der Sinneswahrnehmung vorausgehen müssen, denn sie ist jetzt überhaupt von keinem (irdischen) Leibe umschlossen und nirgends so eingeengt, dass sie gezwungen wäre, erst durch Vermittlung von (körperlichen) Sineswerkzeugen irgendwelche andere Körper wahrzunehmen, die sich außerhalb ihrer selbst befinden. Da sie vielmehr jetzt völlig ungeteilt in einer und derselben Form verharrt, an sich völlig körperlos ist und in gar keiner Beziehung zum werdenden und leidenden (affizierbaren) Leibe steht, kann sie weder durch Teilung noch Veränderung eine Beeinflussung erfahren und hat überhaupt gar nichts an sich, was mit irgendwelchem Wechsel oder mit irgendwelcher Beeinflussbarkeit zusammenhängt. – Aber auch nicht einmal dann, wenn sie schon in einen (materiell-irdischen) Leib eingegangen ist, erfährt sie selbst Einwirkungen und ebenso wenig auch die Prinzipien, die sie dem Körper (durch ihr Einfahren und Wohnen in ihm) mitteilt; denn auch diese sind einfache (einheitliche) und eingestaltige Ideen, die aus sich selbst keinerlei Beeinflussungen oder Erregungen erfahren. Allerdings wird die Seele für das zusammengesetzte Lebewesen (Mensch) die Ursache seiner Reizbarkeit, doch ist die Ursache gewiss nicht mit dem identisch, was sie verursacht. Wie nun die Seele für die zusammengesetzten Lebewesen, die entstehen und wieder zugrunde gehen, zwar die erste Ursache ihrer Entstehung ist, dabei aber doch selbst außerhalb dieses Werdens und Vergehens steht, so ist sie auch an sich selbst ganz unbeeinflussbar, auch wenn das, was an ihr Anteil hat und nicht über ein wesenhaftes (und daher unvergängliches) Leben und Existieren verfügt, sondern vielmehr mit der Unstetigkeit und Gegensätzlichkeit der Materie verquickt ist, Beeinflussungen erleidet. Sie selbst nämlich steht wesenhaft über der Beeinflussbarkeit, nicht aber etwa deshalb, weil sie sich die Unbeeinflussbarkeit erwählte, während ihr die Wahl (zwischen beidem) freistand, und auch nicht deshalb, weil sie etwa die Unbeeinflussbarkeit erst als Akzidenz infolge ihres Verhaltens oder infolge einer Machtbetätigung erst hinzuerwarb.

Wenn wir nun bezüglich des niedrigsten der höheren Geschlechter (hiermit) nachgewiesen haben, dass es ganz unmöglich daran teilhaben kann, irgendeine Beeinflussung zu erfahren, wie soll man das dann den Dämonen und Heroen zuteilen, die ewig sind und überall das Gefolge der Götter bilden, ein Abbild der Organisation unter den Göttern in den gleichen Beziehungen dauernd vorstellen, beständig von dieser Organisation unter den Göttern abhängen und niemals von ihr lassen? Denn wir wissen doch, dass jeder Affekt (oder Sinnenreiz) etwas Ungeordnetes, Unvollkommenes und Unstetes ist, niemals Herr seiner selbst, sondern immer nur dem anhangend, von dem er festgehalten wird, und seinem Träger immer nur dazu dienend, etwas (in dieser unserer unvollkommenen und vergänglichen Sinnenwelt) zum Dasein (Bewusstsein) zu bringen. Alles das aber kommt jeder Gattung eher zu als jener, die ewig ist, von den Göttern abhängt, die gleiche Organisation beobachtet und mit ihnen die gleichen Kreisbahnen durchläuft. Demnach sind also auch die Dämonen unbeeinflussbar und auch alles, was sich von höheren Klassen an sie anschließt.

I. 11: „Warum aber (sagst du) wird denn dann bei den heiligen Handlungen (im Kulte) so vieles getan, was sich auf sie bezieht, als seien sie doch beeinflussbar?" – Ich stelle fest, dass so etwas nur infolge völliger Unbekanntschaft mit der Einführung in die heiligen Geheimlehren behauptet werden kann. Denn von dem, was bei den heiligen Handlungen regelmäßig vollzogen wird, hat manches einen geheimen und über jede verstandesgemäße Erfassung hinausgehenden Grund, manches ist seit Ewigkeit den höheren Wesen als Symbol geweiht, manches bewahrt nur irgendein Abbild, das wesentlich anders geartet ist (als das Abgebildete selbst), ebenso wie doch auch die schöpferische (sinnlich wahrnehmbare) Natur gewisse offen zutage liegende Gestaltungen der unsichtbaren (göttlichen) Ideen prägte; manches wieder wird zum Zwecke der Ehrung (der höheren Geschlechter) beigezogen oder setzt sich irgendein Nachbilden oder Vertrautmachen (der Gläubigen mit dem Göttlichen) zum Ziele. Einiges endlich bewirkt, was uns Menschen nütze ist, weil es unsere menschlichen Affekte läutert und uns davon auch (völlig) befreit oder auch sonst etwas Schlimmes, das uns Menschen widerfahren kann, abwendet. Trotzdem darf aber doch niemand zugeben, dass irgendein Teil des Kultes den dadurch verehrten Göttern oder Dämonen als Wesen vollzogen wird, die Beeinflussungen unterworfen sind; denn ihre an sich ewige und völlig körperlose Wesenheit ist von Natur nicht geartet, irgendeine Veränderung von Seiten der Körper (-Welt) anzunehmen. Und wäre sie auch tatsächlich einer solchen Veränderung und Beeinflussung bedürftig, dann wäre sie doch keineswegs auf einen solchen Dienst von Seiten der Menschen angewiesen; denn sie findet ihre volle Befriedigung aus sich selbst, aus der Naturbeschaffenheit des Weltalls, aus der Vollendung der Schöpfung und nimmt, wenn man sich so ausdrücken darf, das Gefühl der Befriedigung schon vorweg, ehe sie eines solchen noch bedarf, und zwar eben infolge der über jeden Mangel erhabenen Vollkommenheit des Weltalls und der ihr selbst eigenen Befriedigung und da alle höheren Wesen der ihnen eigenen Güter voll sind.

Meine allgemein gehaltene Erklärung des den Reinen gewidmeten Dienstes besteht also darin, dass ich feststelle, er sei den uns überlegenen Klassen auch im übrigen und (ganz besonders) insofern völlig angepasst, als er als rein den Reinen und ohne eine Beeinflussung zu bezwecken den Unbeeinflussbaren dargebracht wird.

Wenn ich mich aber auch noch Einzelheiten (die du als Beweis für deine Auffassung vorgebracht hast) zuwenden soll, so erkläre ich, dass das Aufstellen von Phallosbildern (d. h. von Bildern in Gestalt des männlichen erigierten Gliedes) nur ein Symbol der zeugenden Kraft (der göttlichen Wesen) bedeutet und dass wir dadurch diese Energie zur Zeugung im Weltall (aus der überweltlichen Sphäre der Götter auf die Erde) herabrufen zu können glauben; deshalb werden diese Phallossäulen so zahlreich gerade im Frühling geweiht, da auch das gesamte Weltall gerade zu dieser Zeit aus der zeugenden Kraft der Götter seine eigene Fähigkeit, selbst zu zeugen, gewinnt. Die schmutzigen (unflätigen) Reden (bei gewissen religiösen

Festfeiern) wieder glaube ich als Wahrzeichen der Entblößung der Materie vom Schönen und als Wahrzeichen der unschicklichen Hässlichkeit der Dinge auffassen zu müssen, die erst (durch die auf das Schöne und Gute gerichtete ordnende Tätigkeit der Götter und Dämonen) wohlgeordnet werden sollen; auch glaube ich, dass das, was der schicklichen Wohlordnung (Gesittung) noch entbehrt, danach um so heftiger verlangt, je mehr es sich der eigenen Unschicklichkeit bewusst wird. Denn man verlangt nach den Prinzipien des Idealschönen, wenn man das Schändliche aus dem Reden vom Schändlichen erkannt hat. Auf diese Weise verhindert also dieses Vorgehen schändliches Tun, macht uns aber durch das Reden vom Schändlichen dieses Schändliche klar und gestaltet so unser Begehren im entgegengesetzten (d. h. guten) Sinne um. Doch haben diese Dinge auch noch einen andern und zwar folgenden Grund: Die Kräfte der in uns liegenden menschlichen Leidenschaften werden stärker, wenn sie allenthalben eingeengt werden; lässt man sie sich dagegen für kurze Zeit und in maßvoller Weise auswirken, dann büßen sie in mäßiger Weise ihre Lust, finden Sättigung und kommen, hierdurch geläutert, durch vernünftige Überredung und nicht gewaltsam wieder zur Ruhe. Aus dem gleichen Grunde beschauen wir auch in der Komödie und Tragödie fremde Affekte, bringen so unsere eigenen Leidenschaften zum Stillstande und mäßigen und läutern sie. Auch bei den heiligen Handlungen also (wie z. B. bei den dramatischen Vorführungen der Mysterien) befreien wir uns durch das Anschauen und Anhören des Schändlichen vordem Schaden, der uns aus dem Tun des Schändlichen erwachsen müsste.

Solches wird also wegen der Seele in uns Menschen zur Herabmäßigung der Übel vorgeführt, die ihr infolge der Geburt (im sterblich sinnlichen Leibe) anhaften, und zur Loslösung und Befreiung von den Fesseln (der Leiblichkeit und Sinnlichkeit, in die sie während ihres irdischen Lebens verstrickt ist); deshalb nannte Heraklit derartiges mit Recht „Heilmittel", da es die Übel heilen und die Seele von dem Ungemache gesund machen soll, das ihr bei der Geburt (im sinnlichen Leibe) widerfuhr.

I. 12: „Aber die Anrufungen", besagt der Einwand, „erfolgen doch mit Rücksicht auf die Götter als beeinflussbare Wesen, so dass also nicht nur die Dämonen, sondern sogar auch die Götter beeinflussbar sein müssen!" – Und doch verhält es sich keineswegs so, wie du angenommen hast; denn die göttliche Erleuchtung (Inspiration, zu der es) infolge der Anrufungen (kommen kann) offenbart sich freiwillig und aus der eigenen Willensentschließung (der Götter), ist aber weit davon entfernt, sich (durch solche Anrufungen) herabziehen zu lassen; infolge der göttlichen Energie und Selbstherrlichkeit nämlich dringt sie in die Region des Sichtbaren herab und steht so hoch über der (menschlichen) freien Bewegungsmöglichkeit als der (absolute) göttliche Wille zum Guten über der Willensentschließung des Lebewesens steht, die in einem bloßen Auswählen begründet ist. Wegen dieses so gearteten (a priori auf das Beste der Menschen gerichteten) Willens also lassen die Götter, wohlwollend und gnädig, den Theurgen das Licht (der Inspiration) leuchten, rufen ihre Seelen (in beseligenden Ekstasen) zu sich empor, gewähren ihnen (auf diese Weise) die Vereinigung mit sich selbst und gewöhnen sie, auch während sie sich noch im (irdischen) Leibe befinden, aus dem Leibe herauszutreten und sich zu ihrem ewigen und nur intelligiblen (d. h. nur durch die reine Vernunft erfassbaren, übersinnlichen) Ursprung zurückzuversetzen. Und schon aus dem Vorgange dabei selbst ist es klar, dass das, wovon wir jetzt sprechen, das Heil unserer Seele bedeutet (und nicht eine Schädigung derselben, wie sie die Erregung eines Affektes in ihr erzeugen müsste); denn wenn unsere Seele die beseligenden Gesichte schaut, tauscht sie ein anderes Leben (für das bisherige) ein, wirkt ein anderes Wirken und glaubt, überhaupt nicht mehr menschlich (sondern selbst göttlich) zu sein, und zwar mit vollem Rechte: Denn schon oft hat die Seele (in solchen ekstatischen Visionen) ihr eigenes Leben aufgegeben und sich das überaus beseligende Wirken der Götter eingetauscht. Wenn aber der durch die Anrufungen bewirkte Aufstieg (unserer Seele in dieser Weise) den Priestern eine Läuterung von den Leidenschaften gewährt, eine Befreiung von (den Mängeln) der Geburt (im sterblichen Leibe) und eine Vereinigung mit dem göttlichen Ursprünge (unserer Seele), welchen Affekt kann man dann in diesen Aufstieg hineinlegen? Denn eine solche Anrufung zieht ja keineswegs die Unbeeinflussbaren und Reinen in die Sphäre der Affekte und Unreinheit herab, sondern macht vielmehr im Gegenteil uns Menschen, die wir durch die Geburt den Affekten unterworfen wurden, rein und über den Affekt erhaben. Aber auch die Herbeirufungen (Zitierungen der höheren Wesen) stellen die Verbindung der Priester mit den Göttern nicht durch einen Affekt her, sondern gewähren den Ersteren vielmehr das Anteilhaben an der unlösbaren Verbindung (aller höheren Wesen untereinander, zu denen aber auch die Seele des Priesters gehört) nur infolge der göttlichen Liebe, die das All umfasst und zusammenhält; denn sie beugen nicht etwa den Intellekt der Götter zu den Menschen herab, wie das Wort „Herbeirufungen" zu besagen scheint, sondern sie machen vielmehr, wie der wahre Sachverhalt lehren will, nur das Erkenntnisvermögen der Menschen fähig, an den Göttern Anteil zu gewinnen, führen es zu den Göttern empor und passen es ihnen durch eine angemessene Art der Überredung an. Deshalb vermögen auch heilig-ehrwürdige Namen der Götter und die übrigen Symbole (und symbolischen Formeln, die in diesen theurgischen Anrufungen abgebetet werden), uns mit den Göttern zu verknüpfen, da sie zu ihnen emporführen.

I. 13: Und auch die wahre Bedeutung der Versöhnung des göttlichen Grolles (durch Sühnegebete) wird erst klar, wenn wir sein wahres Wesen kennengelernt haben werden. Denn der (sogenannte) göttliche Groll ist nicht, wie gewisse Leute glauben, ein altes und beharrliches Zürnen (und mithin eine leidenschaftliche Erregung der Götter), sondern vielmehr ein Sichabkehren (unsererseits) von der Gutes stiftenden Aufmerksamkeit (der Menschen) den Göttern gegenüber, die wir selbst von uns zurückweisen; so ziehen wir selbst über uns Dunkel zusammen, wie wenn zu Mittag sich das Sonnenlicht (hinter Gewitterwolken) verbirgt (obwohl natürlich die Sonne selbst am Himmel bleibt), und berauben uns selbst der guten Gottesgabe. Daher vermag also die Versöhnungszeremonie (nichts anderes) zu bewirken, (als) dass sie uns (Menschen) wieder zum Anteilhaben am Besseren hinwendet, die von uns selbst abgelehnte göttliche Fürsorge wieder zum Anteilhaben an uns veranlasst und so in entsprechender Weise das, was Anteil gewährt (das Göttliche), und das, was Anteil empfängt (das Menschliche), wieder miteinander verknüpft. So weit also ist die Versöhnung davon entfernt, durch (die Erregung eines) Affektes (in den Göttern) ihr Ziel zu erreichen, dass sie sogar uns selbst von der leidenschaftlichen und unruhigen Abkehr von den Göttern befreit. Die Sühnopfer endlich heilen alles Schlechte, das sich in den irdischen Regionen vorfindet (wie Seuchen, Unfruchtbarkeit, Erdbeben, Wasser- und Feuersnot) und bewirken, dass es (dadurch) zu keiner uns Menschen betreffenden Veränderung oder Beeinflussung kommen kann; mag nun eine solche Sühnung unter Vermittlung der Götter oder der Dämonen erfolgen, sie ruft diese als Helfer, Übelabwehrer und Retter an und wendet jede von den Affekten drohende Schädigung ab. Die (höheren Wesen) aber, die jene Beeinflussungen (die) von der Schöpfung und Natur (herandrängen) abwehren, können sie ganz unmöglich dadurch abhalten, dass sie selbst (durch die Sühnopfer) beeinflusst werden. Wenn man also erst einmal die

Überzeugung gewonnen hat, dass das Unterbinden der göttlichen Fürsorge (für uns Menschen durch unsere eigene Abkehr von den Göttern) von selbst schon (ohne Zutun der Götter) eine Schädigung (unserer selbst) zur Folge hat, dann muss die Überredung zum Kult der höheren Wesen durch das Sühnopfer, die ihr Wohlwollen (zur Fürsorge für uns) wieder aufruft und den Verlust (dieser Fürsorge) abwendet, als völlig rein und affektionslos betrachtet werden.

I. 14: Der sogenannte Götterzwang endlich ist seinem ganzen Wesen nach ein Zwang, der den Göttern eignet und nur in einer Weise erfolgt, die allein bei den Göttern (und nicht etwa bei uns Menschen) liegt. Er erfolgt also nicht etwa von außen her (von Seiten der außerhalb des Göttlichen stehenden Menschen) und auch nicht gewaltsam, sondern ist durchaus ebenso geartet wie die Notwendigkeit des Guten, das (von Seiten der Götter und aus ihnen von selbst) zwingenderweise nützt, und ist immer nur so und niemals anders geartet. Diese Art Zwang ist also mit der prinzipiell auf das Gute gerichteten Willensentschließung (der Götter) gepaart, verschwistert mit der Liebe (der Götter zur Schöpfung) und verfügt infolge der Stellung, die den Göttern (als Trägern dieses Zwanges) eigentümlich zukommt, über Identität und Unbeeinflussbarkeit (von außen), sowohl weil diese Art Zwang innerhalb derselben Grenzen in gleicher Weise (wie die Götter selbst) eingeschlossen ist, als auch beständig darin verharrt und niemals daraus heraustritt.
Aus allen diesen Erwägungen ergibt sich also das gerade Gegenteil deiner Auffassung; denn das Göttliche ist unbeeinflussbar, affektionslos und keinem Zwange unterworfen, wenn nämlich die in der Theurgie (und in den theurgischen Mitteln) liegenden Kräfte so geartet sind, wie ich sie dargelegt habe.

I. 15: Nach dieser Gegenüberstellung der Götter und Dämonen gehst du zu einer andern über, denn du sagst: „Die Götter sind rein intellektuelle Geister!" – und diese Auffassung trägst du als Hypothese oder nur als Lehrsatz vor, der die Billigung anderer Leute hat – „die Dämonen dagegen sind seelenartige Wesen, die am Intellekte nur Anteil haben." – Dass das tatsächlich die Meinung der Mehrzahl der Philosophen ist (wie des Thales, Pythagoras, Plato, der Stoiker und Plutarch), weiß ich zwar recht gut, glaube aber doch, dir das, was offenbar das Richtige ist, nicht verhehlen zu dürfen. Alle derartigen Ansichten stoßen einander nämlich selbst um; denn sie treiben ja von den Dämonen zu den Seelen ab, da auch diese am Intellekte Anteil haben, von den Göttern aber fallen sie auch wieder zum immateriell wirkenden Intellekte ab, über den die Götter doch durchaus emporragen. Zu welchem Zwecke soll man also solche „Kennzeichen" (auf verschiedene Klassen der höheren Geschlechter) aufteilen, da sie doch gar nicht (für bestimmte Klassen) charakteristisch sind? Nur soweit wollen wir dieser (angeblichen) Klassifikation Erwähnung tun, denn mehr ist überflüssig; deine sonstigen hieraus entspringenden Bedenken aber sollen, da sie auf den heiligen Dienst (Kult) Bezug haben, der gebührenden Erörterung teilhaftig werden:

Nachdem du nämlich den Satz ausgesprochen hast, „die rein intellektualen Geister (d. h. nach obiger Klassifikation die Götter) seien unbeeinflussbar und unvermengbar mit dem, was sich durch die Sinne wahrnehmen lässt, bist du darüber im Zweifel, ob man zu ihnen beten solle." – Ich indes bin der Meinung, dass man überhaupt zu keinen andern Wesen beten darf; denn das Göttliche in uns, das Intellektuelle und Einheitliche, oder das Intellegible, wenn du es lieber so nennen willst, wird in den Gebeten völlig wach, strebt, erwacht lebhaft nach dem, das ihm ähnlich ist (nämlich nach dem Intellektuell- oder Intellegibel-Göttlichen) und verknüpft sich (so durch das Gebet) mit dieser vollkommensten Stufe seiner selbst. Wenn es dir aber unbegreiflich erscheint, auf welche Weise das Unkörperliche (Göttliche) eine Stimme (nämlich die des Betenden) an hören vermag, da es doch sowohl einer Sinneswahrnehmung als auch der Fähigkeit bedürfen müsste, durch Vermittlung von Ohren das, was von uns im Gebete gesprochen wird, wahrzunehmen, so vergisst du dabei wohl absichtlich den Vorzug der ersten Prinzipien, der eben darin besteht, dass sie alles, was unter ihnen steht, kennen und in sich selbst umlangen, da sie alles zugleich in sich als in der Einheit umschlossen halten. Mithin nehmen also die Götter die Gebete weder durch Vermittlung gewisser Kräfte noch gewisser Sinneswerkzeuge in sich auf, sondern umschließen die von den Worten der Guten angestrebten Ziele schon in sich, am meisten natürlich die Ziele jener Worte, die infolge des heiligen Dienstes in den Göttern selbst ihren Sitz haben und mit ihnen vereinigt sind (d. h. die theurgischen Götternamen und Formeln; denn nach theurgischer Lehre sind diese „wahren" Geheimnamen der Götter mit den Gottheiten, die sie benennen und anrufen, geradezu identisch); denn dann ist ganz eigentlich das Göttliche bei sich selbst und nimmt an den Gedanken (die) in den Bitten (ausgesprochen werden) nicht wie etwas anderes an etwas anderem Anteil.

„Aber Bittgebete den Göttern darzubringen, ist", wie du sagst, „unvereinbar mit der Reinheit des (göttlichen und mithin unbeeinflussbaren) Intellektes (da ja Bittgebete offenbar auf eine Beeinflussung des Intellektes der Angeflehten abzielen)". – Keineswegs; eben deshalb nämlich, weil wir Menschen an Macht, Reinheit und allem andern hinter den Göttern zurückstehen, ist es überaus schicklich, sie über alles Maß anzuflehen; denn das Bewusstsein unserer eigenen Nichtigkeit, wenn wir uns nämlich mit den Göttern vergleichen, bewirkt, dass wir uns ganz naturgemäß dem Bittgebete zuwenden. In kurzer Zeit aber werden wir durch das Flehen zu dem, an das es sich wendet, emporgehoben, erwerben uns aus dem beständigen Verkehr mit ihm (im Gebete) Ähnlichkeit mit ihm und gewinnen so unvermerkt göttliche Vollkommenheit an Stelle unserer (sonstigen) Unvollkommenheit. Wenn man ferner auch noch bedenkt, dass die heiligen Gebete (der Theurgen, die sich von den Gebeten der Laien gar sehr unterscheiden) von den Göttern selbst zu den Menschen herabgesendet wurden, dass sie Symbole der Götter und (infolge der in ihnen enthaltenen Namen, Worte und Formeln) den Götter allein verständlich sind und in gewisser Hinsicht die gleiche Macht wie die Götter selbst besitzen, wie könnte man da berechtigterweise annehmen wollen, dass ein solches (theurgisches) Gebet nur sinnlich erfassbar, nicht aber selbst göttlich und nur intellektuell fassbar ist? Oder welcher Affekt könnte in ein solches Gebet hineingeraten, für das sich der menschliche Charakter (und Intellekt) auch bei aller Mühewaltung (von seiten des Theurgen) nicht leicht (hinreichend) zu läutern vermag?

„Aber die (materiellen) Opfergaben, die man darbringt," behauptest du, „werden den Göttern als mit Sinneswahrnehmung (Geschmack und Geruch) versehenen und mir seelenartigen Wesen dargebracht!" – Gewiss, wenn das, was dargebracht wird, nur von körperlichen (materiellen) und zusammengesetzten (nicht einheitlichen) Potenzen oder nur von solchen erfüllt wäre, die nur dem Dienste der Sinneswerkzeuge unterliegen; da aber das Dargebrachte auch an völlig unkörperlichen Qualitäten, an gewissen (nur intellegiblen) Prinzipien und subtileren Bestimmungen Anteil hat, darf die Beziehung des Dargebrachten (zum rein intellektuell Göttlichen) nur hierin gesehen werden. Und wenn eine solche Verwandtschaft oder Ähnlichkeit (zwischen etwas Materiellem und dem Göttlichen) überhaupt einmal vorhanden ist, mag sie nun enger oder weiter sein, dann genügt sie auch schon für die Vereinigung (des Opfers und auch des Opfernden) mit den Göttern (durch die rituelle Darbringung dieser „sympathischen"

Materie), von der ich jetzt spreche; denn es gibt nichts, was auch nur ein wenig zu den Göttern in Beziehung steht, mit dem sie sich nicht sogleich verbinden würden (wenn es rituell-theurgisch geopfert oder verwendet wird). Diese Verknüpfung mit dem Göttlichen erfolgt also, soweit sie überhaupt möglich ist, nicht als mit Sinneswahrnehmung begabten und nur psychischen, sondern tatsächlich mit göttlichen Wesen und zwar nur mit Rücksicht auf die (immateriellen, intelligiblen) Ideen (an denen auch die materiellen Opferspenden Anteil haben können). So habe ich also auch über diese Klassifikation sattsam geantwortet.

I. 16: An diese Klassifikation schließt sich in deinem Briefe eine andere an, die die Götter von den Dämonen auf Grund des Kriteriums der Körperhaftigkeit und Nichtkörperhaftigkeit zu scheiden versucht, viel hausbackener noch als die vorausgehende Klassifikation und so weit davon entfernt, die charakteristischen Eigentümlichkeiten ihrer Wesenheit zu bestimmen, dass es nach dieser Klassifikation gar nicht einmal möglich ist, darüber und was ihnen sonst noch tatsächlich zukommt, auch nur Vermutungen anzustellen. Denn nicht einmal das lässt sich daraus erkennen, ob sie Lebewesen sind oder nicht und ob sie (falls das zweite gilt) ihres Lebens (das sie ursprünglich besaßen) verlustig gingen oder ob sie überhaupt niemals des Lebens bedurften (mithin also auch schon ursprünglich Nichtlebewesen waren). Auch ist es ferner nicht leicht, sich darüber klar zu werden, in welchem Sinne diese Ausdrücke (körperhaft und nichtkörperhaft) gebraucht sind, ob generell oder nur hinsichtlich mehrerer Dinge, die voneinander (durchaus und auch generell) verschieden sind; werden sie nämlich generell gebraucht, so ist es ungereimt, da doch unter die Gattung „nichtkörperhaft" (im weitesten Sinne) die Begriffe Linie, Zeit, Gott, Dämonen, Feuer und Wasser fallen; wird dieser Terminus aber hinsichtlich mehrerer durchaus verschiedener Dinge verwendet, warum verstehst du dann unter „nichtkörperhaft" lieber Götter als Punkte? oder wer wird unter „körperhaft" nicht eher Erde als Dämonen genannt wissen wollen? Ja nicht einmal das wird unterschieden, ob sie (falls sie körperhaft sind) Körper besitzen oder von außenher (und getrennt von ihnen) auf Körpern nur aufruhen oder Körper (nur als Werkzeuge) verwenden oder ob sie Körper in sich schließen oder endlich mit Körpern (geradezu) identisch sind! Indes ist es vielleicht nicht notwendig, diese Klassifikation ganz genau zu überprüfen, da du sie ja nicht als deine eigene, sondern nur als die Auffassung anderer Leute vorträgst.

I. 17: Dafür will ich mich aber mit den Schwierigkeiten beschäftigen, die dir selbst durch die vorliegende Auffassung zu schaffen machen. „Wieso sollen denn", sagst du nämlich, „die Sonne, der Mond und überhaupt alles am Himmel Sichtbare nach deiner eigenen Behauptung Götter sein, wenn doch die Götter ausnahmslos körperlos sind?" – Ich erkläre also, dass die (sichtbaren) Götter (für die ich die Himmelskörper halte) nicht von den (sichtbaren) Himmelskörpern umgeben (umschlossen) werden, sondern vielmehr (umgekehrt) selbst die Himmelskörper durch ihre göttlichen Lebensenergien umgeben, dass ferner sich nicht die Götter dem Himmelskörper zuwenden (was einen Affekt der Götter bedeuten würde), sondern dass sie vielmehr im Himmelskörper etwas besitzen, was sich seinerseits dem göttlichen Prinzip (als dem Führenden und Beherr-schenden) zuwendet, und das endlich der (materielle) Himmelskörper der intellegiblen und völlig unkörperlichen Vollkommenheit der Götter nicht im Wege steht und ihr durch sein Dazwischentreten keine Schwierigkeiten bereitet. Daher bedarf der Himmelskörper auch keiner weiteren Sorge (von Seiten der Götter, was einem Affekte dieser Götter gleichzusetzen wäre), sondern folgt ihnen vielmehr von Natur und gewissermaßen in eigener Bewegung, ohne einer besonderen tätig wirkenden Leistung von Seiten der Götter zu bedürfen, indem er schon durch den Auftrieb (und das Streben aller Teilnaturen) zu dem Einen (Einheitlichen), das den Göttern eignet, und durch sich selbst in einheitlicher Weise emporgehoben und mit fortgerissen wird.

Wenn ich aber auch noch das hinzufügen soll, so sind die Himmelskörper der unkörperlichen Wesenheit der Götter (tatsächlich) am allernächsten verwandt; denn wie die Götter einheitlich sind, so ist auch der Himmelskörper einfach, wie jene unteilbar und unveränderlich, so auch dieser unzerlegbar und unwandelbar. Und wenn man ferner die Wirkungsmöglichkeiten der Götter als einheitlich auffasst, so verfügt auch der Himmelskörper über eine einheitliche Bahn seines Umschwunges. Er ahmt aber auch die Identität der Götter durch seine ewige Bewegung nach, die sich immer mit Rücksicht auf dieselben Zentren in immer gleicher Weise, nach den gleichen Gesetzen, nach einem einheitlichen Prinzipe und einer einheitlichen Ordnung vollzieht. Und auch das Leben der Götter ahmt er durch das Leben nach, das den Ätherkörpern (als die die Himmelskörper anzusehen sind) von Natur zukommt; denn deshalb ist auch ihr Körper nicht aus Entgegengesetztem und untereinander Verschiedenem wie unser (sterblicher) Leib (aus den verschiedenen Elementen) zusammengemengt, auch ist keine Seele mit seinem Leibe zu einem Lebewesen aus zwei (Bestandteilen) zusammengefügt worden (wie bei uns Menschen), sondern die göttlichen Lebewesen am Himmel (die Himmelskörper) sind (den Göttern) durchaus ähnlich, nämlich völlig einheitlich und nicht zusammengesetzt. Dabei behaupten die höherstehenden unter ihnen (wie Sonne, Mond und die Planeten) immer in gleicher Weise ihren Vorrang, die geringeren aber (wie die Sterne der zwölf Tierkreisbilder und die sechsunddreißig Dekansterne) hängen immer von der Herrschaft der höherstehenden ab und ziehen sie niemals zu sich herunter. So sind alle Himmelskörper zu einer einzigen (einheitlichen) Anordnung und zu einer einzigen Vollkommenheit vereinigt; da sie ferner alle in gewissem Sinne unkörperhaft und Götter im Weltgebäude sind, hat auch das göttliche Prinzip in ihnen die Oberhand und teilt ihnen allen überall eine vollkommene und völlig einheitliche Wesenheit zu. Auf diese Weise sind also die Gestirne am Himmel und zwar alle insgesamt, zwar sichtbar, aber doch zugleich auch Götter und in gewissem Sinne nichtkörperhaft.

I. 18: Deine weitere Frage ist darüber im Unklaren, „wieso manche von diesen (göttlichen Himmelskörpern, nämlich insbesondere die Planeten) gutes-, andere übelstiftend sein können" (da doch das Göttliche das prinzipiell und wesenhaft Gute sein soll, wie ich oben I. Kapitel 5.) ausgeführt habe. Diese Auffassung ist von den Astrologen hergeholt, verfehlt aber völlig den wahren Sachverhalt. Denn (in Wahrheit) sind alle Gestirngottheiten insgesamt gut und Urheber (nur) des Guten, da sie alle in gleicher Weise nur auf das Gute (als ihre Idee) hinblickend, nach dem Guten und Schönen allein ihre (bedeutungsvollen) Bahnen vollenden.
Die ihnen unterstellten Körper aber (wie Sonne, Mond, die Planeten und Dekane) verfügen über unermesslich viele Energien, von denen ein Teil dauernd in den göttlichen Himmelskörpern selbst verharrt, ein anderer Teil aber aus ihnen in die Natur des Weltalls und in das (sinnlich wahrnehmbare) Weltall herabdringt, indem sich dieser Teil ihrer Energien durch die ganze (sinnlich wahrnehmbare) Schöpfung wohlgeordnet verbreitet und sich unbehindert bis zu den Einzeldingen (hier auf Erden) herab erstreckt. Hinsichtlich jener Energien nun, die am Himmel in den göttlichen Himmelskörpern selbst verharren, dürfte wohl kaum jemand bezweifeln, dass sie einander gleich (und mithin als göttlich auch alle nur gut) sind; es erübrigt sich daher, nur von jenen ihrer Energien zu sprechen, die von dort herabgesendet werden und sich mit der (sichtbaren) Schöpfung

(hier auf Erden) vermengen. Aber auch diese Energien dringen in gleicher Weise nur zur Bewahrung (und Erhaltung) des Weltalls herab und halten die ganze Schöpfung nach den gleichen Prinzipien (wie die in den Himmelskörpern verharrenden Energien) zusammen; dabei sind auch sie unbeeinflussbar und unveränderlich (und als göttlich auch nur gut), obwohl sie in die Region des Veränderlichen und Beeinflussbaren herabdringen. Die Schöpfung dagegen nimmt, da sie selbst vielgestaltig (nicht einheitlich) und aus verschiedenartigen Teilen zusammengesetzt ist, infolge der ihr eignenden Gegensätzlichkeit und Zerspaltung (ihres Wesens) das Einheitliche und voneinander nicht Verschiedene dieser Energien nicht ohne Widerstreit und nur geteilt in sich auf und so dringt das an sich Unbeeinflussbare (der Gestirnenergien) in die Schöpfung ein, die sie als (durch jene) beeinflussbar aufnimmt; die Schöpfung ist doch überhaupt nur befähigt, an diesen Energien nur in einer Weise Anteil zu nehmen, die zwar ihrer eigenen Naturbeschaffenheit, nicht aber der Einheitlichkeit jener Energien angemessen ist. Wie nun das erst Gewordene (Geschaffene) an dem (göttlichen) ewigen (und absoluten) Sein nur in den dem Geschaffenen zukommenden Ausmaßen und ebenso auch das Körperhafte am Unkörperhaften nur in körperhafter Weise Anteil nehmen kann, so gewinnt auch das Physische und Materielle an den immateriellen, über die Physis und Schöpfung erhabenen Ätherkörpern (der göttlichen Gestirne) nur in ungeregelter und mangelhafter Weise Anteil, soweit das nämlich überhaupt möglich ist.

Abgeschmackt sind demnach jene Leute, die Farbe, Gestalt und durch den Tastsinn vermittelte Eigenschaften (wie Wärme und Kälte, Feuchtigkeit und Trockenheit) den nur durch die reine Vernunft erfassbaren Göttern (der Himmelskörper selbst) zuweisen, weil das, was (in der sinnlich wahrnehmbaren Schöpfung) an ihnen Anteil erhält, so geartet ist; abgeschmackt aber sind natürlich auch die, die den Himmelskörpern Bosheit zuschreiben, weil manches von dem, was (hienieden) an ihnen Anteil erhält, bisweilen böse ist. Denn von allem Anfang an könnte dieses Verhältnis (zwischen der göttlichen Sternenwelt und der sinnlich wahrnehmbaren Schöpfung) nicht ein Anteilhaben genannt werden (sondern müsste vielmehr Identität heißen), wenn das, was Anteil nimmt, nicht auch in irgend etwas von dem, woran es Anteil nimmt, verschieden wäre. Wenn nun aber das, was Anteil gewinnt, dies nur wie in etwas Sekundärem und (vom Primär-Göttlichen) Verschiedenem tun kann, dann ist eben dieses als das Sekundäre und Irdische (und nicht etwa das Primär-

Göttliche) böse und ungeordnet. Das Anteilhaben selbst und die Vermengung des Körperhaften mit den unkörperhaften Energieemanationen (aus den göttlichen Gestirnen) ist also der Grund für die vielfache Gegensätzlichkeit (dieser astralen Emanationswirkungen) im Sekundären (Irdischen) und zugleich auch noch der Umstand, dass das Irdische das anders Dargebotene wieder anders (in sich) aufnimmt. So ist z. B. die Emanation des (Planeten) Kronos (Saturn, hier in der Schöpfung) hemmend (und lähmend), die des (Planeten) Ares (Mars) dagegen bewegend, aber natürlich nur deshalb, weil die Aufnahmefähigkeit des Körperhaften, das beeinflusst, weiter zeugt, das Fluidum von dem einen Planeten in Rücksicht auf Erstarrung und (lähmende) Kälte, das Fluidum des andern Planeten aber in Rücksicht auf eine das (zuträgliche) Maß übersteigende Erhitzung in sich aufnimmt (was aber in jedem der beiden Fälle zur Schädigung und zum Verderben der sichtbaren Schöpfung führt): Ist da das Verderbenbringende und Ungemäßigte (das man fälschlich jenen beiden Planetengöttern selbst zuschreibt) nicht bloß infolge der Veränderung und Ablenkung (ihres Fluidums) durch das Materielle und Beeinflussbare zustande gekommen, das (jene an sich natürlich nicht verderblichen Planetenfluida) aufnahm und in anderer (nämlich verderbenbringender) Richtung (selbst weiterzeugend) weiter wirken ließ? Die eigene Schwäche des Materiellen und der irdischen Örtlichkeit, die die lautere Energie und das überaus reine Leben der Ätherwesen nicht zu fassen vermag, legt aber ihre eigene Mangelhaftigkeit den höchsten Prinzipien gerade so zur Last, wie wenn jemand, der als krank am eigenen Leibe die Leben erzeugende (und erhaltende) Sonnenwärme nicht zu ertragen vermag, sich, durch sein eigenes Gebrest getäuscht, zu der Behauptung versteigen wollte, die Sonne sei der Gesundheit und dem Leben nicht zuträglich!

Zu etwas Derartigem kann es aber auch bei der harmonischen Vermengung des Weltalls kommen, indem nämlich Ein und Dasselbe dem Weltall und Weltganzen infolge der Vollkommenheit des darin Enthaltenen und dessen, das es enthält, heilbringend ist, einzelnen Teilen des Weltganzen aber wegen ihrer teilweisen Asymmetrie schädlich; bei der Bewegung des Weltganzen behüten nämlich alle Gestirnumläufe insgesamt das Weltganze als solches in durchaus gleicher Weise, während dabei aber doch ein Teil des Weltganzen durch einen andern Teil gedrückt werden kann; das Gleiche können wir ja auch beim Chorreigen oft beobachten (wo der Gesamteindruck des Tanzes als harmonisch-schön gewahrt bleibt, mag auch einmal ein Arm oder Fuß eines der Tanzenden gegen die Regel verstoßen). Auch der Mangel der Vergänglichkeit und Wandelbarkeit kommt von Natur nur den Teilwesen (der sinnlich wahrnehmbaren Schöpfung hier auf Erden) zu und man darf daher diesen Mangel nicht den universellen und ersten Prinzipien (den Planetengöttern) zuweisen, als beruhe er in ihnen oder dringe (vermittels ihrer Emanationen) von ihnen zum Irdischen herab. Soweit ist also der Beweis geliefert, dass weder die Götter am Himmel selbst, noch auch ihre Gaben verderbenstiftend sein können.

I. 19: Auch auf jenes wollen wir noch antworten, „was denn eigentlich das ist, was die mit einem Körper versehenen (sichtbaren) Götter am Himmel mit den vollkommen körperlosen (intellegiblen, nur durch die reine Vernunft erfassbaren) Göttern verbindet." – Das aber wird wohl schon aus dem früher Gesagten offenbar; denn wenn die Gestirngottheiten als (von Haus aus) unkörperhaft, nur durch die reine Vernunft erfassbar sind und einheitlich die (sichtbaren) Himmelskörper (als Fortbewegungsmittel) nur (von außenher) bestiegen haben, dann liegen ihre Prinzipien natürlich nur im Intellegiblen (also in der nur durch die reine Vernunft und nicht durch die Sinnenwahrnehmung erfassbaren Region jenseits des Kosmos); denn nur indem sie (auf den sichtbaren Himmelskörpern aufruhend) die göttlichen (und nur intellegiblen) Ideen ihres eigenen Ichs im Auge behalten, lenken sie das gesamte Weltall (durch den Umschwung ihrer sichtbaren Fortbewegungsmittel) vermöge einer einheitlichen und unbegrenzten Energie. Und wenn sie also zwar am Himmelsgewölbe (sinnlich wahrnehmbar) anwesend sind, dabei aber doch von ihm trennbar und die Gestirnumläufe nur durch ihren Willen bewirken, so sind sie naturgemäß mit dem sinnlich Wahrnehmbaren nicht vermengt und existieren (somit als Einheit) zusammen mit den nur intellegiblen Göttern. Trotzdem ist es doch unerlässlich, diese Antwort auch noch im einzelnen durchzunehmen: Ich stelle also fest, dass die sichtbaren Bilder der Götter (d. h. die Gestirne am Himmel) nach den nur intellegiblen göttlichen Ideen und nur in Rücksicht auf sie (als ihre Muster) geschaffen wurden, geworden, ganz in ihnen begründet sind und also ein nach ihnen geschaffenes und auf sie zurückgehendes Abbild darstellen; und auf diese Weise ist ein und dasselbe einerseits in den nur intellegiblen göttlichen Vorbildern (Ideen) und andrerseits auch in ihren (sichtbaren) Abbildern nach einer differenzierten Art des Schöpfungsaktes geschaffen worden (indem der eine intellegible Ur- und Schöpfungsgott oder Demiurg die Ideen jener Götter und nach diesen Ideen auch die sichtbaren Götter selbst schuf) und dieses steht mit jenem in einer einheitlichen Verbindung; daher sind die sinnlich erfassbaren göttlichen Eigenschaften, die den sichtbaren Körpern der Götter (d. h. den Gestirnen) zukommen (wie z. B. ihr Licht, ihre Bewegung) gesondert von diesen Körpern (ideell) schon vor ihnen (in den intellegiblen Ideen der Gestirngottheiten) vorhanden; die intellegiblen Vorbilder (d. h. die Ideen der Gestirne und ihrer Gottheiten) selbst dagegen, die frei von jeder Mischung (mit Materiellem, wie es die Ätherkörper der Gestirne sind) und jenseits des Himmelsgewölbes (der äußersten Region des Sichtbaren und Aufenthaltssphäre ihrer sichtbaren Abbilder) existieren, bleiben alle insgesamt für sich in der Einheit (und Einheitlichkeit alles Intellegibel-Göttlichen) beschränkt, gemäß ihrer seit Ewigkeit bestehenden Überlegenheit (über alles erst später Geschaffene, also auch über ihre sichtbarmateriellen Abbilder, die Himmelskörper). Die gemeinschaftliche Verbindung (der intellegiblen und der sichtbaren Götter untereinander) ist also sowohl hinsichtlich der nur intellegiblen Energie (beider) wie auch bezüglich des gemeinsamen Anteilhabens an ihren (sichtbaren) Erscheinungsformen unlösbar, denn nichts trennt sie voneinander und und nichts liegt trennend zwischen ihnen; vielmehr schließt sich die immaterielle und unkörperhafte Wesenheit (der intellegiblen Götter), die weder nach Örtlichkeiten noch Immanenzmitteln geteilt, noch durch zerteilende Umgrenzungen umschrieben ist, sogleich von selbst zur Identität (mit jenen) zusammen. So schließt also jenes Hinabsteigen vom Einheitlichen (Intellegiblen, zum sinnlich Wahrnehmbaren) und jenes Hinaufsteigen (von diesem) zum Einheitlichen des Universellen und die Herrschaft dieses Einheitlichen allüberall die Gemeinschaft der Götter im Kosmos (d. h. der sichtbaren Gestirngottheiten) mit den Göttern zusammen, die im Intellegiblen (jenseits des Kosmos) präexistieren. Auch das Sichhinwenden des Zweiten (Sekundären, erst nachträglich Geschaffenen, d. h. hier der sichtbaren Himmelskörper) zu den intellegiblen Prinzipien (d. h. zu den intellegiblen Ideen dieser Himmelskörper) und die Mitteilung der gleichen Wesenheit und Macht von Seiten der Ersten (Intellegiblen) an die Zweiten (die Materiellen) schlingt ihre Vereinigung zu einer unlösbaren Einheit. Dingen dagegen, die aus Wesensverschiedenem zusammengesetzt sind wie (der Mensch) aus Seele und Körper, oder auch aus Teilen ungleicher Art wie Materielles mit wie immer davon Verschiedenem, kommt die eingeborene Einheitlichkeit bloß in der Weise zu, dass sie das Untergeordnete aus dem Übergeordneten hinzugewinnen und dass diese Einheitlichkeit nach festbestimmten Zeitumläufen wieder verloren geht. Je

mehr wir aber in die Höhe steigen, zur Identität der ersten Prinzipien nach Form und Wesenheit, und je höher wir uns von den Teilen zum Ganzen (Universellen) erheben, um so vollkommener finden wir die ewige Einheitlichkeit vorhanden, schauen sie um so führender und beherrschender und in sich und um sich die Gegensätzlichkeit und Vielheit (des erst Gewordenen) umfassend. Da aber die Klasse der Götter (wie ich oben I.5. lehrte) auf der Einheitlichkeit aller (Götter) beruht und die Ersten (die intellegiblen Götter) wie auch die Zweiten (die sichtbaren) wie auch endlich die Vielen, die auch noch rings um sie geworden sind, alle insgesamt in der Einheit ihre Existenz haben, ist der Einheitsbegriff für die Götter der Grundbegriff; so existieren also Anfang, Mitte und Ende (dieser Klasse) miteinander im Begriff der Einheit selbst, so dass man also bei ihnen eigentlich gar nicht zu fragen braucht, woher ihnen allen insgesamt der Begriff der Einheitlichkeit zukommt. Denn ihre Existenz selbst, wie immer sie auch geartet sein mag, bildet für sie die Einheit. Und das Zweite (erst nach dem Intellegiblen Geschaffene) beharrt nach denselben Grundsätzen auch in der Einheitlichkeit, die für das Erste (Intellegible) gelten, und das Erste verleiht dem Zweiten die Einheitlichkeit aus sich selbst, alles aber verfügt untereinander über die Gemeinschaft der unlösbaren Verbindung. Infolge dieses Prinzips sind also mit den sinnlich wahrnehmbaren (sichtbaren Gestirn-) Gottheiten, die über Körper (dauernd) verfügen, auch die völlig körperlosen (nur intellegiblen) Götter zu einer Einheit verbunden; denn auch die sichtbaren Götter befinden sich außerhalb ihrer Körper und deshalb im Intellegiblen, die intellegiblen Götter aber wieder schließen wegen ihrer grenzenlosen Einheitlichkeit auch die sichtbaren Götter in sich und beide bestehen nach gemeinsamer Einheitlichkeit und nach einer einzigen Wirkungsmöglichkeit. So ist denn auch dies ein Charakteristikum für das Prinzip und den Einteilungsgrund der Götterklasse, dass eine und dieselbe Einheitlichkeit aller Angehörigen dieser Klasse sich von ihrem Anfange bis zu ihrem Ende erstreckt. Wenn man also bezüglich dieses Satzes überhaupt Zweifel hegen müsste, so wäre es im Gegenteil verwunderlich, wenn es sich nicht so verhielte.
Hinsichtlich der Berührung und Verbindung der sinnlich wahrnehmbar (sichtbar) verharrenden Götter mit den intellegiblen sei also soviel bemerkt.

I. 20: Dann aber stellst du wieder die gleichen Fragen, bezüglich derer das eben Vorgetragene schon zur Klarlegung dessen, wonach du forschtest, genügen würde. Da man aber, wie man sagt, das Schöne oft lehren und betrachten soll, will ich auch diese Dinge nicht übergehen, als hätten sie schon eine hinreichende Beantwortung gefunden; auch dürften wir aus der eingehenden (genauen) Besprechung aller dieser Dinge ein vollkommenes und großes Gut für die Erkenntnis (des Göttlichen) gewinnen.

Du bist also darüber im Zweifel, „was das ist, was die Dämonen sowohl von den sichtbaren wie von den unsichtbaren (nur intelligiblen) Göttern unterscheidet, wobei die sichtbaren Götter mit den unsichtbaren eine Einheit (eine und dieselbe Klasse höherer Wesen) bilden." – Ich will eben hiervon zuerst ausgehen und so dasjenige, was Götter und Dämonen voneinander unterscheidet, vorweisen: Weil die sichtbaren Götter mit den intelligiblen Göttern verbunden sind und über dieselbe Idee (ihres Wesens) wie diese verfügen, die Dämonen dagegen ihrer Wesenheit nach erst in weitem Abstände auf sie folgen und ihnen eben nur noch nach dem Gesetze der Ähnlichkeit (oder Analogie) gleichen, deshalb allein schon sind die Dämonen von den sichtbaren (Gestirn-)Göttern geschieden. Von den unsichtbaren (intelligiblen) Göttern aber sind sie (auch) schon durch den Unterschied im Unsichtbarsein geschieden; die Dämonen sind nämlich nur für das menschliche Auge unsichtbar und nur durch die menschliche Sinneswahrnehmung nicht erfassbar, die unsichtbaren (intelligiblen) Götter aber sind sogar über die begriffliche und verstandesmäßige Erfassungskraft, die dem Materiellen (dem Menschen) zukommt, erhaben. Weil die intelligiblen Götter aber zugleich auch für das menschliche Auge und die menschliche Sinneswahrnehmung unergründbar und unsichtbar sind, werden auch sie unsichtbar zubenannt, aber in ganz anderem Sinne, als man vom Unsichtbarsein der Dämonen spricht. – Steht es aber deshalb vielleicht um die intelligiblen Götter besser als um die sichtbaren Götter, weil jene unsichtbar sind? Keineswegs; denn das Göttliche besitzt, wo immer es sich befinden und seinen Ruhepunkt haben mag, (stets) die gleiche Macht und die gleiche Überlegenheit über alles ihm Untergeordnete; mithin gebietet das Göttliche auch über die unsichtbaren Dämonen, auch wenn es selbst sichtbar ist, und ist König über die Luftdämonen, wenn es sich in Erdnähe aufhält. Denn die Örtlichkeit und Region des Weltalls, die die Götter aufnimmt, bewirkt keine Veränderung ihrer Herrschergewalt; überall nämlich bleibt die Wesenheit der Götter in ihrer Gesamtheit die gleiche, uneingeschränkt und unverändert, vor der sich alles in gleicher Weise verehrungsvoll beugt, was infolge seiner durch die Naturordnung bestimmten Stellung (im Weltganzen) weniger vollkommen ist.

Wenn wir von demselben Punkte ausgehen, finden wir aber auch noch

einen andern Unterscheidungsgrund (zwischen Göttern und Dämonen); denn sowohl die sichtbaren wie die unsichtbaren (intellegiblen) Götter schließen die vollkommene Leitung alles dessen, was überall im Kosmos existiert, in sich und ebenso auch die vollkommene Leitung aller unsichtbaren Energien im Weltall. Diejenigen Wesen dagegen, die nur die Führerrolle der Dämonen erlost haben, regieren nur Teilgebiete des Kosmos, auf die allein sich ihre Macht erstreckt, und verfügen selbst auch über eine nur beschränkte Gattung der Wesenheit und Macht; auch sind sie mit dem, was sie verwalten, gewissermaßen zusammengewachsen und nicht trennbar davon, während die Götter, auch wenn sie Körper beschreiten, von ihnen doch (stets) völlig geschieden bleiben. Nun hat zwar die Sorge um die Körper noch keine Beeinträchtigung (Beeinflussung) für das höhere Wesen im Gefolge, dem der Körper dient, denn dieser wird ja von dem Vollkommeneren (über ihn Herrschenden) völlig umschlossen gehalten, ist ihm zugewendet und bereitet ihm keinerlei Behinderung (wie ich schon oben I. Kapitel 17. bemerkt habe); der Umstand dagegen, dass die Dämonen mit der zeugenden Natur eng verbunden (gewissermaßen zusammengewachsen) sind und sich mit Rücksicht auf sie (in verschiedene Unterabteilungen wie in die Feuer-, Luft-, Wasser-, Erd-, Stoff- und Untererddämonen) teilen, weist ihnen notwendigerweise eine minderwertigere Stellung zu. Überhaupt ist das Göttliche das, was führt und der Ordnung in allem Existierenden vorsteht, das Dämonische dagegen das, was nur dient, alle Befehle der Götter entgegennimmt und bereitwillig aus eigener Kraft alles durchführt, was die Götter denken, wollen und anordnen. Demnach sind die Götter selbst frei von den Energien, die zur Schöpfung neigen, die Dämonen dagegen sind nicht ganz rein davon.
Soviel also habe ich noch zu dieser Unterscheidung hinzubemerkt und glaube, dass sie aus beidem, dem schon früher Gesagten und jetzt Bemerkten, verständlicher geworden ist.

I. 21: Die Klassifikation ferner, die du (auch hier) billigst, nämlich hinsichtlich der Unterscheidung (der höheren Wesen) nach Beeinflussbarkeit und Unbeeinflussbarkeit, dürfte mancher als auf keines der höheren Geschlechter passend schon aus den Gründen verwerfen, die ich früher (in Kapitel 10. oben) vorgetragen habe; trotzdem ist es billig, diese Klassifikation (auch hier neuerlich) umzustoßen, da sie auf dem Umstände aufgebaut ist, dass sich die heiligen Kulthandlungen auf die Götter als beeinflussbare (Affekten unterworfene) Wesen erstrecken sollen. – Welcher heilige Dienst und welche nach den heiligen Vorschriften (des Kultes und der Theurgie) vollzogene Kulthandlung geht aber (tatsächlich) unter Erregung eines Affektes vor sich oder zielt auf die Befriedigung eines Affektes (auf selten eines der höheren Wesen) ab? Ist denn nicht vielmehr der heilige Dienst nach den Satzungen der Götter selbst und in einer sich nur an den Intellekt wendenden Weise von Uranfang eingesetzt? Ahmt er doch die Klasse der Götter nach, der intellegiblen wie der (sichtbaren) Götter am Himmel, und enthält ewige Maße alles (wahrhaft) Existierenden (d. h. Göttlichen) in sich und wunderbare Eingebungen, die vom Vater und Schöpfer alles Existierenden hierher herabgesendet wurden, durch die das Unaussprechliche (Göttlich-Ideelle) unter Vermittlung geheimer Symbole verkündet, das (an sich) Formlose in (bestimmten, sinnlich wahrnehmbaren) Formen erfasst, was über jedes Bild erhaben ist, unter Vermittlung gewisser Bilder ausgedrückt wird, alles aber durch das göttliche (völlig unbeeinflussbare) Prinzip zur Ausführung kommt; dieses aber ist so sehr von den Affekten geschieden, dass nicht einmal der Verstand (sondern nur unsere Vernunft als letzter Ausläufer des göttlichen Nus) daran zu rühren vermag.

Auch dieser letztere Umstand wurde übrigens Veranlassung für die Verwirrung in den Anschauungen über die Affekte (und auch über die Affektionsfähigkeit der höheren Wesen); denn da die Menschen den (wahren) Sinn der den heiligen Handlungen zugrunde liegenden Gedanken nicht zu erfassen vermögen, es (aber doch zu vermögen) glauben, lassen sie sich ganz zu ihren eigenen menschlichen Affekten (und zu ihrer eigenen Affizierbarkeit) abtreiben und schließen von dem, was ihnen selbst zukommt, auf das Göttliche. So verfehlen sie aber in doppelter Hinsicht den wahren Sachverhalt, einmal, weil sie, das Göttliche nicht erreichend, es zu den menschlichen Affekten (und zur menschlichen Affizierbarkeit) herabziehen, und das andere Mal, weil sie vom Göttlichen (zum Menschlichen) abfallen. Es wäre aber notwendig, bei Dingen, die in gleicher Weise Göttern wie Menschen gegenüber geschehen, wie beim fußfälligen Flehen, bei der Kniebeuge, bei Geschenken und Erstlings-abgaben, nicht die gleiche Art (der Erklärung dieser Bräuche) auf beides anzuwenden, sondern vielmehr jedes für sich abzuschätzen, und zwar mit Rücksicht auf den Unterschied dem Wertvolleren gegenüber, und so das eine als göttlich verehrungsvoll hochzuachten, das andere aber als menschlich für verächtlich zu halten, dem einen die Erzielung von Affekten sowohl in denen zuzuschreiben, die solches tun, als auch in denen, für die

41

solches getan wird, denn das ist menschlich und körperhaft, die Durchführung des andern dagegen überaus hochzuachten, weil es durch ein sich immer gleichbleibendes Wunder (Mysterium), durch eine hehre Einrichtung (von Seiten der Götter selbst) und in nur intellegibler Lust und fester Glaubensüberzeugung sein Ziel erreicht; denn den Göttern ist es geweiht.

II. l: Es ist aber notwendig, dass dir auch noch klargelegt werde, wodurch sich der Dämon vom Heros und von der (körperfreien) Menschenseele hinsichtlich seiner Wesenheit, Macht oder Wirkungsmöglichkeit unterscheidet.

Ich erkläre also, dass die Dämonen zwar aus den zeugenden und schaffenden Energien der Götter hervorgehen, aber erst, wenn diese Energien am weitesten und schon zu ihrem Endergebnis vorgedrungen und zu ihren äußersten Verteilungen gelangt sind (d. h. bis zu den Elementen Feuer, Luft, Erde und Wasser und bis zum Stoff oder der Materie an sich, aus der die sinnlich wahrnehmbare Schöpfung aufgebaut ist; denn hier schaffen die zeugenden Energien der Götter einerseits die Elementar- (Feuer-, Luft-, Wasser- und Erd-) Dämonen, andrerseits aber die Stoff- dämonen (Erdgürtelwesen), die in den Tieren, Pflanzen und Mineralen der sichtbaren Schöpfung hier auf Erden hausen und wirken. Die Heroen dagegen sind aus den Lebensprinzipien in den Göttern hervorgegangen und auch die ersten und vollkommensten Seelen (d. h. die noch körperfreien präexistenten Seelen) endlich nehmen ebenfalls von den Göttern ihren Ausgang und werden von ihnen (durch Vermittlung der universellen Weltseele) ausgeschieden.

Da die Natur der Dämonen und Heroen auf diese Weise aus den verschiedenen Prinzipien der Götter ihren Ursprung nimmt, müssen sie auch von verschiedener Wesenheit sein: Die Wesenheit der Dämonen muss nämlich befähigt sein, (schöpferisch) zu wirken und das Irdisch-physische zur Vollendung zu bringen (indem die Dämonen aus der Materie die Tiere, Pflanzen und Minerale hier auf Erden im Auftrage der Götter schaffen und erhalten) und muss befähigt sein, der Vorsteherschaft und Leitung alles (so durch sie mittelbar) Gewordenen vollkommen zu genügen; die Wesenheit der Heroen dagegen muss befähigt sein, Leben und Verstand zu zeugen (da sie aus den Lebens- und Verstandesprinzipien der Götter entstanden sind) und die Seelen zuleiten (die demnach erst durch die Heroen der Lebensfähigkeit in irdischen Leibern als sogenannte Teilseelen und auch des Verstandes teilhaftig werden, indem sie beides zwar von den Göttern, aber nur durch Vermittlung der Heroen zugeteilt erhalten). Den Dämonen dürfen also nur schöpferische Energien zugewiesen werden, und zwar nur solche, die der (unbeseelten, materiellen) Natur und der Verknüpfung der Seelen mit ihren Körpern vorstehen (indem die Dämonen die Seelen mit ihren irdischen Leibern bei der Geburt der Leiber verknüpfen), den Heroen dagegen lebenerzeugende Energien (da erst die von den Göttern durch die universelle Weltseele emanierten und durch die Heroen lebensfähig gemachten Teilseelen die an sich noch leblosen Leiber, die Schöpfung der Elementar- und Stoffdämonen, beleben und auch solche Energien, die die Menschen (also bereits die Vereinigung von Seele und Körper, kraft des Verstandes) führen (den die Heroen von den Göttern in die Teilseelen herableiten) und die von der (sinnlich wahrnehmbaren) Schöpfung (dem Werke der Dämonen) verschieden und gesondert sind.

II. 2: Dementsprechend sind auch noch ihre Wirkungsmöglichkeiten zu bestimmen und abzugrenzen; und da sind die Wirkungsmöglichkeiten der Dämonen so zu beurteilen, dass sie rings auf die (ganze sinnlich wahrnehmbare) Schöpfung wirken und sich (mithin) über das, was durch sie zur Vollendung gelangt, beträchtlich weit erstrecken, während das Wirkungsgebiet der Heroen nicht so weit reicht, da es sich ja nur auf die Einordnung der (Teil-) Seelen ausdehnt.
Während also diese beiden Klassen hierin voneinander geschieden sind, folgt zuletzt noch die Seele, die das Endglied der göttlichen Klassen vorstellt und von diesen beiden Klassen (der Dämonen und Heroen) gewisse begrenzte Teile ihrer Energien zugeteilt erhielt, aus sich selbst aber auch noch durch gewisse andere, darüber hinausgehende Energien bereichert ist; denn sie nimmt (infolge des Gesetzes der Seelenwanderung) bald diese, bald jene Erscheinungsformen und Prinzipien und bald diese, bald jene Lebensformen an, indem sie nach den einzelnen Regionen im Kosmos (die sie nach dem Gesetze der Seelenwanderung durchlaufen muss) über verschiedenartige Lebens- und Erscheinungsformen (als präexistente Ätherseele, dann als körperlose Luft- und Feuerseele und endlich als körperbehaftete Menschen- und Tierseele) verfügt; ferner vermag sie, womit sie will, zusammenzuwachsen, sich, wovon sie will, zurückzuziehen, sich allem anzuähneln und sich auch wieder von allem durch die Verschiedenheit (ihres Wesens) zu scheiden. Endlich erwählt sie sich Verstandeskräfte, die dem bloß Werdenden und Gewordenen (aber

nicht dem vollkommenen Ungewordenen-Göttlichen) angemessen sind, und verbindet sich mit den Göttern nach andern Harmonien der Wesenheiten und Energien, als nach denen die Dämonen und Heroen mit den Göttern verknüpft sind. Obwohl sie also in nur geringerem Ausmaße als die Dämonen und Heroen an der Ewigkeit des (den Göttern) ähnlichen Lebens und Wirkens Anteil hat, kann sie doch durch den guten Willen der Götter und durch die Erleuchtung (Inspiration), die ihr von den Göttern gewährt wird, oft auch höher empordringen und in eine vollkommenere Klasse, nämlich in die der Engel, gelangen; dann verharrt sie nicht mehr innerhalb der der Seele (sonst) gesteckten Grenzen, sondern gelangt in ihrer Gänze als Engelseele und in einem reineren Leben zu ihrer Vollendung. Aus diesen Gründen schließt die Seele offensichtlich zwar allerhand Wesenheiten und Wirkungsmöglichkeiten, allerlei Verstandeskräfte und alle möglichen Erscheinungsformen in sich; trotzdem ist sie aber doch, wenn man die Wahrheit sagen soll, (als niedrigstes und unvollkommenstes der höheren Wesen) immer nach einer Hinsicht genau begrenzt, teilt sich aber bald diesem, bald jenem der höheren Prinzipien mit und verknüpft sich bald mit diesem, bald mit jenem (woraus sich auch die Buntheit ihres Wesens erklärt).

Da nun auf diese Weise zwischen den höheren Wesen so große Unterschiede bestehen, kann man darüber gar nicht im Zweifel sein, was sie voneinander unterscheidet; denn so, wie jede einzelne dieser Klassen ihrer Natur nach besonders beschaffen ist, so muss man sie (bei ihrer Beurteilung) von den übrigen Klassen trennen, sie dagegen auch wieder alle zusammen und gemeinschaftlich betrachten, insoweit als sie doch auch wieder eine Gemeinschaft miteinander bilden können. Denn nur so dürfte man untrüglich sowohl die für alle Klassen zusammen als auch die für jede einzelne Klasse im Besonderen geltende Auffassung gewinnen können.

2. Teil

Über die unterscheidenden Merkmale der in den ekstatischen Visionen den Theurgen sichtbar werdenden Götter-, Erzengel-, Engel-, Dämonen-, Archonten-, Heroen- und Seelenerscheinungen und über die Zuverlässigkeit, beziehungsweise Unzuverlässigkeit der auf diese Weise gewonnenen höheren und höchsten Erkenntnisse. – Über den Unterschied zwischen kontemplativer Theosophie und praktischer Theurgie.

II. 3: Doch ich will mich an die Erscheinungen der höheren Wesen machen (durch die sie sich den Theurgen in visionären Gesichten offenbaren) und wodurch sie sich voneinander unterscheiden; du fragst nämlich, „woran man erkennt, ob ein Gott, Erzengel, Engel, Dämon, ein bestimmter Archont oder endlich eine Seele (leibhaftig) erschienen ist." Mit einem Worte definiere ich (zunächst), dass die leibhaften (visionären) Erscheinungen der höheren Wesen ihren Wesenheiten, Energien und Wirkungsmöglichkeiten (wie ich sie im I. Teile dargelegt habe) entsprechen müssen; denn wie geartet sie sind, so erscheinen sie auch denen, die sie (durch die theurgischen Operationen) herbeirufen, machen ihre Wirkungsmöglich-keiten sichtbar und lassen die Gestalten sehen, die ihnen angemessen sind, und die Kennzeichen, die ihnen eignen.

Um dies aber auch noch im einzelnen zu bestimmen, stelle ich folgendes fest: Die Erscheinungen der Götter sind eingestaltig (einheitlich), die der Dämonen bunt (mannigfach), die der Engel einfacher (einheitlicher) als die der Dämonen, jedoch unvollkommener als die der Götter, während sich die der Erzengel mehr den göttlichen Prinzipien nähern. Die Erscheinungen der Archonten wieder sind zwar mannigfach, doch stets voll Wohlordnung, wenn man nämlich unter ihnen die Kosmosgebieter (oder Weltherrscher) versteht, die die Elemente unter dem Monde (Feuer, Luft, Wasser und Erde = Erdgürtelzone) verwalten (und mithin die Herren der sogenannten Elementardämonen sind); versteht man aber unter ihnen diejenigen (Geister), die der (sinnlich wahrnehmbaren) Materie (hier auf Erden und auch den darin hausenden und wirkenden Material- oder Stoffdämonen) vorstehen, dann sind ihre Erscheinungen bunter (mannigfacher), aber dabei doch auch noch unvollkommener als die Erscheinungen jener; die

Erscheinungen der Seelen endlich zeigen sich (gemäß der in II. Kapitel 2. oben vorgetragenen Sätze) als von allerlei Art.

Die Erscheinungen der Götter leuchten ferner in einer Art und Weise, die dem (menschlichen) Gesichtssinn förderlich ist, die Erscheinungen der Erzengel sind gewaltig und mild zugleich, die der Engel noch milder, die der Dämonen dagegen Schrecken erregend; und auch die Erscheinungen der Heroen sollen um der Wahrheit willen ihre Beantwortung finden, obwohl sie in deiner Frage übergangen wurden: Sie sind milder als die der Dämonen. Handelt es sich ferner um jene Archonten, die um den Kosmos (als Vorsteher der Elemente) ihre Macht entfalten, so erregen ihre Erscheinungen Schrecken und Bestürzung, sind sie dagegen die Stoffarchonten, dann sind ihre Erscheinungen denen, die sie schauen, schädlich und leidbringend; die Erscheinungen der Seelen endlich ähneln zwar denen der Heroen, sind aber unvollkommener als sie.

Weiter sind die Erscheinungen der Götter völlig unwandelbar sowohl nach Größe wie nach Bildung und Gestalt und überhaupt nach allem, was sie betrifft; die Erscheinungen der Erzengel nähern sich zwar denen der Götter, bleiben aber doch hinter ihrer Stetigkeit zurück und die Erscheinungen der Engel sind (hierin) noch unvollkommener als diese, dabei aber doch auch noch nicht wandelbar; dagegen werden die Dämonen teils in dieser, teils in jener Gestalt sichtbar, dabei auch noch groß und klein, obwohl dabei aber doch jeder einzelne Dämon immer in derselben Gestalt erscheint. Ferner sind alle Archonten, die die Führung (über die Elemente) innehaben, unveränderlich, die Stoffarchonten dagegen verändern sich in mannigfaltiger Weise. Die Erscheinungen der Heroen wieder gleichen denen der Dämonen und die der Seelen endlich übernehmen nicht wenig von der Wandelbarkeit der letzteren.

Ferner kommt den Göttern Wohlordnung und Ruhe zu, den Erscheinungen der Erzengel aber eignet das Kennzeichen der Wohlordnung und Ruhe schon als wirkend; ebenso verfügen auch die Engel über Ordnung und Ruhe, doch sind sie dabei nicht mehr ganz frei von Bewegung, während Unruhe und Unordnung die Erscheinungen der Dämonen begleitet; bei den Erscheinungen der Archonten entsprechen ihre Gesichte je einem der beiden Sätze, die ich oben vorgetragen habe; denn die Stoffarchonten zeigen sich in stürmischer Bewegung, die führenden Archonten (der Elemente) dagegen unveränderlich in sich selbst feststellend. Die Erscheinungen der Heroen wieder sind schon der Bewegung unterworfen und des Wechsels nicht unteilhaftig, und die Erscheinungen der Seelen endlich gleichen zwar denen der Heroen, sind aber doch unvollkommener als diese. Außer diesen Kennzeichen strahlen die Erscheinungen der Götter eine unaussprechliche Schönheit aus, welche diejenigen, die sie schauen, mit Staunen erfüllt und ihnen einen wunderbaren Frohsinn gewährt, in unaussprechlichem (unbeschreiblichem) Ebenmaß aufleuchtend und verschieden von allen andern Erscheinungsformen des Schönen. Auch der beseligende Anblick der Erzengel verfügt noch über ein sehr hohes Maß von Schönheit, doch ist ihre Schönheit nicht mehr so unaussprechlich und staunenswert wie die der Göttererscheinungen. Die Erscheinungen der Engel nehmen ihre Schönheit aus der der Erzengel, aber bloß teilweise herüber. Die leibhaftigsichtbar werdenden Geister (Pneumata) der Dämonen und Heroen verfügen zwar beide über eine Schönheit in schon festumgrenzter Form, doch ist dabei jene Schönheit, die nur durch die Prinzipien ihrer Wesenheit allein umgrenzt ist, den Dämonen, jene Schönheit dagegen, die zugleich auch noch Mannhaftigkeit aufweist, den Heroen eigen. Die leibhaftigen Erscheinungen der Archonten müssen (auch hier) in zwei Klassen geteilt werden; denn die einen lassen ihre Schönheit als führend und aus sich selbst geworden sehen, die andere Klasse dagegen eine Schönheit, die nur erkünstelt und erst hinzuerworben ist. Auch die Schönheit der Seelen ist nach bestimmten Prinzipien geregelt, doch mannigfaltiger als die der Heroen, enger begrenzt und nur einer einzigen Form untergeordnet. Wenn ich aber auch noch für alle höheren Klassen zusammen eine (gemeinsame) Bestimmung (bezüglich der Schönheit) darlegen soll, so stelle ich fest, dass jeder einzelnen Klasse der universellen Wesen so, wie sie organisiert und der ihr eignenden Natur nach beschaffen ist, auch an der Schönheit nur jener Anteil zukommt, der auf jede Klasse (hiernach) entfallen muss.

II. 4: Wenn ich weiter zu andern ihrer Kennzeichen übergehe, so stelle ich fest, dass bei den Göttern die Raschheit im Wirken schneller aufblitzt als der Gedanke, obwohl ihr Wirken selbst in sich unbeweglich und feststehend bleibt; bei den Erzengeln dagegen ist die Schnelligkeit ihres Wirkens schon mit dem den Effekt erzielenden Tun vermengt und das Wirken der Engel berührt sich schon einigermaßen mit der Bewegung; auch kommt ihnen die Fähigkeit, zugleich mit dem Worte den Effekt (ihrer Absicht) zu verwirklichen, schon nicht mehr in gleicher Weise zu. Bei den Dämonen aber ist der Schein der Schnelligkeit ihres Wirkens größer als diese tatsächlich ist. Bei den Heroen wieder offenbart sich in ihren Bewegungen eine gewisse Hoheit, doch kommt ihnen nicht die Fähigkeit zu, den Effekt dessen, was sie anstreben, so schnell zu erzielen wie die Dämonen; bei den Archonten ferner offenbaren sich die Willensakte der ersten Klasse als beachtenswert und machtvoll, die der zweiten Klasse indessen scheinen zwar bedeutend, bleiben aber hinter dem Effekt der Tat zurück; das Wirken der Seelen endlich sieht man von lebhafterer Bewegung erfüllt als das der Heroen, aber weniger effektvoll. Außerdem aber zeigt sich die Größe der Götter in ihren Erscheinungen so gewaltig, dass sie bisweilen den ganzen Himmel, die Sonne und den Mond verdeckt und die Erde nicht mehr zu bestehen scheint, wenn sie herabkommen; wenn aber Erzengel erscheinen, geraten bloß gewisse Regionen des Kosmos mit in Bewegung und ein eingeschränkter Lichtschein eilt ihnen voraus; dabei verfügen sie selbst über eine Größe, die der Größe ihres Herrschaft(sgebietes) entspricht. Geringer als ihre Größe ist die der Engel, sowohl hinsichtlich ihrer (relativen) Kleinheit als auch insofern, als sie sich schon zahlenmäßig bestimmen lässt. Bei den Dämonen sieht man ihre Größe noch mehr begrenzt und nicht immer dieselbe. Die Größe der Heroen, die sich als kleiner offenbart als die jener, weist doch eine größere Erhabenheit ihrer Beschaffenheit auf. Von den Archonten zeigen sich die, die als rings im Kosmos existierende Wesen die Führung haben, groß und über das Maß hinausragend, die dagegen, die über die Materie verteilt sind, verfahren (bei ihrem Sichtbarwerden) mehr mit dünkelhafter Aufgeblasenheit. Die Erscheinungen der Seelen endlich lassen sich nicht immer in gleicher Weise sehen, werden aber doch immer als kleiner denn die der Heroen sichtbar. Überhaupt kommt jedem einzelnen der höheren Geschlechter in seinen Erscheinungen immer die Größe zu, die der Größe seiner Energien und der Fülle seines Herrschaftsgebietes entspricht, über das es sich erstreckt und innerhalb dessen es gebietet.

Danach will ich das Charakteristische an den leibhaftig sichtbar werdenden Bildern der höheren Geschlechter definieren: Bei den Erscheinungen der Götter von Angesicht zu Angesicht erblickt man die Gesichte klarer als die Wahrheit selbst, deutlich leuchten sie auf und offenbaren sich herrlich gegliedert; auch die der Erzengel erscheinen wahrhaft und vollkommen und ebenso auch die der Engel, die auch noch das gleiche Aussehen bewahren, nur das sie es schon ein wenig an der vollständigen Erfüllung der Erkenntnis (ihres Wesens durch diese ihre Bilder) fehlen lassen. Die Gesichte der Dämonen aber werden schon undeutlich sichtbar und die der Heroen noch mehr als jene; die der Kosmosgebieter erblickt man deutlich, die der Stoffarchonten aber undeutlich, doch beide als gebieterisch; die Seelen endlich erscheinen schattenartig.

Ebenso ferner auch bezüglich des Lichtes: Die Bilder der Götter blitzen heller als (jedes kosmisch-irdische) Licht, die der Erzengel sind auch noch voll eines wunderbaren Lichtes, die der Engel aber nur noch (nach kosmisch-irdischer Weise) leuchtend. Die Dämonen lassen ihr Feuer bloß trüb leuchten, die Heroen als aus mehreren vermengt und unter den Archonten die Kosmosgebieter ein reineres, die Gebieter über die Materie aber eins, das aus einander unähnlichen Bestandteilen und Entgegengesetztem zusammengemengt ist. Die Seelen endlich bringen ein Licht hervor, das nur beschränkt sichtbar wird und von ihren vielen Vermengungen mit der (sinnlich wahrnehmbaren) Schöpfung ganz erfüllt ist. In Übereinstimmung mit dem eben Gesagten erstrahlt das Licht der Götter unbegrenzt in unbeschreiblicher Weise und erfüllt alle Tiefen des Weltalls nach der (göttlichen, nur intelligiblen) Idee des Feuers, nicht aber nach Art des (kosmisch-)irdischen Feuerglanzes (der bloß ein blasses Abbild des ideellen Feuerglanzes vorstellt). Das (übernatürliche) Feuer der Erzengel ist zwar auch noch unbegrenzt, doch sieht man schon eine Fülle (von kosmisch-irdischem Licht?) darum herum oder ihm vorausgesendet oder hinter ihm folgend; das (nur kosmisch-irdische) Feuer der Engel dagegen leuchtet schon begrenzt auf, aber doch in seinen vollkommensten Qualitäten. Das der Dämonen ist noch mehr beschränkt und noch enger begrenzt, lässt sich auch schon durch Worte beschreiben und ist der Betrachtung derer nicht wert, die die höheren Klassen der höheren Geschlechter (nämlich die Götter, Erzengel und Engel) schauen. Ebenso steht es gewissermaßen auch um das Licht der Heroen, doch bleibt es hinter der völligen Gleichartigkeit mit dem Lichte jener zurück. Das Licht der höheren Archontenklasse ist leuchtender zu schauen, das der Stoffarchonten dagegen düsterer; das der Seelen endlich zeigt sich vielfach eingeschränkt und vielartig, vermengt mit vielen der irdischen Naturbeschaffenheiten (des irdischen Lichtes). Endlich erblickt man das Licht der Götter als völlig (und prinzipiell) ruhig, das der Erzengel aber hat an der Ruhe nur noch Anteil; das der Engel bewegt sich zwar schon, aber doch noch in stetiger Weise. Dagegen ist das Licht der Dämonen unstet und das der Heroen noch mehr von schneller Bewegung; auch den höherstehenden Archonten kommt noch ein ruhiges Licht zu, den niedrigsten aber eines voll Unruhe; das der Seelen endlich verändert sich in vielerlei Bewegungen.

II. 5: Ferner ist die Fähigkeit, die Seelen (derer, die diese Erscheinungen der höheren Wesen in Gesichten und Visionen schauen) zu läutern, (nur) bei den Göttern (allein) vollkommen, bei den Erzengeln aber kann sie nur das Hinaufführen (der Seelen in höhere Sphären) bewirken und die Engel endlich befreien nur von den Fesseln der Materie. Die Dämonen dagegen ziehen (die Seelen) zur (sichtbaren und materiellen) Natur herunter (da sie ja in der Materie hausen und wirken) und die Heroen wieder (die auf Verstand- und Willensbetätigung der Seelen Einfluss nehmen) lenken sie zur Sorge um die durch die Sinne wahrnehmbaren Werke (und zu Betätigungen ihres Verstandes und Willens) ab (leiten sie aber nicht wie die Erzengel zur läuternden und vervollkommnenden Betrachtung des Höheren und Intellegiblen an); die Archonten wieder gewähren (den Seelen) entweder (als Kosmosgebieter) die Herrschaft über das Kosmische oder (als Stoffarchonten) die Sorge um das Materielle; die Erscheinungen der Seelen endlich ziehen (die Seelen der Epopten) in die Schöpfung herab.

Betrachte ferner auch noch folgendes: Einerseits weise das Reine und Stetige am erscheinenden Bilde zwar allen Vorzüglicheren unter den höheren Wesen insgesamt zu, das übermäßig Helle und in sich selbst beständig Begründete daran aber doch (ausschließlich) den Göttern (allein), das nur Leuchtende und wie nur in etwas Zweitem (also mithin nicht prinzipiell) Feststehende den Erzengeln und das in einem Zweiten nur Verharrende den Engeln; andererseits aber teile das in Bewegung-, Nichtfestbegründet- und mit anders Geartetem Angefüllt- (und Vermengt-)sein allen geringeren Klassen der höheren Geschlechter insgesamt (also den Dämonen, Archonten, Heroen und Seelen) zu. Bezüglich dieser Vermengungen müssen aber doch auch wieder innerhalb dieser niedrigeren Klassen Unterschiede gemacht werden: Denn den Dämonen sind irdische Dünste beigemengt, die sich gegen die Bewegungsrichtung des Weltalls bewegen, und den Heroen schöpferische Hauchzusammensetzungen (?), um die sie sich herumbewegen; die Kosmosgebieter verharren ferner (hinsichtlich dieser Beimengungen) immer in derselben Weise, indem sie das Kosmische (d. h. die sich immer gleichbleibenden Elemente des Kosmos), über die sie verfügen, aufweisen, die Stoffarchonten dagegen sind voll von (in stetem Fluss und Wechsel begriffenen) materiellen Säften (da auch die Materie, über die sie gebieten, in stetem Fluss und Wechsel begriffen ist); die Seelen endlich sind mit Befleckungen und auch mit jenem fremdartigen Dunst angefüllt, mit dem sich jede dieser (niedrigeren) Klassen (geschwängert) in ihren

Erscheinungen offenbart.

Kein geringer Fingerzeig für die Erscheinungen von Göttern wird dir ferner auch der Umstand sein, dass die Götter (allein) das Materielle (d. h. alles auf das Materiell-Irdische in der Seele des Epopten Gerichtete, wie z. B. alle Affekte, sinnlichen Begierden und Gedanken) augenblicklich (und für immer) austilgen, die Erzengel dagegen nur in kurzer Zeit und dass die Engel nur über die Fähigkeit verfügen (die Seele des Epopten nur vorübergehend, etwa bloß für die Dauer der läuternden Vision selbst) hiervon nur loszulösen und abzulenken (worauf auch wieder die Unterschiede in der oben behandelten Seelenläuterung durch diese Gesichte beruhen). Die Dämonen aber organisieren das bloß geschickt und die Heroen passen sich ihm in der ihnen zukommenden Beziehung (d. h. nur hinsichtlich der „materiellen" Gedanken) an und sorgen dafür in geschickter Weise. Von den Archonten wieder treten die, die Kosmosgebieter sind, als darüber erhaben auf und offenbaren sich so (da sie die Herren der Elemente an sich sind, die über die Materie emporragen), die Stoffarchonten aber zeigen sich völlig mit der Materie angefüllt. Von den Seelen endlich erscheinen die reinen (geläuterten) als außerhalb der Materie stehend, die andern aber (die noch den Wiedergeburten in den materiellen Leibern unterworfen sind) als von ihr umfangen.

II. 6: Und auch die Gaben von selten der Erscheinenden sind nicht alle (einander) gleich und tragen auch nicht (alle) dieselben Früchte; vielmehr verleiht uns die Anwesenheit der Götter Gesundheit des Leibes, Tugend der Seele, Reinheit des Verstandes und gewährt überhaupt mit einem Worte allem (was) in uns (vorhanden ist) die Fähigkeit, zu seinen ersten Prinzipien hinaufzusteigen; denn das Göttliche vertilgt das Kalte und Verderbenbringende in uns (in unserem Temperament), vermehrt dagegen das Warme und macht es stärker und siegreich, bewirkt, dass alles (an uns) unserer Seele und Vernunft (dem Göttlichen in uns) angemessen ist, lässt das (göttliche, intellegible) Licht zwar in einer (eigentlich) nur durch den Intellekt erfassbaren Harmonie aufleuchten, offenbart aber doch (so) das, was kein Körper ist, den Augen unserer Seele durch Vermittlung der leiblichen (organischen) Augen wie einen Körper; die Erscheinung der Erzengel gewährt zwar eben dieselben Güter wie die Erscheinung jener, aber nicht mehr immer, nicht in allen Stücken, nicht hinlänglich und vollkommen und auch nicht in der Weise, dass (uns) diese Güter nicht auch wieder (etwa durch den profanen Alltag nach dem Verblassen ihrer

Visionen) entrissen werden könnten; denn sie lässt (uns) diese Güter doch nur in einer Weise leuchten, die der Erscheinung dieser (nicht mehr durchaus vollkommenen) Klasse angeglichen ist; die Erscheinung der Engel ferner schenkt (uns) ihre Güter in noch eingeschränkterer Weise, und die Wirkungsmöglichkeit, durch die sie (uns) sichtbar wird, bleibt hinter dem vollkommenen Lichte, das ihre Erscheinung in sich schließt, weit zurück. Die Erscheinung der Dämonen dagegen bedrückt lastend den Körper (des Epopten) und züchtigt ihn durch Krankheiten, zieht aber auch die Seele zur Schöpfung herab, hält sich von den Körpern und der den Körpern angeborenen Sinnenwahrnehmung nicht fern, fesselt die, die zum (göttlichen) Lichte emporstreben, hier auf Erden zurück und befreit auch nicht von den Banden der Schicksalsbestimmung (die unsere Seele dem Kreislauf der Wiedergeburten ausliefert und ihre augenblickliche Vereinigung mit dem Göttlichen, auch schon während ihres Verweilens im irdischen Leibe durch die höchst Form der Ekstase verhindert); die Erscheinung der Heroen ist in allen Stücken der der Dämonen ähnlich, darin aber für sich ausgezeichnet, dass sie auch zu irgendwelchen edlen und großen Taten (aber natürlich nur innerhalb der sinnlich wahrnehmbaren Sphäre) anregt; die leibhafte Erscheinung der Kosmosgebieter wieder verleiht irdische Güter und alles, was für die Befriedigung des (irdischen) Lebens notwendig ist, die Stoffarchonten dagegen das, was nach dem Materiellen strebt und alle Werke, die materiell sind; die Schar der reinen und in der Klasse der Engel befindlichen Seelen (von denen ich oben sprach) führt nach oben und bedeutet Rettung für die Seele (des Epopten aus den Banden der Leiblichkeit und Sinnlichkeit), offenbart sich zu heiliger Hoffnung und gewährt auch tatsächlich die Güter, nach denen jene heilige Hoffnung strebt; die Schar der entgegengesetzt gearteten Seelen aber führt zur Schöpfung herab, vernichtet die Früchte der (heiligen) Hoffnung und erfüllt mit „Leidenschaften (Begierden), die die Seelen der Epopten an ihre Leiber nageln."

II. 7: Ferner zeigt sich (bei den Erscheinungen der höheren Wesen von Angesicht zu Angesicht) zugleich auch immer die „Reihe", der die Erscheinenden (als Führer und Gebieter) angehören; denn die Götter haben wieder Götter oder auch Erzengel, die Erzengel aber Engel als Vorläufer, Begleiter, Nachfolger oder überhaupt einen Schwarm von Engeln bei sich; die Engel wieder lassen zugleich auch die Werke sehen, die der Klasse, der sie angehören, angemessen sind, und ebenso auch die guten Dämonen ihre

eigenen Schöpfungen und die Güter, die sie gewähren. Die Strafdämonen aber weisen die Gattungen ihrer Strafmittel vor (durch die sie die „unreinen" Seelen züchtigen), während endlich die andern, die bösen Dämonen jeder Art, schädliche, reißende und wilde Tiere (als Erzeugnisse ihrer auf das Verderben der Menschen gerichteten sekundären Schöpfermacht) um sich haben. Von den Archonten lassen die einen zugleich mit sich selbst auch bestimmte Teile des Weltalls (Feuer, Luft, Wasser und Erde) sehen (da sie als Elementenbeherrscher hierüber gebieten), die andern aber (die Stoffarchonten) ziehen auch die Unordnung und Mangelhaftigkeit der Materie in ihre eigenen Erscheinungen hinein; diejenige Seele endlich, die (in sich) eine Einheit vorstellt und in keiner Teilerscheinung (als sogenannte Teilseele) begrenzt ist (d. h. überhaupt niemals in einen irdischen Leib eingeht, sondern als Idee, Prinzip und Quell aller Teilseelen durchaus einheitlich für sich präexistiert), lässt ein gestaltloses Feuer durch das Weltall hin schauen, das die universelle, individuelle, unbegrenzte und gestaltlose Weltseele vor Augen führt (aus der alle Einzelseelen, die bestimmt sind als „Teilseelen" in irdische Leiber einzufahren, emaniert werden); die (nach ihrem Kreislauf durch verschiedene Regionen des Kosmos und verschiedenartige Leiber) geläuterte (Teil-) Seele wieder wird in feuriger Gestalt sichtbar und lässt ein lauteres und unvermengtes Feuer sehen; man erblickt dann (dieses) ihr Licht als in ihrem innersten Kern befindlich und ihre Erscheinung als rein und ruhig: Mit ihrem nach oben (zur Gottheit) leitenden Führer leistet sie freudig ihrem auf das Gute gerichteten Willen Gefolgschaft, wobei sie selbst auch den ihr zukommenden Rang (als geläuterte, zur Gottheit und zum Schöpfer zurückkehrende Seele) in ihren Werken offenbart. Diejenige Seele dagegen, die sich nach unten (zur Materie, Schöpfung, Sinnlichkeit und mithin zur Geburt in ihr) neigt (und daher aus dem Zwang der läuternden Wiedergeburten noch nicht befreit werden kann), schleppt die Spuren der Fesseln (der Leiblichkeit und Sinnlichkeit, in die sie die Geburt und jede Wiedergeburt schlägt) und die Spuren der Strafen (die sie während jenes Kreislaufes der Wiedergeburten durch die Strafdämonen erleiden muss) mit sich, ist belastet durch die Beimengungen materieller Dünste, umfangen von der ungeregelten Unruhe der Materie und lässt die Herrschaft der schöpferischen Stoffdämonen (als Gebieter über die Materie, der sie anhängt) als sich übergeordnet erblicken.
Mit einem Worte: Alle diese Klassen weisen zugleich mit ihren eigenen Erscheinungen auch die ihnen eignenden „Reihen" auf, ebenso aber auch

die Regionen, die sie erlosten, und die Immanenzmittel, in denen sie hausen (und zwar die beiden letzten Bestimmungen durch die Gattung des Feuers, das sie bei ihren Erscheinungen sehen lassen); die Luftwesen nämlich (d. h. die Archonten, Dämonen und Heroen) weisen ein Luftfeuer auf, die Erdwesen (d. h. die menschlichen Teilseelen, die noch im Kreis der Wiedergeburten eingeschlossen sind) ein Erdfeuer, das dunkler ist als jenes, die Himmelswesen aber (d. h. die Götter, Erzengel, Engel, Engelseelen und die universelle Seele) ein Feuer, das heller leuchtet (als beide andern Feuergattungen). Denn in eben diesen drei Regionen einer dreifachen Einteilung (des Weltalls in Himmel, Luftraum und Erde oder) Anfang, Mitte und Ende sind alle höheren Klassen insgesamt eingeordnet. Die Götter weisen demnach die höchsten und reinsten Prinzipien dieser dreifachen Einteilung auf, die Engel (die ihren) als von den Erzengeln entlehnt; die Dämonen wieder erscheinen als diesen dienend und ebenso auch den Dämonen die Heroen, doch nicht in derselben Art des Dienstes wie die Dämonen (den Engeln dienen), sondern vielmehr in einer andern und davon verschiedenen Weise. Die Archonten erscheinen als im Besitze jener Herrschaft, die ihnen zufällt, sei es hinsichtlich des Kosmos, sei es hinsichtlich der Materie. Die Seele endlich offenbart sich als das niedrigste Glied der höheren Klassen. Deshalb lassen auch die ersten der höheren Geschlechter zugleich mit sich selbst die ersten Regionen erscheinen, die zweiten der höheren Geschlechter die zweiten innerhalb eines jeden dieser drei Grenzgebiete und auch alles andere (das, was ihm zukommt) so, wie es für sich organisiert ist.

II. 8: Ferner lassen die Götter ein so feines Licht ausstrahlen, dass es unsere körperlichen (organischen) Augen nicht zu fassen vermögen, sondern die Leute, die das Feuer der göttlichen Erscheinungen schauen, dasselbe wie die Fische erleiden, die aus der trüben und dicken Flüssigkeit (in der allein sie leben können) in die dünne und durchsichtige Luft hinaufgezogen werden; da ferner der Mensch wegen der Feinheit des göttlichen Feuers (das die Atmosphäre verdünnt und so den durchaus immateriellen Göttern durch seine Feinheit als von Natur materielles Immanenzmittel erst anpassen muss) nicht einzuatmen vermag, wird er (bei solchen Visionen oft auch) ohnmächtig, so wie er das göttliche Feuer wahrnimmt, und fühlt sich von der ihm von Natur zum Atmen angewiesenen (atmosphärischen „materiellen") Luft abgesperrt. Und auch die Erzengelerscheinungen strahlen eine für das Atmen noch unerträgliche

Reinheit aus, doch schon nicht mehr in dem Maße unerträglich wie die (nächst) höhere Klasse (der Götter). Die Erscheinungen der Engel wieder bewirken eine erträgliche Mischung der Atmosphäre, so dass sie sich (beim Einatmen) mit den Theurgen vereinigen kann. Bei der Erscheinung der Dämonen erfährt weder die gesamte Atmosphäre eine Einwirkung, noch wird die Luft(schichte), die unmittelbar um sie herumgelagert ist, dünner, da ihnen kein Licht voraneilt, in welchem sie ihre Gestalt sichtbar machen, indem es die (materielle) Luft erfasst und in Besitz nimmt (um es als Immanenzmittel für sie erst zu präparieren); auch umstrahlt sie ringsum kein (überirdischer) Lichtglanz (durch den wenigstens die sie unmittelbar umgebende Luftschichte beeinflusst und verdünnt werden müsste. Bei den Erscheinungen der Heroen geraten nur gewisse Teile der Erde in Erschütterung und Donnerschläge erschallen ringsum, die Atmosphäre aber (und auch die Luft unmittelbar um sie herum) wird nicht verdünnt und (daher) auch für die Theurgen nicht unangemessen, so dass sie sie einzuatmen vermögen. Bei den Erscheinungen der Archonten wieder umgibt diese zwar ein Schwarm zahlreicher schwer zu ertragender pneumatischer (geisterartiger) Erscheinungen, entweder kosmischer (elementarer) oder irdischer (materieller) Natur, doch erfolgt (deshalb) keine überweltliche Verdünnung (der Luft), auch nicht einmal durch die gleichzeitige Erscheinung der ersten Elemente (des Äthers und Feuers, die sich mit den Elementengebietern zugleich einstellen). Bei den Erscheinungen der Seelen endlich ist die Luft ihnen angepasst, und indem sie sich gegen die (schatten- oder nebelartigen) Seelen zu verdichtet, nimmt sie ihren Umriss in sich auf.

II. 9: Schließlich empfangen die Seelen derer, die die höheren Wesen herbeirufen, bei den Erscheinungen der Götter eine durchaus veränderte Verfassung, nämlich eine überragende Vollkommenheit und weitaus bedeutendere Wirkungsmöglichkeit (als sie vorher besaßen); auch gewinnen sie Anteil am göttlichen Verlangen (das nach prinzipiell auf das nur Gute und Schöne allein gerichtet ist) und endlich auch Anteil an einer unbeschreiblichen Heiterkeit des Geistes; bei den Erscheinungen der Erzengel wieder empfangen sie eine lautere Beständigkeit, die Fähigkeit zu intellektueller Betrachtung und ein durch nichts zu erschütterndes Machtvermögen, bei den Engelerscheinungen dagegen eine nur verstandesgemäße Einsicht und Wahrheit, reine Tugend, zuverlässige Erkenntnis und eine Wohlordnung (ihres Wesens), die dieser Klasse durchaus entspricht. Schaut man aber die Dämonen, dann empfängt man aus dieser Schau Verlangen nach der (materiellen) Schöpfung, Begierde nach der (sinnlich wahrnehmbaren) Natur, Sättigung an den Werken, die der Schicksalsbestimmung unterliegen, und die Macht, solcherlei Betätigungen zum Effekt zu führen; schaut man ferner die Heroen, dann trägt man andere derartige Seelendispositionen davon und erhält auch an jenen Anteil, die viel Eifer auf die Verknüpfung der Seelen mit ihren Leibern verwenden (da dies eine der Aufgaben der Heroen ist, wie ich lehrte); setzt man sich aber mit den Archonten in Verbindung, dann bewirken die Erschütterungen des Weltalls oder der Materie (durch ihre Erscheinungen) zugleich auch Erschütterungen der Seele (des Epopten); mit der Schau der Seelen endlich trägt man Begierden davon, die auf das Erzeugen (von Materiellem) gerichtet sind (da auch die Seelen nach der Vereinigung mit dem irdisch-materiellen Leib durch Zeugung und Geburt streben) und wegen (dieser) ihrer Sorge um die (irdischen) Leiber auch verwandte Dispositionen und überhaupt auch alles andere, was damit zusammenhängt. Zugleich gewährt die Erscheinung der Götter Wahrheit und Macht, Erfolge im Wirken und Spenden höchster Güter, die Erscheinung der übrigen höhern Wesen aber verleiht alles Einzelne nur in einer Weise, die der Rangstellung der einzelnen Klassen völlig angemessen ist, und zwar folgendermaßen: Die Erscheinung der Erzengel verleiht allerdings auch noch Wahrheit (d. h. zuverlässige Einsicht), aber nicht schlechthin über alles, sondern vielmehr bloß in manchem in genau umgrenztem Ausmaße und dabei auch nicht immer, sondern nur hie und da, auch nicht unterschiedslos allen (Epopten) oder an jedem Orte, sondern in genau bestimmter Weise nur so oder mit Rücksicht auf irgend etwas, (Bestimmtes) und begreift genau ebenso auch die Kraft nicht zu allem in sich, auch nicht unterschiedslos immer und überall, sondern nur hie und da und hier und dort; die Erscheinung der Engel wieder zieht bei der Gewährung der Güter diejenigen Grenzen, die den weniger vollkommenen Klassen jedes Mal gezogen sind, noch enger (als die Erzengel). Die Erscheinung der Dämonen dagegen verleiht überhaupt keine seelischen Güter, sondern entweder nur leibliche Güter oder solche, die dem Leibe angemessen sind, und diese (außerhalb des Leibes selbst gelegenen materiell-irdischen Güter wie Reichtum, Macht und Erfolge aller Art) nur dann, wenn es die Weltkonstellation (als sichtbares Bild der Schicksals- bestimmung) gestattet (der die Dämonen in ihrem Wirken unterworfen sind); nach den gleichen Grundsätzen gewährt auch die Erscheinung der

Heroen nur Güter (dieser) zweiten und dritten Ordnung und zielt nur auf die gesamte Verfassung der Seelen im irdischen und kosmischen Leben (aber nicht in ihrem ewig unveränderlichen Leben in der Sphäre des Intellegibel-Göttlichen) ab (in das sie erst nach erfolgter Läuterung durch die Wiedergeburten eingehen können). Von den Erscheinungen der Archonten verleiht die der einen Klasse (nämlich die der Kosmosgebieter) alles Kosmische und was sich auf dieses (kosmische) Leben (der noch körperfreien Seele vor ihrem Einfahren in den irdischen Leib und bei ihrem Hinabstieg in ihn durch die Sphären und Regionen des Kosmos) bezieht, die zweite Klasse aber, die weniger vollkommen ist, gewährt nicht wenige materielle Förderungen; die Seelen endlich schenken, wenn sie erscheinen, denen, die sie schauen, das, was sich auf das Leben des Menschen (also des aus Leib und Seele zusammengesetzten Lebewesens auf Erden) bezieht. Damit habe ich unter Berücksichtigung der Klassenstellung jedes einzelnen der höheren Geschlechter in angemessener Weise auch die Darreichung klassifiziert, die von ihrer Seite erfolgt, und somit eine erschöpfende Beantwortung deiner Frage bezüglich der Erscheinungen (der höheren Wesen) geliefert; soviel also sei von mir auch hierüber bemerkt.

II. 10: Was du ferner deinerseits in die Beurteilung dieses Problems noch hineinträgst, magst du es als deine eigene Überzeugung äußern oder auch als nur von anderer Seite gehört, ist nicht wahr und nicht berechtigt; du sagst nämlich, „es sei Göttern, Dämonen und überhaupt allen höheren Geschlechtern gemeinsam, zu prahlen und (uns) aus sich selbst bloße Phantome vorzugaukeln." – Doch verhält es sich keineswegs so, wie du annimmst; denn der (den echten Theurgen in den wahren ekstatischen Visionen erscheinende) Gott (Erzengel), Engel oder gute Dämon belehrt den Menschen (der ihn so von Angesicht zu Angesicht schaut, durch diese seine leibhafte Erscheinung durchaus wahrhaft) über die Wesenheit, die ihm eignet, legt sich aber in seinen Worten niemals etwas bei, was größer wäre als die Macht, die ihm tatsächlich zukommt, oder als die Güter, die ihm wirklich zustehen (und die er daher dem Epopten auch tatsächlich zu verleihen vermag); kommt doch die Eigenschaft der Wahrhaftigkeit den Göttern in derselben Weise zu, wie der Sonne das Licht wesenhaft eignet! Auch erkläre ich, dass die Gottheit keiner Schönheit oder Tugend ermangelt, die ihr durch bloße Worte nur beigelegt werden könnte. Und wahrlich, auch die (Erzengel), Engel und (guten) Dämonen übernehmen stets von den Göttern die Wahrhaftigkeit, so dass auch sie, die alle nach ihrer Wesenheit vollkommen sind, nichts wider die Wahrheit sprechen, ja ihrer Wesenheit überhaupt gar kein „mehr" beilegen können, um sich (damit) zu prahlen.

Wann gilt also die von dir geäußerte Behauptung von der betrügerischen Prahlerei (der höheren Wesen)? Nur dann, wenn hinsichtlich der theurgischen Kunst ein Fehler unterläuft, und nicht diejenigen Wesen leibhaftig sichtbar werden, die sichtbar werden sollten, sondern (uns) vielmehr andere an ihrer Stelle entgegentreten; denn in diesem Falle nehmen auch die weniger vollkommenen Wesen das Äußere der erhabeneren Klassen an, geben sich für das aus, worunter sie sich verbergen, und lassen auch prahlerische Worte hören, die größer sind als die Macht, die ihnen tatsächlich zukommt. Ich glaube nämlich, dass, wenn gleich anfangs (während der theurgischen Operation z. B. beim Rezitieren der Formeln oder bei der Darbringung des Rauchopfers) ein Fehler unterläuft, infolge eben dieses Abirrens (von den theurgischen Satzungen) gar viel Trug noch hinzuströmt, was aber die Theurgen an den (sichtbar werdenden) Gesichten auf Grund der gesamten (theurgischen) Disziplin sogleich durchschauen müssen; beachten sie nämlich diese ganze Vorschrift, dann werden diese (trügerischen und lügenhaften Phantome) überführt und die Priester verwerfen dann die erlogene Anmaßung als wahren und guten Geistern nicht geziemend. Bei einer stichhaltigen Beurteilung von Dingen aber, denen Realität zukommt, darf man die Fehler (und ihre üblen Folgen) nicht (in die Beurteilung und Bewertung der ganzen Sache) miteinbeziehen, wie man ja auch bei den übrigen Wissenschaften und Künsten die Resultate nicht etwa mit Rücksicht auf das abschätzt, worin sie fehlgehen.

So sollst du also auch hier das, was nur mit Mühe und nur durch tausendfältiges Ringen (von den echten Theurgen) glücklich erzielt wurde, nicht nach denen beurteilen, die sich leichtfertig und töricht an das Herabbannen des Göttlichen machen (und daher fehlgehen müssen wie die Zauberer und Gaukler, die nichts anderes als betrogene Betrüger sind); du sollst vielmehr die entgegengesetzte Auffassung darüber äußern: Wenn nämlich die Ergebnisse, die die wahren leibhaftigen Vorführungen (der höheren Wesen) verfehlen, so geartet sind, wie du sagst, prahlerisch und lügenhaft, dann müssen die Ergebnisse jener (echten Theurgen), die wahrhaft nach dem Lichte (der Erkenntnis des Göttlichen mit Hilfe der echten Theurgie) ringen, echt und wahrhaft sein; denn wie durchwegs die führenden Prinzipien immer (mit dem, wofür sie die Prinzipien sind) zuerst bei sich selbst beginnen, in der Wesenheit, im Leben, in der Bewegung, und das, was sie den andern (Angehörigen ihrer Reihen) mitteilen, auch sich selbst gewähren, so muss auch das höhere Wesen, das allem um sich selbst Wahrheit verleiht, zuerst selbst wahrhaft sein und den Epopten zu allererst seine eigene Wesenheit offenbaren (die aber bei den Göttern als mit dem Schönen und Guten identischen Wesen eben die Wahrhaftigkeit an sich ist). Deshalb lassen die Götter den Theurgen das (intellegibel-göttliche) Feuer (das ihre Wesenheit am lautersten vorstellt) mit eigenen Augen sehen; denn es ist ja nicht die Bestimmung der Hitze zu kühlen und ebenso wenig die des Lichtes zu verdunkeln oder etwas von dem, was existiert, zu verbergen. Überhaupt verfügt nichts von all dem, was seiner Wesenheit nach etwas zu bewirken vermag, zugleich auch über die Fähigkeit, auch das Gegenteil davon zu bewirken; dagegen vermag das, was (wie die bösen Dämonen) nicht originell (prinzipiell-primär) und dem Originellen (Primär-Göttlichen) entgegengesetzt ist, auch das Entgegengesetzte (in sich) aufzunehmen oder selbst ins Schlechtere umzuschlagen. Dasselbe werde ich nun auch bezüglich der (trügerischen und prahlenden) Erscheinungen beweisen: Wenn nämlich diese selbst nicht Wahrheit sind, sondern von anderer Art als die wirklichen (echten) Wesen (für die sie sich ausgeben), dann sind diese echten Wesen in diesen leibhaften Erscheinungen überhaupt gar nicht vorhanden, sondern werden uns bloß vorgegaukelt, so geartet zu sein, wie die wahren Wesen tatsächlich beschaffen sind. Diese Erscheinungen haben also an der Täuschung und am Betrug ebenso Anteil wie die Gestalten, die sich in den (künstlichen) Trugbildern (der Gaukler und Zauberer) offenbaren (von denen ich unten ausführlicher sprechen werde); und so verlocken sie in eitler Weise die Meinung (der Leute) zu Dingen, die keinem der höhern Wesen eignen. Dazu gehört aber auch die betrügerische Entstellung (der Wahrheit); denn keinem der höheren und wahrhaft und leibhaftig existierenden Geschlechter geziemt eine bloße Nachahmung dessen, was wirklich existiert, ein nur verwaschenes Angleichen daran und die Verursachung eines Betruges. Vielmehr enthüllen die Götter und (alle) jene Wesen, die ihnen Gefolgschaft leisten (also die Erzengel, Engel und guten Dämonen) ihre wahren Bilder, spiegeln aber keineswegs (bloße) Phantome vor wie die Bilder, die (von Zauberern und Gauklern) im Wasser oder in Spiegeln künstlich erzeugt werden.

Zu welchem Zweck sollten die Götter und guten Dämonen auch so etwas (solche wesenlose und trügerische Phantome) sehen lassen? Etwa als Kennzeichen ihrer Wesenheit und Macht? Aber diese Erscheinungen lassen es doch gerade hieran vollständig fehlen, da sie ja für die, die ihnen Glauben schenken, Ursache des Betruges und der Täuschung (hinsichtlich des Wesens der Gottheit) werden und die Epopten von der wahren Erkenntnis der Götter geradezu entfernen! Vielleicht aber, damit jene Erscheinungen den Epopten etwas Ersprießliches gewähren? Indes, welche Förderung kann aus Betrug erwachsen! Wenn also nicht das, so liegt es vielleicht in der Natur des Göttlichen, aus sich selbst (solche) Phantome zu produzieren? Wann aber sollte das Geschlecht, das einheitlich und nur auf sich selbst allein begründet ist und das Prinzip der Wesenheit und Wahrheit vorstellt, in etwas anderem als Immanenzmittel ein trügerisches Abbild seiner selbst bewirken?! Keineswegs also verwandelt sich die Gottheit selbst in solche Phantome, auch spiegelt sie solche nicht in etwas anderem vor, sondern lässt vielmehr ihre wahre Erscheinung in dem erstrahlen, was an unserer (der Gottheit verwandten) Seele der Wahrheit teilhaftig werden kann; und in gleicher Weise eifern auch die Wesen, die den Göttern Gefolgschaft leisten, der Wahrheit in den Erscheinungen der Götter nach, die leibhaftig sichtbar werden.

Deine Behauptung, es sei Göttern, Dämonen und allen andern höheren Wesen gemeinsam, Phantome zu produzieren und zu prahlen, wirrt ferner auch alle höheren Wesen durcheinander und lässt überhaupt kein unterscheidendes Merkmal zwischen ihnen übrig; denn danach wäre ihnen allen alles gemeinsam und den höheren Klassen würde nichts sie Auszeichnendes eingeräumt. Man könnte also auch den berechtigten Einwand gegen dich erheben, worin denn dann die Klasse der Götter vollkommener ist als die der Dämonen? In Wahrheit aber besteht zwischen diesen beiden Klassen keine Gemeinschaft (sondern nur eine Analogie) und diese offenbart sich auch nicht in bloßen Phantomen. Auch darf man nicht aus den niedrigsten und im Niedrigsten unterlaufenden Fehlern (die solche lügnerische Phantome verursachen) verallgemeinernd auf das Erste und im Ersten (Prinzipiell-Göttlichen) Wahre zurückschließen. Wenn man also auch hierüber in dieser Weise urteilt, dürfte man wohl der Auffassung teilhaftig werden, die den Göttern wohl angemessen und auch lieb ist.

II. 11: Im Folgenden erklärst du die Unwissenheit und die Täuschung in den göttlichen Dingen für Gottlosigkeit und Unreinheit und verlangst, dass dir über diese Auffassung wahrheitsgemäße Aufklärung zuteil werde. – Über diese deine Auffassung kann allerdings keinerlei Ungewissheit bestehen, sondern sie wird ganz allgemein in gleicher Weise (als berechtigt) anerkannt; denn wer wollte nicht zugeben, dass die Wissenschaft, die das, was (allein) tatsächlich eine Realität verstellt, erforscht (denn nur das Überirdische allein existiert wirklich und wahrhaftig, während die materiell-irdischen Existenzen nur scheinbare sind und eigentlich nur ein Werden und Vergehen bedeuten), wer wollte, sage ich, nicht zugeben, dass diese Wissenschaft allein dem göttlichen Prinzip (dieser allein wahren Wesenheit und Existenz) am angemessensten ist, dass dagegen die Unwissenheit (in diesen überirdischen Dingen), die zu dem, was nicht wahrhaft existiert, herabsinkt, am allerweitesten hinter dem göttlichen Prinzip der wahren Wesenheiten und Ideen zurückbleibt (und mithin gottlos ist)?

Doch weil hierüber noch nicht genug gesagt wurde, will ich, was fehlt, nachtragen; da ferner deine Erörterung (dieser Frage) mehr philosophisch-logisch, nicht aber der Effekte erzielenden Kunst der Theurgen entsprechend diese (deine) Auffassung rechtfertigte, halte ich es für notwendig, auch ein wenig vom theurgischen Standpunkte aus darüber zu sprechen: Mag nämlich auch tatsächlich die Unwissenheit und Täuschung (in den überirdisch-göttlichen Dingen) Sünde und Frevelhaftigkeit bedeuten, so wird doch keineswegs deshalb auch gleich das, was man (an irdisch-materiellen Dingen) den Göttern in der ihnen zukommenden Weise darbringt, und die (rituellen) Hantierungen (beim theurgischen Opfer und Dienst) zum Betrug, denn nicht die (theoretische) Erkenntnis (des Göttlichen) an sich verbindet die Theurgen mit den Göttern. Was hinderte denn sonst die, die nur spekulative Philosophie (und Theosophie) treiben daran, (ebenfalls) über die Fähigkeit zu verfügen, sich mit den Göttern (in Gesichten und ekstatischen Visionen) zu vereinigen? Die durch eine nur spekulative Philosophie und Theosophie gewonnene Gotteserkenntnis vermag das aber tatsächlich nicht zu leisten; vielmehr begründet erst der Vollzug der okkulten heiligen Zeremonien, die in einer dem Göttlichen entsprechenden und über alle (verstandesmäßige) Einsicht erhabenen Weise durchgeführt werden, und erst die Kraft der unaussprechlichen, den Göttern allein verständlichen Symbole die theurgische Vereinigung (mit dem Göttlichen). Deshalb erzielen wir (Theurgen) diese Vereinigung nicht etwa durch die Einsicht in diese Dinge, denn dann würde dieses Wirken (der die Vereinigung mit dem Göttlichen herstellenden Symbole) verstandesmäßig erfassbar und von unserer Seite gegeben sein müssen, während beides der Wirklichkeit nicht entspricht; denn wenn wir auch jene Symbole nicht zu begreifen vermögen, so wirken sie doch aus sich selbst das ihnen angemessene Wirken und die geheimnisvolle Energie der Götter selbst, zu denen diese Symbole hinaufreichen, erkennt selbst aus sich selbst die ihr eignenden Bilder (Symbole), nicht aber etwa dadurch, dass diese Energie der Götter durch unsere (menschliche) Einsicht (in diese Symbole und auch in das wahre Wesen des Göttlichen) geweckt wird. Denn das, was umfängt (das Göttliche), wird naturgemäß nicht durch das, was (davon) umfangen ist (durch unsere menschliche, aus der göttlichen Einsicht stammende Einsicht) in Bewegung gesetzt und ebenso wenig auch das Vollkommene (Göttliche) durch das Unvollkommene (Menschliche) und das Universelle nicht durch die Teile; deshalb werden auch die göttlichen Prinzipien (als das Umfangende, Vollkommene und Universelle) nicht durch unsere (menschliche) Erkenntnis und Einsicht (als das Umfangene, Unvoll-kommene und nur Begrenzte) zur Wirksamkeit veranlasst, sondern diese (unsere menschliche) Einsicht, alle unsere vorzüglichsten Seelen-dispositionen und die Reinheit unserer selbst, alles das muss allerdings als mitwirkende Ursache (oder Voraussetzung) vorhanden sein (da sich sonst die vollkommene göttliche Einsicht überhaupt nicht mit uns vereinigen könnte), dasjenige aber, was ganz eigentlich den göttlichen Willen (zur Vereinigung mit uns Menschen) erweckt, das sind doch nur die göttlichen Symbole allein. Und so gerät das Göttliche (da ja auch die materiellen Symbole wie bestimmte Tiere, Pflanzen und Minerale ganz nach Art der immateriellen Symbolnamen und -formen selbst auch göttlich sind) nur durch sich selbst in Bewegung, nimmt aber den Anstoß zu der ihm eignenden Wirksamkeit nicht aus etwas Unvollkommenerem (nämlich aus dem Menschlichen) in sich auf.

Das habe ich deshalb ausführlicher behandelt, damit du nicht etwa glaubst, das Entscheidende des in den theurgischen Operationen liegenden Effekts gehe von uns (Menschen und von unserer menschlichen Einsicht in das Wesen des Göttlichen) aus, und damit du nicht annimmst, das Wahrhaftige an diesem Effekt gelange eben nur durch unsere stichhaltigen Erkenntnisse (des Göttlichen) zum Ziele, müsse aber unbedingt enttäuscht werden, wenn wir in unserer Erkenntnis des Göttlichen fehlgehen; denn nicht einmal dann, wenn wir schon (richtig) erkannt haben, was jedem der höheren Geschlechter (an Wesenheit, Energie und Wirkungsmöglichkeit tatsächlich) eignet und zukommt, sind wir deshalb allein auch schon ihres wahren Wesens auch in ihrem Wirken teilhaftig geworden. Die wirkende Vereinigung mit dem Göttlichen kann allerdings niemals ohne die (richtige) Erkenntnis (seines Wesens) erfolgen, ist aber doch keineswegs mit dieser

Erkenntnis identisch, so dass also auch die Reinheit des Göttlichen nicht durch die richtige Erfassung (dieser Reinheit allein) erreicht werden kann, ebenso wenig wie etwa die (rituelle) Reinheit des Körpers durch seine Gesundheit allein (obwohl sie die Voraussetzung für die rituelle Reinheit bildet); die Vereinigung mit dem Göttlichen (kraft der rituellen Reinheit) ist vielmehr über die Erkenntnis (der göttlichen Reinheit durch uns Menschen) erhaben, kommt über ihr zustande und ist lauterer als sie. Ebenso aber trägt auch nichts anderes in uns, was wie alles Menschliche geartet ist, irgend etwas zum Effekt der göttlichen (theurgischen) Operationen (d. h. zur Vereinigung mit dem Göttlichen) bei.

Nimm also auch das noch zwar nur als Zugabe entgegen, aber doch auch als etwas, das deiner ganzen Auffassung von der theurgischen Kunst entgegensteht; das Gleiche gilt ferner aber auch von jenen deiner Sätze, in denen du der (nicht völlig richtigen) Überzeugung Ausdruck verleihst, „das Wissen vom Göttlichen sei fromm und nutzbringend und das Unwissen bezüglich der wertvollsten und erhabensten Dinge sei Finsternis, das Wissen dagegen sei Licht zu nennen, indem du das eine als das betrachtest, wodurch sich die Menschen in Torheit und Tollheit mit allen Übeln anfüllen, das andere dagegen als das, was alles Gute verursacht." Alle diese Sätze zielen eben dorthin ab wie auch das oben Vorgetragene (über den Unterschied zwischen theosophischer Theorie und theurgischer Praxis) und sind daher zugleich mit diesem der auch ihnen zukommenden Beantwortung bereits teilhaftig geworden.

Daher will ich diese Sätze jetzt beiseite lassen und mich deinen Fragen über die Mantik zuwenden und sie in Kürze beantworten.

3. Teil.

Über das Wesen, die Prinzipien und die verschiedenen Erscheinungsformen der Mantik, d. h. der Mittel, durch die die höheren Wesen den Menschen Einblick in die Zukunft und in die höchsten Dinge zu verleihen vermögen.

III. 1: Zuerst also verlangst du, man solle dir auseinandersetzen, „was das ist, was sich bei der Vorhererkundung der Zukunft entwickelt." – Indes lässt sich das, was du da kennenzulernen vorhast, überhaupt nicht kennenlernen; denn nach dem Sinne deiner Fragestellung bist du doch der Meinung, das Wesen der Vorhererkundung der Zukunft sei so etwas wie ein Werden und existiere als etwas, das sich aus dem, was im Gewordenen (Geschaffenen) gegeben ist, erst entwickelt. In Wahrheit aber ist die Vorhererkundung der Zukunft überhaupt nichts, was erst wird, kommt auch nicht wie eine physische Weiterentwicklung zustande und ist endlich auch nicht etwa eine Erfindung, die von den Menschen als für die Ausgestaltung ihres Lebens ersprießlich ersonnen wurde; sie ist vielmehr überhaupt nichts Menschliches, sondern etwas Göttliches, übernatürlich, von oben, vom Himmel herabgesendet und präexistiert, ungeworden, ewig und ursprünglich (vor allem Gewordenen).
Der wirksamste Schutz gegen alle derartigen irrigen Auffassungen (wie auch du sie hegst) ist die (richtige) Erkenntnis des Ursprungs der Mantik, nämlich die Erkenntnis, dass sie weder von Körpern noch von körperlichen Zuständen ihren Ursprung nimmt, auch nicht von der (sinnlich wahrnehmbaren) Schöpfung und von den in der Schöpfung waltenden (immateriellen) Energien, ferner aber auch nicht von der (geistigen) Veranlagung des Menschen oder von den hieraus sich ergebenden Fähigkeiten (des menschlichen Intellekts oder der menschlichen Seele) und endlich auch nicht von irgendeiner von außen her erst hinzuerworbenen Kunstfertigkeit, die sich mit Rücksicht auf irgendeine Seite des menschlichen Lebens damit befasst (hat). Das Wesentliche an der Mantik geht vielmehr durchaus nur auf die Götter zurück, wird von den Göttern allein eingegeben, kommt in göttlichen Werken oder Zeichen zur Vollendung und enthält in sich göttliche Visionen und der (wahren) Erkenntnis dienende Gesichte; alles andere aber, sowohl was sich auf unsere Seele als auch auf unsern Körper bezieht und was in der Natur des

Weltalls oder in den einzelnen Teilnaturen (der sinnlich wahrnehmbaren Schöpfung) vorhanden ist, alles das bildet nur als Werkzeug die Grundlage für die von den Göttern herabgesendete Gabe der Vorhererkundung; manches endlich, wie alles, was mit bestimmten Örtlichkeiten und anderm dieser Art zusammenhängt, stellt wieder gewissermaßen nur die materielle Grundlage vor. Gibt man aber die primär wirkenden Prinzipien (die allein in den Göttern selbst liegen) auf und führt das Wesen der Mantik auf das zurück, was ihr als Sekundäres nur Dienste leistet, nämlich auf Körperbewegungen, Körperzustandsveränderungen oder gewisse andere Vorgänge (des Materiellen an uns), auf Wirkungsäußerungen des Lebens im Menschen oder (überhaupt) auf Prinzipien, die entweder in der Seele oder in der physischen (leiblichen) Natur (des Menschen) liegen, und meint, damit etwas Richtiges zu behaupten, dann hat man das Ziel vollständig verfehlt; das Gleiche gilt aber auch, wenn man annimmt, den wahren Sachverhalt hierfür anzugeben, indem man bestimmte Verhältnisse zwischen all dem zueinander als Prinzipien der Mantik namhaft macht.

Folgendes ist vielmehr der einzige richtige Grundbegriff und Leitgedanke bei allem dieser Art, dass man unter keinen Umständen die Weissagung der Zukunft unberechtigterweise von dem herleiten darf, was in sich selbst keinerlei Vorhererkennungsfähigkeit besitzt. Man muss vielmehr die Mantik, die über das ganze Weltall und über alle im Kosmos verstreuten Naturen verteilt ist, von den Göttern allein aus beurteilen, die die Grenzen aller Erkenntnis alles Existierenden in sich schließen; denn nur jenes Prinzip kann das leitende und zugleich auch das (allem an der Mantik Beteiligten) vorzüglich gemeinsame sein, das das primär in sich schließt, was es dem an ihm Teilhabenden mitteilt, das ganz besonders Wahrheit gewährleistet, deren die (echte) Mantik bedarf, und das endlich auch die Wesenheit und das Prinzip alles dessen, was wird, in sich vorweggenommen hat; denn nur aus all dem (allein) ergibt sich notwendigerweise die Möglichkeit, der Vorhererkundung des Zukünftigen unaufhörlich teilhaftig zu werden.

Dies also sei für uns das allgemein gültige Leitprinzip für die gesamte Mantik überhaupt, von dem ausgehend wir in den Stand gesetzt sind, auch das Wesen aller ihrer Erscheinungsformen wissenschaftlich zu erforschen. So will ich mich also mit diesen Erscheinungsformen der Mantik befassen, indem ich mich dabei an die von dir vorgelegten Fragen halte:

III. 2: Über die Offenbarung während des Schlafes sagst du folgendes:

„Schlafend erfassen wir oft durch Traumgesichte die Zukunft, ohne dass wir dabei in eine von heftiger Bewegung begleitete ekstatische Erregung geraten sind; denn unser Leib liegt ja ganz ruhig da. Doch erfassen wir die Zukunft nicht so deutlich wie im wachen Zustande (während der enthusiastischen oder ekstatischen Inspiration)." – Das, was du sagst, pflegt bei den menschlichen Traumgesichten wirklich einzutreten, d. h. bei jenen Traumgesichten, die aus unserer eigenen Seele stammen, indem nämlich bestimmte Gedanken in uns oder auch unser Denkvermögen überhaupt diese Traumgesichte erregt, oder auch bei allen jenen Traumgesichten, die aus unserer Vorstellungs-(Einbildungs)kraft (Phantasie) oder irgendwelchen Sorgen (die wir) während des Tages (hatten) sich entwickeln; denn solche Traumgesichte sind tatsächlich bald wahr, bald falsch und treffen manchmal zwar in gewissen Punkten das Richtige, in der Hauptsache aber verfehlen sie es.

Die sogenannten gottgesandten Traumgesichte dagegen kommen nicht auf die Weise zustande, die du schilderst (sondern vielmehr folgendermaßen): Wenn uns nämlich der Schlaf schon wieder verlässt und wir eben anfangen, wach zu werden, können wir einen kurzen (bündigen) Ausspruch vernehmen, der uns über das, was zu tun ist, belehrt; oder wir hören (diese) Stimmen (der offenbarenden Gottheit) auch, während wir uns noch zwischen Wachsein und Einschlafen befinden, oder endlich auch, wenn wir schon völlig wachgeworden sind. Manchmal umfängt uns dabei, während wir daliegen, ringsum auch noch ein unsichtbares und unkörperliches Etwas (Pneuma) in der Weise, dass wir es zwar nicht sehen, wohl aber sonst wahrnehmen und erfassen können; denn mit einem Säuseln tritt es ein, gießt sich rings um uns aus, doch ohne uns zu berühren, und bewirkt bei der Abwendung von Übeln der Seele und des Leibes staunenswerte Werke. Das andere Mal wieder wird das Sehvermögen unserer Augen in Mitleidenschaft gezogen und wir werden zum Blinzeln gezwungen, während wir vorher die Augen offen halten konnten, indem ein helles und ruhiges Licht erstrahlt; auch die übrigen Sinne sind dabei wach und nehmen zusammen (mit dem Gesichtssinn) wahr, wie die Götter in diesem Lichte sichtbar werden, hören, was sie sagen, und wissen, was sie tun, indem sie es vollkommen erfassen. Noch vollkommener aber als diese Schau ist jene, wann sowohl unser Sehvermögen wie auch unser Verstand erstarkt alles erfasst, was vor sich geht, und dabei auch noch die, die das Traumgesicht schauen, sich selbst regen und betätigen können. Alle diese so großen und so sehr unterscheidenden Merkmale kommen den menschlichen Traumgesichten nicht zu, sondern diese Art (Halb-)Schlaf, die Behinderung unseres Sehvermögens, die einer Ohnmacht gleichende Überwältigung, der Zustand zwischen Schlafen und Wachen und das eben erst beginnende oder schon völlige Wachsein, alles das ist göttlich und für die Aufnahme der Götter (durch die Schlafenden im Traumgesichte) notwendig, ist uns von den Göttern selbst zugesendet und eben durch derartige Zustände wird die Erscheinung (der Götter im Traumgesichte) vorbereitet und eingeleitet. Daher schalte aus den göttlichen Traumgesichten, in denen das Mantische am vorzüglichsten begründet ist, jede Art von (gewöhnlichem) Schlaf aus und lass auch die Ansicht fallen, als erfasse man das, was sich (so) offenbart, nicht so klar wie im wachen Zustande (während der ekstatischen Verzückung); denn es ist ganz unmöglich, dass die klare (und leibhaft sichtbare) Anwesenheit der Götter (im göttlichen Traumgesicht) hinter ihrer Erfassung im wachen (ekstatischen) Zustand (der bloßen Inspiration durch die unsichtbar bleibenden Götter) zurückbleibt, sondern, wenn man die Wahrheit sagen soll, muss vielmehr ihre (leibhaftig sichtbare) Anwesenheit (im göttlichen Traumgesichte) noch klarer sein als unser Erfassen (des Göttlichen) im wachen (ekstatischen oder visionären) Zustand und muss mithin auch eine vollkommenere Erfassbarkeit (ihres Wesens und Willens) gewährleisten. Da aber manche Leute die Kennzeichen der wahrhaft mantischen Träume nicht kennen, sondern auch über sie ebenso wie über die menschlichen Traumgesichte urteilen, stoßen sie nur selten und nur zufällig auf eine (zuverlässige) Vorhererkundung der Zukunft durch Träume und sind deshalb mit Recht ungewiss, unter welchen Voraussetzungen Träume überhaupt Wahrheit enthalten können. Eben das scheint nun auch dich zu verwirren, da auch du die wahren Kennzeichen der (zuverlässigen) Traumgesichte nicht kennst. Du musst aber eben diese Kennzeichen als Elemente der richtigen Erkenntnis des Wesens der Träume zur Grundlage nehmen und so unsern Sätzen über die Traumoffenbarung insgesamt folgen (die ich jetzt vortragen will):

III. 3: Man lehrt, dass unsere Seele über ein zweifaches Leben verfügt, von dem das eine mit dem Körper verknüpft, das andere vom Körper unabhängig ist. Während des gewöhnlichen Lebens machen wir im wachen Zustande zumeist von dem Seelenleben Gebrauch, das (der Seele) mit dem Körper gemeinsam ist, außer wenn wir uns durch die reinen Vernunftprinzipien in unsern Gedanken und überhaupt in unserm

Denkvermögen (mit Hilfe des ekstatischen Seelenaufschwungs) vom Körper völlig loslösen (und zum Intellegibel-Göttlichen erheben); im Schlafe dagegen befreien wir uns vollständig (vom Körper) wie von uns angelegten Fesseln und machen dann nur von jenem Seelenleben Gebrauch, das von der Schöpfung (d. h. von allem Materiell-Sinnlich-Irdischen) geschieden ist. In diesem Augenblicke regt sich nämlich jenes (zweite) Seelenleben in uns, das intellektuale und (daher) göttliche, mag beides identisch sein oder jedes etwas Einheitliches, das jedes getrennt für sich existiert, und wirkt in der Weise, die ihm von Natur zukommt. Weil aber der Intellekt das, was wesenhaft existiert, beschaut, die Seele aber (als Trägerin des Intellekts) auch die Prinzipien für alles, was erst wird, in sich schließt, erkundet sie jetzt nach diesem sie umschließenden Prinzip (des göttlichen Intellekts, das jetzt im göttlichen intellektualen Teil des doppelten Seelenlebens allein wirkt) auch die Zukunft, die in ihren präexistenten Prinzipien schon (im voraus) festgelegt ist.

Eine noch vollkommenere Vorhererkundung aber bewirkt die Seele dann für sich, wenn sie mit den universellen Prinzipien, von denen sie (durch ihr Einfahren in ihren irdisch-materiellen Leib) abgetrennt und geschieden wurde, die (ihr verbliebenen) Teile des (ihr wesenhaften intellektualen) Lebens und ihres vernunftgemäßen Wirkens verknüpft; dann nämlich wird sie aus jenen universellen Prinzipien jeglichen Wissens voll, so dass sie mit ihren Gedanken, so sehr das überhaupt möglich ist, zu dem vordringen kann, was (über unserer Erde) im Weltall (in der Sphäre der die Schicksals-bestimmung bedingenden Planeten) vollzogen wird.

Wenn sich ferner unsere Seele infolge dieser vom Körper losgelösten Wirkungsmöglichkeit sogar bis zu den Göttern erhebt (die über dem Weltall thronen und die sogenannten intellegiblen Götter sind) und sich mit ihnen vereinigt, dann empfängt sie die wahrhafteste Fülle von Erkenntnissen, durch die sie eben die wahre Vorhererkundung der göttlichen Traumgesichte gewinnt; hieraus also legt sie die zuverlässigsten Fundamente hierfür. Verwebt nämlich die Seele das Vernunftmäßige und Göttliche ihrer selbst (in dieser Weise) mit dem Höheren, dann müssen auch ihre Gesichte reiner sein, sei es hinsichtlich der Götter selbst, sei es hinsichtlich der an sich unkörperhaften Wesenheiten überhaupt oder mit einem Worte hinsichtlich alles dessen, was auf die Wahrheit des nur durch die Vernunft Erfassbaren (Intellegiblen) Bezug hat.

Erhebt aber die Seele endlich auch diejenigen ihrer Gedanken, die auf die (materielle) Schöpfung Bezug haben, (im göttlichen Traum) zu jenen

Göttern empor, die für die (materielle) Schöpfung die Urheber sind, dann erlangt sie von ihnen die Fähigkeit und Erkenntnis, alles selbst zu verstehen, was war und auch erst sein wird, und so die (uneingeschränkte) Schau über alle Zeiträume; auch betrachtet sei dann die Resultate dessen, was sich im Verlauf der Zeit ereignet, und erlangt sogar die Fähigkeit, auf ihre Einordnung (im Weltgeschehen) Einfluss zu nehmen, für sie Sorge zu tragen und sie in angemessener Weise zu verbessern. Dann heilt sie (infolge der so durch die Traumgesichte gewonnenen höheren Erkenntnisse) kranke Leiber, bringt, was sich bei den Menschen in schlechter und ungeordneter Verfassung befindet, wieder in Wohlordnung und teilt oft auch Erfindungen von Künsten und Kunstfertigkeiten, Verteilungen von Gerechtsamen und Gesetze mit. Auf diese Weise werden im Asklepiostempel Krankheiten durch die göttlichen Traumgesichte geheilt und durch die Sichtung (und Verarbeitung) der nächtlichen Erscheinungen (des Gottes) entstand aus den heiligen Träumen die ärztliche Kunst; das ganze Heer Alexanders (des Großen) wurde gerettet, da es während der Nacht vollständig vernichtet werden sollte, indem Dionysos während des Schlafes erschien und Befreiung von unheilbaren Übeln anzeigte; als Aphutis von König Lysander belagert ward, wurde es durch die von Amon gesandten Träume gerettet, indem jener sofort sein Heer von dort aufbrechen ließ und die Belagerung aufhob. Doch wozu soll ich alles einzeln durchgehen, was sich alltäglich ereignet und in seinen Wirkungen gewaltiger ist, als sich schildern lässt? Das also genügt wohl bezüglich der göttlichen Traumoffenbarung, was sie ist, wie sie zustande kommt und welch gewaltigen Nutzen sie den Menschen gewährt.

III. 4: Du bemerkst weiter, dass „sich viele an die Vorhererkundung der Zukunft im Zustande der Verzückung oder göttlichen Besessenheit machen, wobei sie zwar wach sind, so dass sie sich, was die Sinneswahrnehmung anbelangt, betätigen können, trotzdem aber doch nicht bei sich selbst oder doch wenigstens nicht in dem Grade bei sich selbst, wie sie vorher bei sich gewesen waren." – Ich will dir also im folgenden auch die Wahrzeichen derer aufweisen, die wahrhaft von den Göttern besessen (und inspiriert) sind: Entweder nämlich haben solche Leute ihr Eigenleben vollständig den sie inspirierenden Göttern wie ein Immanenzmittel oder Werkzeug untergeordnet, oder sie tauschen an Stelle ihres menschlichen Eigenlebens das göttliche Leben ein oder sie betätigen endlich zwar ihr (menschliches, auf der Sinnenwahrnehmung begründetes) Eigenleben, aber nur in Rücksicht auf den Gott (der sie gerade inspiriert). Dabei betätigen sie sich, was die Sinneswahrnehmung anbelangt, entweder überhaupt nicht oder doch nicht so, wie die, die über vollkommen wache Sinne Verfügen. Auch machen sie sich nicht selbst an die Vorhererkundung der Zukunft (sondern das tut vielmehr nur der sie inspirierende Gott allein und die besessenen Propheten dienen ihm nur als Ausdrucksmittel seiner eigenen Prophetie) und sind dabei auch nicht so tätig wie die, die sich nach ihrer eigenen (menschlichen) Willensregung betätigen; sie sind vielmehr (im Gegenteil) überhaupt nicht bei sich selbst wie vorher oder sonst, richten ihr Eigenbewusstsein nicht auf sich selbst und offenbaren überhaupt keine eigene Erkenntnis. Der stärkste Beweis hierfür ist Folgendes: Viele werden (wenn sie sich in diesem Zustande der echten göttlichen Besessenheit befinden) nicht gebrannt, auch wenn man Feuer an sie bringt, weil das Feuer sie eben wegen der göttlichen Inspiration überhaupt nicht zu berühren vermag, viele aber merken es gar nicht, auch wenn sie tatsächlich versengt werden, weil sie in diesem Zustande nicht das (sinnlich sensible) Leben eines Lebewesens leben; andere wieder fühlen es nicht, wenn sie von Spießen durchbohrt sind, wenn sie sich mit Beilen in den Rücken schlagen (lassen) oder sich ihre Arme mit Messern zerfleischen.

Und (ebenso) ist auch das, was sie (in diesem Zustande) tun, nicht von menschlicher Art: Denn denen, die von der (echten) göttlichen Begeisterung ergriffen sind, wird, was ungangbar ist, gangbar, sie stürzen sich ja ins Feuer und wandeln durchs Feuer und überschreiten (grundlose und reißende) Flüsse wie die Priesterin in Kastaballa.

Dadurch wird der Beweis geliefert, dass sie im Zustande der Verzückung nicht bei sich selbst sind und in Sinneswahrnehmung und Willensbetätigung weder das menschliche noch überhaupt animalische Leben leben, sondern ein anderes, göttliches Leben dafür eingetauscht haben, durch das sie inspiriert und vollständig beherrscht werden.

III. 5: Es gibt aber viele Gattungen der göttlichen Besessenheit und die göttliche Inspiration erregt sich auf vielerlei Weise, woraus sich denn auch viele voneinander verschiedene Merkmale der Inspiration ergeben müssen; denn einerseits sind schon die Gottheiten, von denen wir inspiriert werden, verschieden und rufen demgemäß auch verschiedene Gattungen der Inspiration hervor und andererseits gestaltet die wechselnde Art (und der wechselnde Grad) der Inspiration auch ihre äußern Erscheinungsformen wechselnd: Entweder nämlich hat der Gott uns (völlig) in Besitz

70

genommen (auch gewaltsam gegen unsern Willen) oder wir selbst werden (freiwillig) dem Gotte ganz zu eigen (wie etwa die dauernd zu diesem Zwecke angestellten Orakelpriester und -Priesterinnen, von denen ich noch unten sprechen werde) oder wir betätigen uns in einer Weise, an der auch der Gott gemeinsam mit uns Anteil hat. Und bald erhalten wir (so) an der letzten (schwächsten), bald an der mittleren, bald aber auch an der höchsten (stärksten Ausstrahlung der) Macht der Götter Anteil und bald kommt es (so) nur zu einer Anwesenheit, bald zu einer Gemeinschaft, bald aber auch zu einer Vereinigung mit diesen inspirierenden Gottheiten; denn entweder genießt die Verzückung nur unsere Seele allein, oder sie hat zusammen mit dem Körper daran Anteil, oder es genießt sie auch das ganze Lebewesen in seiner Gesamtheit (von Leib und Seele, worin sich die inspirierende Macht der Götter am stärksten offenbart).

Demzufolge sind aber auch die Merkmale der Inspiration vielgestaltig: Denn es kommt dabei einerseits zu Bewegungen des (ganzen) Körpers oder auch nur gewisser Körperteile (der Inspirierten), andererseits aber auch zu völliger Bewegungslosigkeit; auch hört man harmonische Sätze (Akkorde), Tanzweisen und melodische Stimmen oder auch das Gegenteil (also grelle Disharmonien); ferner sieht man den Körper (des Besessenen) an Höhe oder Breite zunehmen oder auch in der Luft schweben, doch zeigt sich auch hier wieder das Gegenteil davon). Auch lässt sich eine Stimme vernehmen, entweder von immer gleichbleibender Stärke und Tonhöhe oder auch durch dazwischen einsetzendes Verstummen mannigfach verändert, auch ganz ungleichmäßig, weil die Töne bisweilen bald musikalisch anschwellen, bald sinken und sich manchmal auch noch in anderer Weise verändern.

III. 6: Das weitaus Wichtigste aber ist der Umstand, dass der, der die Gottheit herabbannt, das herniedersteigende und (in den zu Inspirierenden) einfahrende geistige Wesen (Pneuma) sogar auch sieht, wie groß und von welcher Art (von höheren Wesen) es ist, und dass es ihm in mystisch-geheimnisvoller Weise Folge leistet und sich von ihm leiten lässt. Aber auch der, der die Spezies des (göttlichen) Feuers (das die Inspiration bewirkt) in sich aufnimmt, sieht sie vor der Aufnahme und manchmal wird sie sogar allen, die dabei zusehen, ganz deutlich sichtbar, sei es beim Einfahren, sei es beim Ausfahren des Gottes (aus dem Inspirierten). Dadurch wird auch das wahrste (innerste) Wesen, die ganze Machtfülle und die Rangstellung des Göttlichen (das die Inspiration innerhalb der verschiedenen Klassen der höheren Wesen bewirkt) erkennbar und endlich auch, worüber es den Kundigen (Eingeweihten) Wahrheit zu verkünden und welche (übermenschliche) Energie es ihnen zu gewähren oder zu betätigen vermag. Die dagegen, die ohne diese beseligenden Schauspiele das Herabbannen der Geisterwelt vornehmen, tappen gleichsam im Dunkeln und wissen nichts von dem, was sie tun; denn ihnen offenbaren sich nur ganz bedeutungslose Merkmale (der Besessenheit) am Körper des Inspirierten und überhaupt wird ihnen auch nur alles das sichtbar, was ganz offen zutage liegt, während sie das Wesentliche an der göttlichen Inspiration, das (für sie) im Unsichtbaren verborgen bleibt, nicht kennen.

Doch ich kehre wieder zum Ausgangspunkte zurück: Wenn nun also das (inspirierende) Feuer der Götter kommt und eine geheimnisvolle Spezies des Lichtes von außen her auf den Besessenen niedersteigt, ihn erfüllt, vollständig von ihm Besitz ergreift und ihn ringsum und von allen Seiten in sich selbst eingeschlossen hält, so dass er ganz außer Stande gesetzt ist, sich selbständig zu betätigen, wie kann dann dem, der das göttliche Feuer (in sich) aufnahm, noch eine Sinneswahrnehmung, ein Bewusstsein seiner selbst oder eine eigene Willensregung zukommen? Wie kann dann noch eine menschliche Bewegung erfolgen oder eine Besessenheit, für die der Mensch die Ursache sein soll, infolge von Krankheit (Epilepsie, Hysterie oder Melancholie), Verzückung, Verrückung des Vorstellungsvermögens oder irgend etwas dieser Art, was der große Haufen für Besessenheit nimmt? Die göttlichen Merkmale der echten Verzückung müssen vielmehr von oben bezeichneter Art sein, und wenn man diese beachtet, wird man in der richtigen Beurteilung der Verzückung nicht fehlgehen.

III. 7: Und doch genügt es noch nicht, das allein gelernt zu haben, und jemand, der nur das weiß, kann in der Wissenschaft vom Göttlichen nicht vollkommen sein; man muss vielmehr auch wissen, was die göttliche Verzückung ihrem Wesen nach ist und auf welche Weise sie zustande kommt. Mit Unrecht wird sie für einen (leidenschaftlichen) Überschwang des Verstandes unter dämonischer Begeisterung (Inspiration) gehalten. Denn weder der Verstand des Menschen gerät in Schwung, wenn es sich nämlich um die echte (göttliche) Besessenheit handelt, noch kommt es zu einer Inspiration von Seiten der Dämonen, sondern vielmehr nur von Seiten der Götter. Auch ist die (echte) Verzückung keineswegs etwa einfach ein Überschwang schlechthin, sondern vielmehr immer eine Erhebung und ein Hinübergehen ins Vollkommenere, während die (krankhafte) Geistes-verrückung und der (dämonische) Überschwang auch ein Umschlagen ins

Schlechtere (Unvollkommenere) beobachten lässt. Ferner spricht der, der solches behauptet, nur von den Zufällen, die sich an den Inspirierten ereignen, belehrt aber nicht über das (ursächliche) Prinzip der Inspiration. Dieses aber besteht darin, dass die Inspirierten vollständig vom Göttlichen besessen sind, worauf dann allerdings (aber nur) als sekundäre Folgeerscheinung auch das Außersichgeraten (der Inspirierten) folgt (das an äußerlichen Merkmalen, wie ich sie oben beschrieben habe, offenbar wird). Wenn jemand wieder annimmt, dass die Verzückung von der Seele und von gewissen in der Seele (des Verzückten) ruhenden Energien, nämlich entweder von der Vernunft oder ihren Betätigungen, ihren Ausgang nimmt oder von einer körperlichen Schwäche oder auch ohne sie (d. h. oder von einer besonderen, außergewöhnlichen Stärke), so urteilt er über den Ursprung der Verzückung auch nicht richtig; denn das Walten der göttlichen Begeisterung ist nichts Menschliches und hat sein Wesen nicht in Gliedern oder Betätigungen des menschlichen Leibes; alles das bildet vielmehr nur die Grundlage (das Substrat) und die Gottheit macht davon nur wie von Werkzeugen Gebrauch. Das gesamte Walten der Offenbarung (durch die Inspiration) lässt die Gottheit sich eben nur dadurch und nur durch sich selbst erfüllen und wirken, unvermengt mit Leib und Seele (des Inspirierten) und von allem geschieden, während weder die Seele noch irgend etwas an ihr, noch der Leib (des Inspirierten) sich für sich selbst betätigt. Deshalb sind auch die Offenbarungen, die sich so vollziehen, wie ich jetzt sage, untrüglich; wenn aber die Seele (des Inspirierten) schon vorher (vor der Offenbarung) in Erregung oder während der Offenbarung in Bewegung gerät oder (gar) mit dem Leibe zusammenfließt (was sich in den krampfartigen Erregungszuständen des Leibes ausdrückt) und (so) die göttliche Harmonie (der Seele und des Leibes) stört, dann werden die Offenbarungen voll stürmischer Unruhe und trügerisch und eine solche Verzückung ist nicht mehr zuverlässig wahr und nicht mehr echt göttlich.

III. 8: Wenn ferner die wahre Offenbarung (in der göttlichen Ekstase) ein Loslösen des Göttlichen (an der menschlichen Seele) von der übrigen Seele wäre, nämlich eine Trennung des vernunftbegabten (tatsächlich göttlichen) Seelenteiles von ihrem (sensibel-animalischen) Rest, eine Steigerung (dieser der menschlichen Seele eigenen göttlichen Vernunft) oder aber ein Ungestüm, eine Erhöhung und Heftigkeitserscheinung der Energie oder Leidenschaftlichkeit, ein scharfsinniger Schwung des Denkens oder eine Erhitzung der Vernunft, dann müsste man vernünftigerweise die

Verzückung von unserer Seele ableiten, da ja alles das von unserer Seele seinen Ausgang nimmt. Wenn aber wieder der (menschliche) Leib mit Rücksicht auf seine verschiedenen Temperamente, auf das melancholische (das für die Sinnes-Verrückung besonders disponieren soll) oder welche immer, oder genauer ausgedrückt, mit Rücksicht auf das Warme, Kalte und Feuchte oder welche Form dieser Dinge auch immer, oder mit Rücksicht auf das Verhältnis dieser Dinge in ihrer Vermischung oder Vermengung oder endlich mit Rücksicht auf das Geistige (Pneumatische) oder das Mehr oder Weniger an all diesem die Ursache der (echten) ekstatischen Verzückung wäre, dann müsste der Affekt der Verrückung etwas Leibliches sein und sich aus physischen Erregungszuständen ergeben. Wenn endlich aber der Ursprung (für die Verzückung) aus beidem erwüchse, aus Leib und Seele zugleich, insofern als sie miteinander innig verbunden sind, dann würde eine solche Erregung dem Lebewesen (Mensch als ihrem ursächlichen Prinzipe) gemeinsam sein.

Und doch ist das (echte) Verzücktsein nicht das Werk des Leibes, auch nicht das der Seele und auch nicht das beider zusammen; denn alles das (Leib, Seele und ihre Vereinigung im Lebewesen Mensch) enthält in sich kein Prinzip der göttlichen Verrückung, auch kann naturgemäß nichts Höheres (Vollkommenes – Göttliches) aus Niedrigerem (Unvollkommenem – Psychisch-Leiblichem) entstehen. Man muss also die (wahren) ursächlichen Prinzipien des göttlichen Wahnsinnes erforschen; diese aber sind (allein nur) das Licht, das von den Göttern herabkommt und das geistige Etwas (Pneuma), das ihnen (den Besessenen) eingeflößt wird, und ihre (uns) aus ihnen zukommende vollständige Beherrschung, die alles in uns umfängt, unser Eigenbewusstsein aber und unsere Eigentätigkeit überall ausschaltet und (uns) Worte hervorstoßen lässt, nicht mit Verstandesbewusstsein derer gesprochen, die sie sprechen, sondern während sie „wahnsinnigen Mundes sie hören lassen" und vollständig der Energie des Beherrschenden allein dienen und nachgeben. So geartet ist die (echte göttliche) Verzückung als Ganzes und von solchen Prinzipien zur Vollendung gebracht, um in Bausch und Bogen und nicht mit aller Umständlichkeit darüber gesprochen zu haben.

III. 9: Dann sagst du folgendes: „Manche von den Verzückten (Besessenen) befinden sich in diesem Zustande des Enthusiasmus, wenn sie Flöten, Cymbeln, Pauken oder eine (bestimmte) Melodie hören, wie (z. B.) die, die sich in korybantischer Verzückung befinden, oder die, die vom

74

Sabazios besessen sind, oder die Eingeweihten (Mysten) der Großen Mutter (Kybele)." – Auch die Ursachen hierfür müssen wir behandeln, wie das zustande kommt und, was es, zustande gekommen, für eine Bedeutung hat: Dass die Musik befähigt ist, uns zu aktivem wie auch passivem Verhalten anzuregen, dass der Flötenklang den Affekt des Entrücktseins sowohl hervorzurufen als auch zu heilen vermag, dass die Musik die Temperamente und Dispositionen des Leibes verändern kann, dass man durch gewisse Melodien in bacchische Raserei gerät, durch gewisse andere aber wieder davon ablässt, ferner in welcher Weise die Unterschiede in den Melodien den verschiedenen seelischen Dispositionen angepasst sind, und dass unstete und unruhige Melodien wie z. B. die des Olympus den Verzückungen angemessen sind und alles derartige, was sonst noch vorgebracht wird, alles das, meine ich, bringt man für den Enthusiasmus in sehr unangemessener Weise vor; denn das sind doch lauter physische Dinge, Menschenwerke und Ergebnisse menschlicher Kunstfertigkeit, das Göttliche aber offenbart sich nicht darin. Lieber wollen wir darauf hinweisen, dass (bestimmte) Töne und Melodien allen Gottheiten geweiht sind, jedem (die seine) in eigentümlicher Weise, und dass diesen Tönen und Melodien mit den (entsprechenden) Gottheiten eine angemessene Verwandtschaft zukommt, und zwar hinsichtlich der ihnen eigentümlichen „Reihen" und Energien, hinsichtlich der im Weltall selbst vorhandenen Bewegungen (der göttlichen Himmelskörper) und der harmonischen Klänge, die durch jene Bewegungen ertönen (also hinsichtlich der sogenannten Sphärenharmonie). Gemäß solcher Verwandtschaft der Melodien mit den Göttern erfolgt dann auch ihre Gegenwart (in der Inspiration und Besessenheit), denn es gibt ja nichts, was sie fernhielte; so muss denn notwendigerweise das, was die gerade zutreffende Verwandtschaft mit den Göttern besitzt, sofort an ihnen Anteil erhalten und es so sofort zu einer vollkommenen Besessenheit und Erfüllung (jener, die diese sympathischen Melodien hören) mit der höheren (göttlichen) Wesenheit und Energie kommen.

Doch geschieht das nicht etwa deshalb, weil Leib und Seele miteinander und daher (durch den Leib als Träger der Sinneswahrnehmung auch) mit den Melodien in Wechselwirkung stehen, sondern vielmehr nur deshalb, weil die Inspiration der Götter sich nicht von der göttlichen Harmonie losmachte, vielmehr, mit ihr von Anfang an verwandt, auch an der (irdischen) Melodie in den ihr zukommenden Ausmaßen Anteil hat; daher enthält auch die (irdische) Melodie die Fähigkeit, Verzückungen sowohl zu

75

wecken als auch wieder zu beenden, entsprechend der Klasse der Götter (der sie gerade eignet). Doch darf man das (die Befreiung von ekstatischen Erregungszuständen durch bestimmte Melodien) nicht eine Entleerung oder Reinigung (Purgenz) nennen, wie sie die Ärzte vornehmen (um den krankhaften Wahnsinn, der sich ähnlich äußert, zu heilen); denn die (göttliche) Verzückung erwächst ja nicht aus einer vorausgehenden Erkrankung, sei es infolge eines Übermaßes oder Überschusses, sondern ihr Ursprung und ihre gesamte Grundlage stammt vollständig von oben her und ist göttlich. Aber auch das darf man nicht behaupten das (enge Verhältnis zwischen Seele, Harmonie und Verzückung) sei deshalb vorhanden, weil die Seele von Anfang an aus Harmonie und Rhythmus besteht; denn auf diese Weise wäre ja die Verzückung wieder etwas spezifisch Seelisches. Besser ist es vielmehr, die Negierung (dieses Satzes) dahin umzubiegen, dass die Seele, bevor sie sich mit dem (irdischen) Leibe verband (d. h. solange sie noch körperfrei in der Region jenseits des Kosmos auf ihrem Fixstern in Anschauung der göttlichen Ideen lebte) der göttlichen Sphärenharmonie lauschte; denn auch dann, wenn sie schon in den (sterblichen) Leib (hier auf Erden) gelangt ist, findet sie an allen solchen (irdischen) Melodien, die die göttliche Spur der Sphärenharmonie am deutlichsten bewahrten, Gefallen, erinnert sich infolge dieser (irdischen) Melodien der göttlichen Harmonie, wird zu ihr hingerissen, ihr vertraut und erlangt so Anteil an ihr, soweit das überhaupt noch möglich ist. So also könnte man ganz allgemein das Prinzip (auch dieser Form) der göttlichen Prophezeihung darlegen.

III. 10: Ich will aber auch noch die Rechtfertigung der Einzelprinzipien hinzufügen, wobei ich aber nicht sage, dass die Naturbeschaffenheit (der von der Inspiration Erfassten) zu dem hinführt, was ihr verwandt ist, denn der Zustand der Verzückung ist nicht ein Werk der physischen Natur (der Verzückten); eben so wenig aber gebe ich auch zu, dass die Mischung der Luft und Atmosphäre überhaupt auch einen Unterschied der Mischungen (Temperamente) im Leibe der Verzückten hervorrufe, denn das göttliche Wirken der Inspiration wird auch durch körperliche Energien oder Temperamente nicht beeinflusst; eben so wenig aber lasse ich es endlich auch gelten, dass man die durch die Gottheit (selbst) verursachte Inspiration krankhaften Zuständen und Geschaffenem (Materiell-Irdischem, wie unserm reizbaren Leibe) zugeschrieben hat, denn das Göttergeschenk ihres eigenen Wirkens für die Menschen ist nicht affizierbar (sondern affektions-los) und über alles Geschaffene erhaben. Sondern nur deshalb vielmehr, weil die Kraft der Korybanten (d. h. der dämonischen Begleiter der Rhea Kybele oder Göttermutter) behütend und weihend ist, die des Sabazios dagegen zu bacchischer Raserei entflammt und zur Entsühnung der Seelen und Befreiung von altem Göttergroll geeignet, sind auch die Gattungen ihrer Inspiration (und natürlich auch die Formen, in denen sie sich äußerlich kundtun) durchaus verschieden. Die Besessenen der Göttermutter (Kybele) übrigens scheinst du für Männer zu halten, denn du hast sie ja offenbar deshalb τούς μητφίζοντας genannt; das aber ist unrichtig: Denn die, die von der Göttermutter besessen werden, sind zumeist Weiber, Männer dagegen gibt es nur wenige unter ihnen und nur solche, die mehr weichlich (weibischer Natur) sind. Auch diese Gattung der Verzückung aber verfügt über eine Energie, die auf die Zeugung und volle Befriedigung des (animalischen) Lebens abzielt, und unterscheidet sich eben dadurch gar sehr von allen Gattungen des (nichtgöttlichen, krankhaften) Wahnsinns (der nur zerstörend und zersetzend wirken kann). In dieser Weise also werde ich im weiter Gang der vorliegenden Untersuchung auch die Inspiration durch die Nymphen und den Pan und auch ihre sonstigen Unterschiede nur mit Rücksicht auf die (verschieden-artigen) Energien der sie bewirkenden Gottheiten scheiden, nur mit Rücksicht auf die ihnen zukommenden Eigentümlichkeiten sondern und auch auseinandersetzen können, warum manche von den (so) Inspirierten ausbrechen und auf den Bergen umherschweifen (wie die Mänaden und Bacchantinnen), manche aber wieder (im Gegensatze hierzu) wie gebunden erscheinen und warum sie durch (bestimmte) Opfer (davon) geheilt werden können.

Alles das aber werde ich nur auf die göttlichen Prinzipien zurückführen, da diese allein die Entscheidung hierüber in sich enthalten; denn ich werde nicht zugeben, dass etwa ein Überschuss an Körperlichem oder Seelischem, der sich ansammelte, der Reinigung bedürfe, auch nicht, dass bestimmte Zeitperioden (wie gewisse Mondphasen oder Gestirnkonstellationen) die Ursachen für solche Zustände sind, und eben so wenig endlich auch, dass die Aufnahme des Verwandten und die Beseitigung des Entgegengesetzten (durch jene Opfer) eine Art Heilung dieses Hinausgehens (über das gewöhnliche, alltägliche Maß) bewirke. Denn alles dieser Art ist ja etwas Körperliches, vom göttlichen und intellektuellen Leben dagegen völlig verschieden. Alles aber wirkt nur so, wie es von Natur beschaffen ist, so dass die geistige Inspiration, die aus den Göttern die Menschen in Erregung und bacchische Begeisterung versetzt, jede andere, menschliche und physische, Erregung ausschaltet. Man darf daher ihr Wesen nicht den (uns Menschen) vertrauten (menschlichen) Betätigungen (und ihren Ursprungsprinzipien) anähnlen, sondern muss vielmehr die geistige und göttliche Inspiration nur auf die davon völlig verschiedenen und als erste Prinzipien wirkenden Prinzipien der Götter zurückführen.

So also ist eine Gattung der göttlichen Begeisterung beschaffen und kommt auf diese Weise zustande.

III. 11: Eine andere Gattung (der Mantik) ist ferner die gotterfüllte Vorherverkündung der Zukunft an den Orakelstätten, hochberühmt und überaus klar zutage liegend, aber auch vielfach variiert; darüber sagst du folgendes: „(Manche sagen die Zukunft voraus), nachdem sie (ein bestimmtes) Wasser getrunken wie der Priester des klarischen Apollo in Kolophon, andere, indem sie bei (bestimmten) Schlünden sitzen, wie die, die in Delphi weissagen, und endlich noch andere, indem sie aus (bestimmten) Wassern die Dünste, (die ihnen entsteigen) einatmen wie die Orakelpriesterinnen bei den Branchiden (in Didyma)." – Du hast nur diese drei weit und breit berühmten Orakelstätten namhaft gemacht, nicht als gebe es nur dort Orakel – denn gar sehr viel mehr gibt es noch, die bei Seite gelassen sind – sondern weil diese alle andern weit überragen und für die Belehrung über das genügen, wonach gefragt wurde, nämlich nach der Art und Weise, wie die Götter (an den offiziellen Orakelstätten) den Menschen die Vorhererkundung der Zukunft zukommen lassen; nur deshalb also hast du dich mit ihnen begnügt und auch ich will ebendeshalb auch nur über diese drei sprechen, die Erörterung über die vielen andern Orakelstätten aber übergehen.

Allgemein stimmt man darin überein, dass das Orakel zu Kolophon durch das Wasser Weissagungen erteilt; denn es gebe dort in einem unterirdischen Gemache eine Quelle und aus dieser trinke der Prophet; hat er aber, nachdem vorher in genau festgesetzten Nächten viele heilige Zeremonien vorgenommen wurden, daraus getrunken, dann erteile er das Orakel, ohne den anwesenden Befragenden sichtbar zu sein. – Dass also jenes Wasser mantisch (d. h. die Weissagungsgabe verleihend) sein muss, wird hieraus klar; wieso es aber so beschaffen ist, weiß wohl nicht jedermann, wie es im Sprichwort heißt. Zwar hat es den Anschein, als durchdringe dieses Wasser ein Zukunft verkündendes geistiges Etwas (Pneuma), in Wahrheit aber verhält es sich doch nicht so. Denn das Göttliche verbreitet sich nicht in dieser Weise losgelöst und abgespalten (von sich selbst) in dem, was an ihm Anteil hat, sondern nur weil es sich vielmehr von außenher der Quelle darbietet und sie inspiriert, erfülltes sie aus sich selbst mit mantischer Kraft. Auch ist die Inspiration von Seiten des Gottes keineswegs schon vollkommen in der (Erleuchtung), die das Wasser bietet, mit einbegriffen, sondern letztere bewirkt vielmehr nur eine Eignung und Läuterung des glanzartigen geistigen Etwas (Pneuma) in uns (d. h. des Immanenzmittels unserer Seele), wodurch wir erst befähigt werden, den Gott (in uns) aufzunehmen). Die Anwesenheit des Gottes selbst ist also etwas anderes (als der Trunk), steht (der Fähigmachung unserer Seele durch den Trunk zeitlich) voran, leuchtet von oben her auf und (in uns) hinein und hält sich von nichts fern, was infolge seiner ihm angemessenen Berührungsmöglichkeit (mit dem Göttlichen) am Göttlichen Anteil nehmen kann. Augenblicklich kommt es dann zu dieser Anwesenheit des Gottes (im Propheten), auch macht der Gott von dem Propheten nur wie von einem Werkzeuge Gebrauch, der dabei weder bei sich selbst, noch sich dessen bewusst ist, was er spricht, oder wo er sich befindet, und zwar in einem solchen Grade, dass er sich sogar auch nach der Orakelerteilung nur schwer wiederfindet. Und auch vor dem Trunke fastet der Prophet den ganzen Tag und die ganze Nacht und zieht sich, während er schon in den Zustand der Verzückung zu geraten anfängt, in bestimmte heilige Räume zurück, die der (profanen) Menge nicht zugänglich sind. So bereitet er sich durch die Zurückziehung und Absonderung von menschlichen Angelegenheiten auf die Aufnahme des Gottes vor; infolgedessen besitzt er dann auch die Inspiration durch den Gott, die den lautern Sitz seiner Seele erleuchtet, macht sie für die Besessenheit frei von jedem Hindernis und gestaltet so die Anwesenheit des Gottes (in sich) vollkommen und hemmungslos.

Die Orakelpriesterin in Delphi wieder ergibt sich dem göttlichen Pneuma und wird vom Strahl des göttlichen Feuers erleuchtet, mag sie die Weissagung den Leuten infolge eines feurigen und feinen Hauches erteilen, der irgendwoher aus dem Schlunde aufsteigt, oder mag sie im Allerheiligsten orakeln, während sie auf einem ehernen Stuhle mit drei Füßen sitzt, oder endlich auf dem vierfüßigen Sessel, der dem Gotte heilig ist). – Und wenn nun das aus dem Schlunde in Masse und Fülle aufsteigende (intellegibel-göttliche) Feuer sie von allen Seiten umfängt, wird sie aus ihm göttlichen Glanzes (d. h. der göttlichen Erleuchtung oder Inspiration) voll; wenn sie sich aber auf dem Sitz des Gottes festsetzt, vereinigt sie sich (auf diese Weise) mit der ruhig (im Dreifuß und Sessel) verharrenden zukunftverkündenden Energie des Gottes. Infolge jeder dieser beiden Vorkehrungen wird sie ganz des Gottes Eigen und der Gott ist ihr gegenwärtig, während er sie, gesondert für sich verharrend, erleuchtet, verschieden von dem (intelligiblen) Feuer (aus dem Schlunde), von dem Hauche (ebendaher), von dem ihm eigenen Sitze und überhaupt von der ganzen physischen und heiligen Ausstattung, die an jener Örtlichkeit zu bemerken ist.

Das weissagende Weib bei den Branchiden endlich – mag sie, den Stab in den Händen haltend, der ursprünglich von einem Gotte geschenkt ward, vom göttlichen Glanz erfüllt werden, oder mag sie, auf der Achse sitzend, die Zukunft vorhersagen, oder den Gott in sich aufnehmen, während sie ihre Füße oder einen Saum (ihres Gewandes) mit dem (dortigen heiligen) Wasser benetzt, oder mag sie endlich den Dunst aus jenem Wasser einatmen – durch alles das für die Aufnahme des Gottes geeignet gemacht, erlangt sie Anteil an ihm, der selbst außerhalb aller dieser Dinge existiert. Das beweist ferner auch die Menge der Opfer, der Ritus des ganzen heiligen Zeremonielles und was sonst noch in gottwohlgefälliger Weise vor der Orakelerteilung vollzogen wird, das Bad der Prophetin, ihr Fasten während ganzer drei Tage, ihr Verweilen im (anderen Leuten unzugänglichen) Allerheiligsten, während sie schon von dem (göttlichen) Lichte besessen ist und sich seiner schon geraume Zeit erfreut); alles das beweist nämlich nur, dass sie den Gott bittet, (ihr) anwesend zu sein, und dass seine Anwesenheit von außen her erfolgt, ferner dass sie auf wunderbare Weise schon inspiriert wird, bevor sie noch an die gewohnte Orakelstätte gelangt ist, und dass im Hauche selbst, der aus der Quelle aufsteigt, sie ein Gott inspiriert, der ehrwürdiger (ursprünglicher) als die Örtlichkeit und von ihr völlig getrennt existiert, nämlich der Schöpfer sowohl der Örtlichkeit als auch dieser Quelle selbst als auch der Mantik überhaupt.

III. 12: Offensichtlich stimmt also auch die Vorherverkündung der Zukunft durch die Orakel mit allen (bisher) vorgetragenen Sätzen über die Mantik überein; denn wäre eine solche Energie von der physikalischen Beschaffenheit der Orte und den ihr untergeordneten Körpern (wie Wasser, Feuerhauch, Dreifuß, Sessel, Stab und Achse) untrennbar oder entwickelte sie sich nur während einer zahlenmäßig bestimmten Spanne Zeit, dann könnte die Mantik nicht alles in gleicher Weise überall und immer vorhererkennen. Da sie aber von Örtlichkeiten und messbaren Zeiträumen frei und unabhängig ist, als erhaben über alles, was in Rücksicht auf bestimmte Zeiträume entsteht und durch Örtlichkeiten eingeschränkt wird, ist sie allem allüberall in gleicher Weise zur Seite, immer auch gleichzeitig mit allem, was innerhalb der Zeiträume geschieht, und begreift so die Wahrheit des Universellen in dem Einen (Göttlichen, ihrer selbst) wegen ihrer Wesenheit, die (von all dem) unabhängig ist und (es) überragt. Haben wir das aber mit Recht festgestellt, dann ist die offenbarende Macht der Götter nicht durch Örtlichkeiten, auch nicht durch Einzelkörper oder durch die Einzelseele eines (bestimmten) Menschen beschränkt, die nur in einer einzigen Form (der Vielheit) von Einzelwesen eingeschlossen existiert, sondern kommt, als frei und völlig unabhängig hiervon, allüberall allen denen zu, die an ihr Anteil zu gewinnen vermögen, erleuchtet alles von außen her und erfüllt es, durchdringt alle Elemente, umfasst Erde, Luft, Feuer und Wasser, lässt kein Lebewesen und nichts von dem, was durch die Schöpfung verwaltet wird, ihrer unteilhaftig sein, sondern gewährt aus sich selbst dem einen mehr, dem andern weniger Anteil an der Vorhererkundung der Zukunft. Sie selbst aber ist eben durch ihre Präexistenz und ihre Unabhängigkeit von allem (erst Gewordenen) befähigt, alles zu erfüllen, soweit das Einzelne an ihr Anteil zu haben vermag.

III. 13: Betrachten wir weiter eine andere Gattung der Divination, die privat, nicht öffentlich (wie die der Orakelstätten) betrieben wird und über die du folgendes sagst: „Manche ermitteln die Zukunft in derselben Weise wie die, die von Einfahredaen (höheren Wesen) erfüllt sind, wobei sie aber nur auf gewissen Zeichen (die auf den Boden gezeichnet wurden) stehen." Es geht nicht gut an, dieses Verfahren mit einem Worte abzutun, da die Leute in übel angebrachter Weise von dieser Methode der Offenbarung Gebrauch machen. Dieses bequeme und bei der Mehrheit der Leute in bedenklicher Weise überhandnehmende Verfahren, das mit Betrug und unerträglicher Täuschung verfährt, enthält aber keines Gottes Anwesenheit in sich (d. h. keines Gottes leibhafte Erscheinung oder Inspiration), sondern ruft wider die Götter nur eine gewisse seelische Erregung hervor (die aber von der göttlichen Ekstase und Besessenheit sehr verschieden ist) und zieht auch eine nur dunkle und bildartige Abspiegelung der Götter nach sich, die wegen ihrer geringen Kraft bisweilen durch die Pneumata der bösen Dämonen verwirrt wird (die sich für Götter und gute Dämonen ausgeben, wie ich oben lehrte). Die wahrhafte Erscheinung der Götter dagegen ist sowohl in allem andern klar und rein, unveränderlich und wahr, als auch für die entgegengesetzt gearteten Pneumata (der bösen Dämonen) unzugänglich und durch sie nicht behinderbar; denn wie, wenn die Sonne erstrahlt, das Dunkel seiner Natur nach ihr Licht nicht zu ertragen vermag, sondern augenblicklich ganz unsichtbar wird, völlig verschwindet und entweicht, so hat auch eine Störung (der echten göttlichen Erscheinungen) durch die bösen Pneumata keine Stätte und diese vermögen nirgends sichtbar zu werden, sobald die Macht der Götter, die alles mit dem Guten erfüllt, von allen Seiten her erstrahlt; denn als nicht wahrhaft oder nicht im Wahrhaften Existierendes sind diese bösen Dämonen davon völlig abgesondert und verfügen niemals über die Fähigkeit, sich zu regen, sobald die Höhern anwesend sind, oder sie zu belästigen, so bald sie erstrahlen.

Um aber nachzuweisen, was den so großen Unterschied zwischen diesen beiden (Gattungen der Divination) ausmacht, will ich mich zu ihrer Scheidung keiner andern Merkmale bedienen, als nur derer, die schon von dir selbst namhaft gemacht wurden; denn da du von denen sprachst, „die auf den Zeichen stehen", hast du damit offensichtlich nichts anderes angedeutet als den Grund für alle diesbezüglichen Übel. Es gibt nämlich tatsächlich Leute, die sowohl hinsichtlich des Beschwörenden als auch des Epopten (d. h. dessen, der die beschworenen höhern Wesen schaut) vom gesamten Studium der die Erfüllung (der angestrebten Absicht) allein verbürgenden Theorie (der Theurgie) absehen, die vorgeschriebene Ordnung des Zeremonielles und das fromme Ausharren bei langwierigen und mühevollen Bestrebungen nicht in Ehren halten, Gesetze, Bestimmungen und alle andern heiligen Ritualvorschriften ablehnen und (trotzdem) glauben, das Stehen auf den Zeichen allein und das sogar nur während einer einzigen Stunde genüge schon, dass irgendein Pneuma (vollkommeneren Grades in sie) eingehe (und sie mit zuverlässiger Erkenntnis erfülle), indes was kann hieraus Schönes oder Vollkommenes erwachsen? Oder wie ist es möglich, dass man an die ewigen und wahrhaft göttlichen Wesenheiten durch heilige Handlungen bei einer nur nach Tagen zählenden Betätigung anknüpfe? Deshalb müssen solche unüberlegte Leute das Ziel vollständig verfehlen, und es ziemt sich nicht, sie den Sehern beizuzählen.

III. 14. Über eine andere Gattung der Mantik sagst du folgendes: „Andere offenbaren die Zukunft, während sie sich nur bezüglich jenes Seelenteiles, der für die Vorstellungen durch die Einbildungskraft (Phantasie) befähigt ist, in göttlicher Begeisterung (Inspiration oder Erleuchtung) befinden, sonst aber (was sowohl ihr geistig-verstandesmäßiges als auch ihr materiell-sinnliches Eigenbewusstsein und Wahrnehmungsvermögen anbelangt, völlig) bei sich selbst sind; dabei nehmen sie (für die sich offenbarenden Göttererscheinungen) entweder das Dunkel zu Hilfe oder sie nehmen gewisse Tränke zu sich oder wenden endlich Beschwörungen und (mystische) Verbindungsmittel an; und die einen haben diese Gesichte im Wasser, die andern an der Wand, in der freien Luft oder in der Sonne oder in irgendeinem Himmelskörper." – Auch diese ganze Gattung der Vorhererkundung der Zukunft, von der du sprichst, lässt sich, obwohl sie in ihren Erscheinungsformen mannigfach ist, doch unter einem einzigen Streben zusammenfassen, das man „die Herbeibannung des Lichtes" (oder „Lichterweckung") nennen könnte. Denn dieses Streben ist darauf gerichtet, das äther- und glanzartige Immanenzmittel, das um unsere Seele gelagert ist, mit göttlichem Lichtglanze zu erleuchten, woraus göttliche Gesichte das in uns befindliche Vermögen zu Vorstellungen der Einbildungskraft (Phantasie) erfüllen, hervorgerufen durch den Willen der Götter; gerät doch das gesamte Leben unserer Seele und alle ihre Energien, als den Göttern untergeordnet, so in Bewegung, wie es ihre Führer wünschen. Das aber geschieht auf zweierlei Weise, indem nämlich entweder die Götter (selbst) unserer Seele gegenwärtig sind (wie in der oben geschilderten vollständigen Besessenheit und Inspiration) oder indem sie (wie in unserm Falle) nur ein von ihnen ausgehendes und ihnen nur voraneilendes (mithin aber göttliches) Licht in der Seele (d. h. zunächst nur in ihrem glanzartigen und daher für die Aufnahme dieses göttlichen Glanzes befähigten Immanenzmittel der Seele) aufleuchten lassen; in jedem dieser beiden Fälle aber ist doch sowohl die Anwesenheit der Götter (selbst in der vollständigen Besessenheit) wie auch die (bloße) Erleuchtung (des Phantasieseelenteiles durch jenen göttlichen Lichtglanz) gesondert für sich (und von unserer Seele persönlich verschieden, so dass also keinerlei Göttererscheinung aus unserer Seele selbst entsteht). Das verstandesmäßige Erfassungsvermögen (der Verstandesteil) der Seele aber verfolgt (in unserem Falle der Photagogie) nur beobachtend das, was (zunächst im Immanenzmittel der Seele und dann durch seine Vermittlung auch in ihrem Phantasieteil) zur Erscheinung gelangt (wird aber nicht selbst durch die Gottheit inspiriert und in Besitz genommen wie bei der vollständigen Besessenheit, und bringt uns so diese Erscheinungen zum Bewusstsein), während das göttliche Licht (selbst) an den Verstandesteil der Seele nicht rührt. Dagegen vermag jener Seelenteil, der für Vorstellungen durch die Einbildungskraft (Phantasie) befähigt ist (durch die Erleuchtung mit dem göttlichen Lichtglanze vermittels seines Immanenzmittels göttliche Erscheinungen in sich und durch sie auch) göttliche Offenbarungen zu erzielen, weil er nicht aus sich selbst, sondern vielmehr von den Göttern zu mannigfachen Gesichten erregt wird, während die gewohnte menschliche Art und Weise (also die sinnliche Wahrnehmung zunächst noch) überall ausgeschaltet ist. (Weil aber der durch den göttlichen Lichtglanz nicht selbst affizierte Verstandesteil der Seele die im Phantasieteil erregten Gesichte „beobachtet", d. h. wahrnimmt, und uns zum Bewusstsein bringt, bildet er die Verbindung zu jenem Seelenteile, der die Verschmelzung der Seele mit dem Leibe durch die sinnliche Wahrnehmung, hier durch den Gesichtssinn, bewirkt; so lässt er nämlich die so Erleuchteten die zunächst nur in ihrem Innern, nämlich nur in ihrem Phantasieseelenteile, erscheinenden Götter auch sinnlich, mit den Augen des Leibes, auf einem außerhalb des Erleuchteten befindlichen Immanenzmittel wie z. B. auf einer Wand, im Wasser oder an einem Gestirn schauen. Dabei aber ist weder der beobachtende Verstandesteil noch der wahrnehmende sensible Seelenteil der Epopten durch die Götter selbst besessen, weshalb sie in diesen ihren Seelenteilen „völlig bei sich selbst sind", d. h. sich in Verstandes- und Sinnenwahrnehmung ganz wie sonst betätigen können, sehr zum Unterschiede von den „Besessenen", die sich gerade hierin sehr auffallend verhalten, wie ich oben geschildert habe). Da aber alles (wozu ein Entgegengesetztes existiert) auch das ihm Entgegengesetzte in der Umgestaltung und Aufhebung seiner selbst annehmen kann und ebenso auch nach (dem Gesetze) der Ähnlichkeit auch alles, was mit ihm verwandt ist, nehmen die, die das (göttliche) Licht herbeibannen, mit Recht bald das Dunkel (als dem göttlichen Lichte entgegengesetzt) zu Hilfe (um es im Dunkeln sichtbar werden zu lassen), bald sammeln sie für die Erleuchtung das Licht der Sonne, des Mondes oder überhaupt die Helle unter dem freien Himmel (als dem göttlichen Eigenlichte deshalb verwandt und ähnlich, weil das siderische Licht ja von den sichtbaren Göttern am Himmel ausgestrahlt wird). Manchmal aber verwenden sie auch noch gewisse, hierzu eigens hergerichtete Dinge (die von dir erwähnten „Verbindungs- mittel"), die den Göttern, die herabkommen sollen, angemessen sind, oder auch Beschwörungen und andere Verbindungsmittel, wobei auch diese für die Aufnahme, die persönliche Gegenwart und Erscheinung der Götter entsprechend hergerichtet sein müssen; manchmal nämlich führen sie das (kosmisch-siderische) Licht (als dem göttlichen, eigentlich nur intelligiblen Lichte verwandtes und dabei auch sinnlich wahrnehmbares Immanenzmittel) auch noch durch Wasser, weil es als lichtdurchlässig für die Aufnahme (und Konzentrierung) des (intelligiblen göttlichen) Lichtes (im einfallenden siderischen und sinnlich wahrnehmbaren Lichte) trefflich geeignet ist; das andere Mal wieder lassen sie es auf einer Wand aufleuchten, nachdem sie durch Einzeichnen der heiligen Zeichen (Charaktere) auf der Wand der Lichterscheinung einen überaus trefflichen Sitz geschaffen haben (da durch diese symbolischen Zeichen die Wand nicht nur geheiligt, sondern den erscheinenden Lichtfiguren der Götter auch sympathisch gemacht wird); zugleich schränken sie dadurch die Erscheinungen auch auf einen bestimmten Raum ein, damit sie nicht allzusehr zerfließen.

Es gibt natürlich noch viel mehr andere Arten der Herbeibannung des (göttlichen) Lichtes, doch lassen sich alle insgesamt auf ein einziges Prinzip, nämlich auf das Aufleuchten des göttlichen Lichtes zurückführen (nicht aber auf die persönliche Anwesenheit der Götter selbst, die nur bei der vollständigen Besessenheit erfolgt), mag dieses Aufleuchten des göttlichen Lichtes wo immer und durch welche Mittel auch immer erfolgen. Weil aber auch diese Gattung der Vorhererkundung der Zukunft nur von außen her erfolgt und nur dem freien Willen und Entschluss der Götter in allem, was sie enthält, dient und mithin ebenfalls nur durch das selbstherrlichste und erste (höchste) Prinzip wirkt, ist sie auch der Götter würdig, in erster Linie aber deshalb, weil sie sich eines heiligen Lichtes bedient, das sie von oben, vom Äther, aus der (erleuchteten) Luft, vom Monde, von der Sonne oder von irgendeinem andern (göttlichen) Himmelskörper aufleuchten lässt (um sich so im göttlich-siderischen Lichte auch unsern materiellen Augen sichtbar zu machen); und das ist das Allerwichtigste daran (denn die ähnlich aussehenden Phantome, die die betrügerischen Gaukler und Zauberer als solche Lichterscheinungen vorspiegeln, werden uns nicht mit Hilfe des göttlichen siderischen Lichtes, sondern nur vermittels eines materiell-irdischen Lichtes sichtbar gemacht, wie ich unten noch darlegen werde.)

III. 15: Ich will ferner auf jene Gattung der Vorhererkundung der Zukunft übergehen, die durch menschliche Klugheit ausgestaltet ward und über die vielfach gemutmaßt und geurteilt wurde; auch darüber sagst du folgendes:

„Manche wieder schufen sich eine nur kunstmäßige Erforschung der Zukunft durch Beobachtung von Eingeweiden, von Vögeln und Gestirnen." – Es gibt zwar noch viele andere derartige Erfindungen, doch genügen die genannten, das Kunstmäßige an dieser Gattung der Mantik darzulegen. Um also das Wesentliche daran zu kennzeichnen, stelle ich fest, dass diese Methode von gewissen göttlichen und durch die Götter selbst bewirkten Zeichen auf mannigfaltige Weise Gebrauch macht; die (menschliche) Kunstfertigkeit schließt nämlich gemäß der Verwandtschaft der (unsichtbaren) Tatsachen mit den sichtbaren Zeichen weiter und sucht die Offenbarung zu erkunden, indem sie dieselbe aus dem erschließt, was (den Tatsachen der von Anfang an ideell festgelegten Zukunftsbestimmung) angemessen ist. Die Zeichen aber bewirken die Götter durch die (sinnlich wahrnehmbare) Natur, die ihnen im Allgemeinen (als sichtbarer Ausdruck ihres Schöpferwillens) wie auch im Besondern zur Schöpfung dient, oder durch die schöpferischen Dämonen, die (als Elementardämonen) über die Elemente des Weltalls und (als Stoffdämonen) über die Einzelkörper, Lebewesen und überhaupt alles im Weltall gesetzt, mit Leichtigkeit das Sichtbare so lenken, wie es den Göttern gutdünkt (wovon ich schon oben gesprochen habe). In symbolischer Weise also machen sie die Willensmeinung des Gottes sichtbar und offenbaren so die Zukunft, „nicht sprechend, nicht verheimlichend", wie Heraklit sagt, „sondern nur durch Zeichen andeutend", weil sie ja die Art und Weise des schöpferischen Waltens (der Götter) durch die Offenbarung der Zukunft abbilden. Wie nun die Götter alles durch die Schaffung der Urbilder (Ideen) zeugen, so deuten sie es wieder durch Zeichen an und erregen unsere eigne Verstandeskraft eben dadurch zu größerer Schärfe. In dieser Weise also sei diese ganze Art menschlicher Kunstfertigkeit (in der Vorhererkundung der Zukunft) zunächst allgemein definiert.

III. 16: Im Besondern aber stelle ich fest: Die Eingeweide (der Opfertiere) verändert in mannigfaltiger Weise, wie es den Göttern gutdünkt, sowohl die Seele der Lebewesen selbst und der ihnen übergeordnete Dämon als auch die Luft und die Bewegung der Luft und der Umschwung des uns rings umgebenden Himmelsgewölbes (mit seinen für die Zukunftsbestimmung maßgebenden Planeten, Dekansternen und Tierkreiszeichen); der Beweis hierfür liegt darin, dass Tiere (bei der Zerlegung) oft ohne Herz oder sonst ohne die wichtigsten Eingeweide vorgefunden werden, ohne die es einem Lebewesen zu leben überhaupt ganz unmöglich ist.

Die Vögel wieder bewegt zwar zunächst ihr eigener Wille, dann aber auch der Dämon, der die Aufsicht über die Tiere innehat, ferner auch der Wechsel der Luft und die aus dem Himmel (der Fixstern- und Planetensphäre) in die Atmosphäre herabdringende Energie (der über- und innerweltlichen Götter); alles das aber treibt die Vögel im Einklänge mit der Willensmeinung der Götter und übereinstimmend mit dem, was die Götter von Anfang anordnen. Der stärkste Beweis hierfür ist folgende Tatsache: Mit keinem Naturvorgange lässt es sich in Übereinstimmung bringen, dass sich Vögel oft selbst zu Boden schleudern und sich auf diese Weise selbst töten. Das ist vielmehr etwas, was über die Natur hinausgeht, weil etwas anderes dies durch die Vögel (als Werkzeuge zum Zwecke der Offenbarung) bewirkt.

Der Umschwung der Gestirne endlich steht den ewigen (intellegiblen und unsichtbaren) Kreisbahnen (der intellegiblen Götter) am Himmel nahe, nicht nur räumlich, sondern auch in seinen Energien und Licht-ausstrahlungen (wie ich schon oben näher ausgeführt habe); die (sichtbaren) Gestirne aber bewegen sich nur so, wie es die Götter am Himmel (die Gestirngötter in Übereinstimmung mit den intellegiblen Göttern) anordnen (und drücken so durch die beständig wechselnden Stellungen zueinander die Zukunftsbestimmung sichtbarlich aus. Auch geht die oberste und leichteste Luftschicht augenblicklich in Feuer auf, sowie es die Götter befehlen (und gibt uns auf diese Weise durch Sternschnuppen, Meteore und Blitze Zeichen), da sie sehr geeignet ist, Feuer zu fangen. Wenn man daher annimmt, dass gewisse Emanationen des Himmlischen (Göttlichen) in die (tieferen) Luftschichten erfolgen, so urteilt man in einer Weise, die dem, was in der göttlichen Kunst (der Theurgie) oft vorkommt, nicht fremd ist. Auch die Einheitlichkeit und Sympathie des Weltalls und die wie bei einem einzigen und einheitlichen Lebewesen erfolgende Zusammenbewegung der voneinander am weitesten entfernten Teile, als seien sie einander nahe, bewirkt dieses Herabsenden der Zeichen vonseiten der Götter zu den Menschen, das (aus der Region der intellegiblen Götter jenseits der Fixsternsphäre) zunächst durch das Himmelsgewölbe (die Region der sichtbaren Gestirngötter) und dann durch die Luft den Menschen die größtmögliche Klarheit sichtbar macht.

Aus all dem Vorgetragenen ist also klar geworden, dass die Götter den Menschen die Zeichen unter Verwendung vieler Mittelglieder zusenden, indem sie sich der Dienstfertigkeit der Dämonen, der Seelen (von Lebewesen, besonders von Tieren) und der gesamten Natur bedienen und alles, was ihnen rings um den Kosmos Gefolgschaft leistet, in einheitlicher Beherrschung führen und die von ihnen (den Göttern selbst) ausgehende Bewegung dorthin lenken, wohin immer sie wollen. Sie selbst also, von allem getrennt und von jedem Verhältnis und jeder Verbindung mit der Schöpfung unabhängig, treiben doch alles in der Schöpfung und (uns umgebenden) Natur nach ihrer eigenen Willensentschließung allein. Daher läuft auch die Rechtfertigung der Mantik auf dasselbe hinaus wie die Darstellung der Schöpfung durch die Götter und ihrer Vorsehung (weil nämlich auch die Schöpfung nur auf den schöpferischen Willen der von der Schöpfung selbst immer völlig getrennt bleibenden Götter zurückgeht, den die Dämonen in die sichtbare Schöpfung umsetzen); denn auch die Auseinandersetzung über die Mantik zieht das vernunftgemäße Walten der höheren Geschlechter nicht in diese (unsere) Sphäre und zu uns herab, sondern wendet vielmehr, während es in sich ruhig verharrt, die Zeichen und die gesamte Offenbarung auf sie hin und macht sie als von dort kommend ausfindig.

III. 17: Du fragst weiter über die Art und Weise der Offenbarung, was und wie geartet sie ist, worüber ich dir aber schon im Allgemeinen wie auch im Besondern die Erklärung gegeben habe, und teilst zunächst die Auffassung der Seher mit, dass sie alle insgesamt behaupten, nur durch Vermittlung der Götter oder Dämonen der Vorhererkundung der Zukunft teilhaftig zu werden, und dass die Zukunft unmöglich andere Wesen als nur die allein wissen können, die die Herren über alles sind, was erst geschehen wird. Dann aber bist du im Zweifel, „ob sich das Göttliche so sehr zur Dienstbarkeit für die Menschen herabführen lässt, dass manche Leute kein Bedenken tragen, sogar aus Gerstenmehl zu offenbaren". Du hegst aber keine richtige Auffassung, wenn du das Übermaß der Macht der Götter, ihre überschwängliche Güte, das in ihnen ruhende alles umfassende Prinzip, ihre Fürsorge für uns und ihren Beistand (der sich auch in der Enthüllung der Zukunft offenbart) ein Dienen nennst. Auch verkennst du beharrlich den Charakter ihrer Wirksamkeit; denn diese wird ja nicht zu uns herabgezogen oder herabgelenkt, sondern hat vielmehr, gesondert für sich verharrend, die Führung inne und teilt sich dem, was an ihr Anteil hat, mit, tritt dabei aber doch nicht aus sich selbst heraus, wird nicht schwächer und dient nicht dem, was an ihr Anteil besitzt, sondern macht im Gegenteile von allem als Dienendem Gebrauch. Dein Einwand scheint mir aber auch in noch etwas anderem fehlzugehen; denn da er das Wirken der Götter wie das der Menschen abschätzt, bist du darüber im Zweifel, wie jenes zu Stande kommt. Weil nämlich wir Menschen uns dem, worauf wir unsere Aufmerksamkeit richten, auch mit unserm Affekte zuwenden und widmen, vermutest du unrichtig, dass auch das Wirken der Götter ein Dienen sei und zwar ein Dienen dem gegenüber, was von ihnen verwaltet wird. Das Wirken der Götter aber lässt sich weder bei der Erschaffung der Welten noch in der Fürsorge für die Schöpfung noch in der Zukunftsenthüllung bezüglich des Geschaffenen zu dem, was an ihm Anteil erhält, herabziehen, sondern gewährt zwar allem Anteil am Guten und gestaltet alles nach der Ähnlichkeit mit sich selbst und fördert das Verwaltete freigebig, verharrt dabei aber immer bei sich selbst und je mehr es bei sich selbst verharrt, um so mehr ist es mit der ihm zukommenden Vollkommenheit erfüllt; das Wirken der Götter wird also niemals dem zu Eigen, was daran nur Anteil zu erhalten vermag, es macht vielmehr das, was an ihm Anteil erhält, sich selbst zu Eigen und bewahrt es durchaus, verharrt aber immer vollkommen in sich selbst und umfängt es zugleich in sich selbst, wird aber durch nichts davon beherrscht oder umfangen gehalten. Unbegründeterweise also verursacht eine derartige Auffassung den Menschen Beschwerden; denn die Gottheit wird nicht in verschiedene Teile zerspalten entsprechend den verschiedenen Teilen (Methoden) der Offenbarung, sondern sie bewirkt diese vielmehr, während sie selbst ungeteilt (und einheitlich) verharrt. Auch bringt sie nicht zeitweise bald diese, bald jene Gattung der Offenbarung zur Vollendung, sondern wirkt alles zu Hauf, zugleich und in einem einzigen Anfassen. Und auch bei jenen (verschieden gearteten) Zeichen (durch die die Gottheit bei dieser Methode der Zukunftserforschung die Zukunft enthüllt) umfassen nicht etwa diese das göttliche Wirken in sich oder scheiden es (in verschiedene Gattungen), sondern (umgekehrt) das göttliche Wirken umfasst seinerseits diese Zeichen in sich, hält sie im Einheitlichen (seiner selbst) umfangen und führt sie nach einem einheitlich gearteten Willensakte aus sich (zur Enthüllung der Zukunft) heraus. Wenn aber das göttliche Wirken in der Vorherandeutung der Zukunft sogar bis zum Unbeseelten durchdringt, zu Lostäfelchen, Stäben, gewissen Hölzern, Steinen und Weizen- oder Gerstenmehl, so ist gerade das das Wunderbarste an der mantischen Vorherandeutung, da hier das göttliche Wirken auch dem Unbeseelten Seele und dem Unbewegten (Bewegungslosen) Bewegung verleiht, alles deutlich, erkennbar, des Verstandes teilhaftig und durch ein festgesetztes Maß von Vernunft bestimmt offenbart, obwohl alles das aus sich selbst keine Verstandeskraft besitzt. Und auch noch etwas anderes, unerhört Wunderbares scheint mir darin zu liegen, was die Gottheit gerade auf diese Weise andeutet; denn ebenso wie sie bisweilen bewirkt, dass einfältigbeschränkte Leute (plötzlich) weise und verständig sprechen, woraus jedermann klar wird, dass dieses Ereignis nicht menschlich, sondern göttlich ist, ebenso enthüllt die Gottheit auch durch diese sonst jeder Vernunft beraubten Dinge jene (göttlichen) Gedanken, die aller Vernunft überlegen sind. Und dieser Umstand beweist den Menschen zugleich auch noch, dass die so zutage tretenden (offenbarenden) Zeichen alles Vertrauen verdienen und dass die Gottheit über die Natur erhaben und von ihr unabhängig ist. Auf diese Weise macht sie das in der Natur Nichterkennbare erkennbar, das Nichterkennende erkennend, verleiht uns dadurch Einsicht und lenkt durch alles, was sich im Weltall befindet, unsere Vernunft zur Wahrheit dessen hin, was ist, war und erst sein wird.

Ich glaube mithin, dass auch hieraus die Art und Weise der Mantik offenbar geworden ist, völlig entgegengesetzt dem, was du argwöhnst und vermutest; denn (nach meinen Ausführungen) ist die Mantik führend, aus dem ersten Prinzipe heraus wirkend, Herrin über sich und beherrscht und begreift alles in ihrer Einheitlichkeit, ist aber keineswegs von irgend etwas umschlossen, und auch nicht von dem, was an ihr Anteil haben kann, eingeschränkt; sondern sie strömt vielmehr selbst zu Hauf und ungeteilt (unbeschränkt) auf alles hernieder, ist Herrin ihrer selbst und beherrscht auch alles andere in uneingeschränkter Machtfülle und deutet alles in Fülle an. Hier von ausgehend wirst du diese einfältigen und den großen Haufen der Leute beunruhigenden Bedenken leicht zerstreuen und auch dich selbst notgedrungen zur vernunftgemäßen, göttlichen und durch nichts zu täuschenden Vorhererkundung der Götter (wie ich sie lehre) emporschwingen können.

Dass also auch in diese (offenbarenden) Zeichen das Göttliche nicht herabgezwungen wird (und dass demnach auch hier von einem „Dienen" keine Rede sein kann), habe ich hierdurch bewiesen.

III. 18: Sogleich aber erwartet uns eine zweite Streitfrage, nicht geringer als die, die wir soeben erledigt haben, die du sofort bezüglich der Prinzipien der Mantik mit der Frage folgen lässt, „ob ein Gott, ein Engel, ein Dämon oder wer immer (von den höhern Wesen) bei den Erscheinungen, Offenbarungen oder welchem heiligen Wirken auch immer zugegen sein müssen." Unsere Entgegnung darauf ist einfach: Es ist ganz unmöglich, dass irgendein göttliches Werk in geziemender Weise gewirkt werde, ohne dass irgendein Angehöriger der höheren Geschlechter als sein Aufseher und Vollbringer zugegen sei; wenn aber die Resultate (der heiligen Operation) vollkommen, durchaus befriedigend und ohne Mangel sind, haben Götter die Führung, wo sie aber nur mittelmäßig sind und ein wenig hinter der Vollendung zurückbleiben, sind es Engel, die sie erzielen und sehen lassen, während die niedrigsten Erfolge zu erreichen, den Dämonen zugeteilt ist. Das Wirken der gottgeziemenden Werke ist also immer irgendeinem der Höheren zugeteilt; denn da man ja nicht einmal einen Gedanken über die Götter ohne die Götter auszusprechen vermag, wird man doch gewiss kein göttliches Werk und keinerlei Vorhererkundung der Zukunft ohne die Götter ausführen können! Ist doch das Menschengeschlecht schwach und klein, sieht nur auf kurze Strecken vor sich und besitzt eine ihm angeborene Nichtigkeit. Nur eine Art der Heilung von dem Truge, der Verwirrung und unstäten Veränderlichkeit, die im Menschengeschlecht vorhanden ist, gibt es und die besteht nur darin, dass es nach seinen Kräften Anteil am göttlichen Lichte zu erhalten strebt; wer aber dieses göttliche Licht (aus dem Menschenleben) ausschaltet, tut dasselbe wie jene Leute, die aus Unbeseeltem eine Seele ableiten oder aus Unvernünftigem Vernunft erzeugen wollen; denn auch wer so verfährt, unterfängt sich ja ganz ohne berechtigten Grund aus Nichtgöttlichem göttliches Wirken zu gewinnen. Dass also ein Gott, Dämon oder Engel der ist, der die höheren Werke wirkt, dürftest du jetzt wohl zugeben.

Dagegen erkenne ich nicht an, was du noch als allgemein zugestanden zugleich mit einwandtest, „dass er das (alles) nur deshalb tut, da er von uns Menschen hierzu durch den Zwang der Anrufung genötigt wird. Denn die Gottheit und auch jede Schar höherer Wesen, die mit ihr in Verbindung steht, ist über den Zwang erhaben, und zwar nicht nur über jenen Zwang, der von den Menschen ausgeübt werden kann, sondern auch über den, der den Kosmos beherrscht (d. h. auch über den Zwang der Schicksalsbestimmung); deshalb ist es ausgeschlossen, dass jenes Reich, das völlig immateriell und mit keiner von anderswoher empfangenen Gattung (andersgearteter Wesen) vermengt ist, irgendwie irgendeinem von wo andersher kommenden Zwange diene. (Doch gilt das nicht für die niedrigste Dämonenklasse, die Stoffdämonen, wie ich unten darlegen werde, und auch nicht für die Heroen und Seelen, wegen ihrer engen Beziehungen zum Materiell-Irdischen und den höhern Klassen der göttlichen Geschlechter). Ferner strebt die Anrufung und was sonst noch von einem wissenden Priester (Theurgen) vorgenommen wird (wie z. B.

das Opfer) infolge seiner Anähnlichung und Verwandtschaft (Sympathie) mit den Höhern diesen schon von selbst zu, wirkt aber sein Wirken nicht gewaltsam. Was den Offenbarenden also sichtbarlich widerfährt (alle oben besprochenen Zeichen der echten göttlichen Besessenheit und auch die visionären Erscheinungen selbst) kommt nicht zustande, während sich der wissende (echte) Theurg im Affekte befindet, wie du annimmst, und die Offenbarung erfolgt nicht in der Weise, dass erst ein Affekt infolge eines Zwanges auf den Orakelgebenden (Gott) übergegangen sein muss; denn das ist der (völlig unbeeinflussbaren) Wesenheit der Höhern fremd und passt nur zu Andersgeartetem.

III. 19: Das Prinzip der Höhern ist aber auch nicht einmal ein Mittel (Medium), etwa nach Art eines Werkzeuges, und der anrufende (die Gottheit zitierende) Mensch wirkt nicht etwa selbst vermittels des Gottes, der die Offenbarung erteilt, denn auch solches zu behaupten, ist unfromm. Vielmehr ist das die Wahrheit, dass das Göttliche alles ist, alles vermag und alles mit sich erfüllt. Daher ist nur das Göttliche eines bewundernswerten Eifers und beglückender Ehrerbietung würdig, das Menschliche dagegen ist erbärmlich, wertlos und, mit dem Göttlichen verglichen, nur kindischer Tand. Ich für meine Person muss daher lachen, wenn ich höre, dass gewissen Leuten die Gottheit (und mithin auch die Gabe der Prophetie) von selbst gegenwärtig sein soll, sei es infolge des Ablaufs einer Schöpfungsperiode, sei es aus sonst irgendwelchen andern Gründen; denn dann würde ja das Höhere nicht mehr ungeworden sein, wenn es der Ablauf einer Schöpfungsperiode hervorriefe, und auch nicht mehr der Urgrund des Alls, wenn es selbst wegen gewisser anderer Gründe gewissen Leuten zugeteilt würde. So etwas ist also der (richtigen) Auffassung über die Götter unwürdig und den Werken, die in der Theurgie gewirkt werden, fremd. Diesem Problem erging es gerade so wie der großen Menge in ihrer Auffassung über die Schöpfung des Alls und über die göttliche Vorsehung; weil der große Haufen nämlich ihr (wahres) Wesen nicht zu erfassen vermag, sondern die menschlichen Sorgen und Erwägungen nicht mit Rücksicht auf das Göttliche beurteilt, entkleidet er die Gottheit vollständig der Fürsorge und der Schöpfung (indem die Mehrzahl der Leute auf Grund von Unglücksschlägen, die ihnen und der Schöpfung scheinbar ungerechter Weise widerfahren, den Göttern jede gütige Vorsehung abspricht und leugnet, dass das Weltall ein Werk der Götter sei). Wie wir nun diesen entgegenzutreten pflegen, indem wir darauf hinweisen, dass die göttliche

Art und Weise zu wirken und zu sorgen anders geartet ist (als die menschliche) und dass man wegen der eigenen Unkenntnis (in diesen göttlichen Dingen) sie doch keineswegs verwerfen darf, als existierten sie von allem Anfang an überhaupt nicht, ebenso könnte man auch gegen dich mit Recht geltend machen, dass jede Vorhererkundung und das ewige Wirken der göttlichen Werke zwar existiert, keineswegs aber durch menschlichen Zwang oder durch sonst irgendwelche menschliche Beweggründe (wie alle menschlichen Werke) zustande kommt, sondern vielmehr nur durch jene Beweggründe allein, die nur die Götter selbst kennen.

III. 20: Doch ich will das beiseite lassen und die zweite Begründung vernunftgemäß überprüfen, die du dafür beibringst (dass die Mantik etwas Menschliches sei); du sagst nämlich: „Die Seele (des prophezeienden Inspirierten) spricht diese Offenbarungen und zwar infolge ihres Einbildungsvermögens (ihrer Phantasie); demnach handelt es sich nur um Affekte unserer Seele, die (in ihr) durch unbedeutende Funken erregt werden." Dieser Satz aber enthält keine natürliche Begründung in sich und auch die Vernunft gestattet eine solche Annahme nicht. Alles nämlich, was entsteht, entsteht infolge irgendeines Prinzipes, und Verwandtes entsteht aus Verwandtem; das göttliche Wirken (der Seele bei der Offenbarung) aber ist nichts Zufälliges, denn alles Zufällige entsteht ursachlos und ohne feste Begrenzung, (daher muss dem göttlichen Wirken unserer weissagenden, hellsichtigen Seele eine wirkende Ursache, ein Prinzip zugrunde liegen); es wird aber nicht aus einem menschlichen Prinzipe erzeugt, denn dieses ist (der göttlichen Mantik) durchaus fremdartig und auch unvollkommener (als das mantische Wirken unserer Seele), Vollkommeneres aber kann unmöglich aus Unvollkommenerem seinen Ursprung nehmen. Alle Werke, die dem göttlichen Prinzipe ähneln, müssen vielmehr aus dem göttlichen Prinzipe selbst erwachsen (nicht aber aus unserer Seele, geschweige denn aus unserem Leibe). Denn die menschliche Seele unterliegt (als Teilseele) nur einer einzigen Idee und wird auch noch durch den Leib von allen Seiten her verdunkelt; und wenn man auch den Leib „Amelesstrom" oder „Wasser des Vergessens" nennt (da nämlich unsere Seele beim Einfahren in den irdisch-materiellen Leib all das Überweltliche und göttlich Ideelle vergisst, das sie vorher in ihrem körperfreien präexistenten Leben auf ihrem Fixstern schaute) oder (ebendeshalb) „Unwissen, Verrücktheit" oder „Fessel" wegen der Leidenschaften oder „Beraubung des (göttlich-ideellen) Lebens" oder

93

sonst wie als Übel, so ist man doch durch alles das noch nicht imstande, seine Widersinnigkeit richtig und entsprechend zu bezeichnen. Wann sollte also die Seele, von einer solchen Fessel umstrickt, zu solcher Betätigung befähigt sein? Es ist völlig ausgeschlossen, so etwas vernünftigerweise anzunehmen; denn nur wenn wir offensichtlich in den Stand gesetzt sind, durch das Anteilgewinnen an den Göttern und durch die Inspiration von Seiten der Götter zu wirken, nur dann genießen wir das göttliche Wirken. Doch erlangt die Seele am göttlichen Wirken noch nicht Anteil, wenn sie nur über den ihr selbst und an und für sich (durch eigene Kraft) eignenden höchsten Grad ihrer Vollkommenheit verfügt; denn wäre das göttliche Wirken unserer Seele selbst zu eigen, dann müsste es entweder jede Seele schlechthin wirken können oder doch wenigstens die, die über jene Vollkommenheit verfügt, die der Seele (als solcher aus sich selbst) zukommen kann. In Wahrheit aber ist keine von beiden hierzu hinreichend befähigt; denn sogar auch die an sich (und durch sich) vollkommene Seele ist ja mit dem Wirken der Götter verglichen unvollkommen. Die theurgische Wirkungsmöglichkeit ist also eine ganz andere (nicht eine seelische, in der Seele selbst gelegene Energie, sondern ist vielmehr nur in den Göttern allein begründet) und nur von Seiten der Götter wird (unserer Seele) die Fähigkeit verliehen, göttliche Werke zu wirken. Wäre das nicht der Fall, dann wäre auch jede Gottesverehrung (die auf die Begnadung unserer Seele durch die Götter ausgeht) unnütz, da ja nach diesem Satze uns die göttlichen Güter aus uns selbst ohne Gottesverehrung zukommen müssten. Ist aber diese Ansicht wahnwitzig und unvernünftig, dann muss man von der Annahme (dass die mantische Gabe in unserer Seele selbst liege) zurücktreten, als biete sie eine befriedigende Erklärung für die Grundprinzipien der göttlichen Werke.

III. 21: Dass aber nur nicht das, was du an dritter Stelle noch hinzugefügt hast, mehr der Wahrheit entspricht, „dass nämlich eine bestimmte (neue und selbständig für sich existierende) Wesenheit (Hypostase) entsteht, zusammengemengt aus unserer Seele und der von außenher erfolgten göttlichen Inspiration". – Betrachte das etwas genauer, damit wir uns nicht vielleicht dadurch und durch das scheinbar Bestechende dieses Satzes täuschen lassen, ohne es überhaupt zu bemerken! Wenn nämlich irgend etwas aus zwei Dingen zu einem wird, muss dieses Eine immer eingestaltig, einartig und wesenseinheitlich sein; so schaffen die Elemente (Feuer, Luft, Wasser und Erde), die zu einem Dinge zusammentreten, aus einer Vielheit eine Einheit und viele Seelen verschmelzen zu einer Seele, der universellen Seele. Keineswegs aber kann das, was durchaus (von allem andern) unabhängig ist, mit dem, was aus ihm hervorging, zu einer Einheit werden, und daher kann auch unsere Seele mit der göttlichen Inspiration (d. h. mit jenem pneumatischen Wesen, jener Energie oder Ausstrahlung der Götter) keine (neue selbständig existierende) Wesenheit bilden. Denn wenn das Göttliche überhaupt keine Vermengung (mit etwas anderm) zulässt, kann sich auch unsere Seele nicht mit ihm vermengen, und wenn das Göttliche unveränderlich ist, kann es sich auch nicht infolge einer solchen Vermengung (falls diese überhaupt möglich wäre) aus seiner Einheitlichkeit zu etwas anderm (nämlich zu jener angeblichen Hypostase) verändern, was beidem der Seele wie dem Göttlichen) gemeinsam ist. Vorhin behaupteten also gewisse Leute, dass geringfügige Funken (die aus dem Göttlichen in unsere Seele überspringen?) auch göttliche Erscheinungen in uns erregen, obwohl es doch unmöglich ist, dass diese Funken, mögen sie physischer oder welch körperhafter Natur auch immer sein, sich aus Beliebigem in das (absolut unkörperhafte) Göttliche verwandeln (das uns als göttliche Erscheinungen bewusst wird); jetzt erklären sie wieder, dass unsere Seele mit Grund sei für die göttliche Vermengung. Daraus aber wird doch klar, dass unsere Seele auf diese Weise der Gottheit selbst gleichwertig würde, dass sie den Göttern einen Teil ihrer selbst überließe und auch wieder teilweise von ihnen einen Teil erhielte, ja den Höhern sogar das Maß (der Vermengung mit sich) vorschriebe und auch wieder ihrerseits von ihnen begrenzt würde. Das Ärgste aber ist, dass gewisse Leute (in dieser Weise zugleich auch noch) behaupten, die präexistenten Götter existierten nach Art der (ebenfalls präexistenten) Elemente auch in dem, was von ihnen hervorgebracht wurde (nämlich in der indirekt aus den Göttern emanierten Seele), und so gebe es etwas, das, zeitlich entstanden und auf eine zeitliche Vermengung zurückgehend, die (ewigen, präexistenten) Götter in sich begreife! Denn was soll das für eine so zusammengemengte (neue und selbständige) Wesenheit sein? Wenn nämlich beides zugleich, dann ist diese (sogenannte) Wesenheit nichts Einheitliches aus zwei Dingen, sondern vielmehr nur etwas aus beidem Zusammengesetztes und Zusammen-gemengtes; wenn aber wieder etwas von Beidem Verschiedenes, dann ist das Ewige (Göttliche, das eines von Beidem ist) nicht mehr unveränderlich und so wird sich das Göttliche vom (wandelbar) Physisch-Geschaffenen in nichts mehr unterscheiden. Widersinnig ist es ferner, dass das, was etwas von Natur Ewiges enthalten soll, erst dadurch entsteht, dass es wird, noch viel mehr widersinnig aber, dass es sich auch wieder auflösen (und aufhören) muss, obwohl es doch auch aus Ewigdauerndem bestehen soll! Auf keine Weise hat also auch eine solche Auffassung der Mantik etwas Vernünftiges an sich.

III. 22: Ich will aber auch noch folgende sonderbare Annahme überlegen, mag man sie nur als eine oder eigentlich als zwei (verschiedene) Annahmen auffassen; du sagst nämlich: „Aus solcherlei Anstoß (aus den oben in Kapitel 20 erwähnten „Funken" und durch Bildung jener „Hypostase") erzeugt (unsere) Seele die Fähigkeit, sich in ihrem Phantasieteile die Zukunft zu gestalten; oder sie verwendet das, was von der Materie (in ihren sinnlich wahrnehmbaren Erscheinungsformen als Pflanzen, Steine und Minerale), ganz besonders aber von der Materie dargeboten wird, die von Tieren hergenommen ist, als (zukunftenthüllende) Dämonen und zwar mit Hilfe der darin waltenden (immateriellen, übersinnlichen und bei den Tiermaterien psychischen Energien." Mir scheint diese Annahme einen schrecklichen Verstoß gegen alle Theologie und theurgische Praxis zu bedeuten; denn erstens ist es doch offenbar widersinnig, wenn die (zukunftenthüllenden) Dämonen hier als (aus mit materiellen Leibern zusammengesetzten Lebewesen) geworden und auch wieder (mit ihnen) als vergänglich erscheinen (während die Dämonen nach theologischer Lehre von den Göttern geschaffen wurden und ewig sind); (zweitens) aber ist es noch viel widersinniger, wenn sie hier sogar aus dem Sekundären (aus der Schöpfung) abgeleitet werden, sie, die doch ursprünglicher sind als alles Gewordene (als alle sinnlich wahrnehmbaren, erst erschaffenen Lebewesen und Dinge um uns und als die in ihnen eingeschlossenen übersinnlichen Energien und Seelen). Denn die Dämonen bestehen ja doch sowohl vor der Seele (der Lebewesen) als auch vor den (immateriellen) Energien, die für die (sinnlich wahrnehmbaren, materiellen und unbelebten) Körper Geltung haben. Wie können ferner die Energien der im Körper (der Tiere) eingeschlossenen Teilseele zu einer (selbständigen) Wesenheit (zu jenen angeblichen Dämonen) werden und außerhalb der Seele für sich selbst getrennt existieren? Oder wie sollen sich die für die Körper (jener unbelebten Dinge wie Pflanzen und Steine) geltenden Energien von diesen Körpern losmachen können, obwohl ihre Existenz in jenen Körpern begründet ist? Wer ist endlich der, der sie von ihrer Zusammenexistenz mit dem Körper loslöst und dann die körperliche Trennung wieder zu einer Vereinigung (zu jenen angeblichen individuellen Dämonen) gestaltet?

(Alles das ist undenkbar) denn danach müsste der so geartete (und so zustande gekommene) Dämon schon existieren, bevor er noch entsteht! Diese Annahme enthält aber auch noch gewisse allgemeine Schwierigkeiten: Wie soll nämlich aus dem, was über keinerlei mantische Fähigkeit verfügt (d. h. aus der Tierseele, solange sie noch im Körper eingeschlossen ist) eine Mantik erwachsen und auch aus Körpern, die keine Seele haben (d. h. aus den Pflanzen und Steinen) sich eine Seele erzeugen? Oder, um alles mit einem Worte zu sagen, wie kann aus dem Unvollkommeneren Vollkommeneres abgeleitet werden? Und auch die Art und Weise der Ableitung erscheint mir unmöglich; denn dass aus Seelenerregungen und Energien, die in den Körpern begründet sind, eine (neue, selbständige) Wesenheit entstehe, ist unmöglich: Aus dem nämlich, was selbst über keine Wesenheit verfügt, kann unmöglich eine Wesenheit zustande kommen. Woher entsteht ferner eine durch die Einbildungskraft (Phantasie unserer Seele) bedingte Vorstellung der Zukunft (wie du im ersten Teile deines oben angeführten Satzes behauptest)? Woher erlangt dieses Einbildungsvermögen (der menschlichen Seele) die mantische Fähigkeit? Denn wir sehen doch, dass nichts von dem durch den Schöpfungsakt (der höheren Wesen) Gesäeten an mehr Anteil erhält als nur an dem, was ihm durch jenes verliehen wird, was es selbst erzeugte. (Mithin kann die mantische Betätigungsfälligkeit unseres Phantasieseelen-teiles auch nur wieder von ihren Schöpfern, den Göttern, herstammen, wie ich oben ausgeführt habe.) Hier aber scheint es noch eine darüber hinausgehende Zugabe von Seiten dessen zu erhalten, was überhaupt nicht existiert (nämlich von Seiten jener angeblichen Dämonen, die aus den Körper- und Seelenenergien der Dinge und Lebewesen gewonnen werden sollen), außer es wollte jemand behaupten, dass die (tatsächlich existierenden) Dämonen auch der von den Lebewesen stammenden Materie vorstehen und infolge der Sympathie (mit ihr) in dieser Materie (zu mantischer Tätigkeit) erregt werden, sobald man diese Materie (rituell-theurgisch) verwendet. Bei dieser Annahme aber werden diese (echten) Dämonen nicht erst aus den in den Körpern beruhenden Energien erzeugt, sondern präexistieren vielmehr vor ihnen und geraten als präexistent nur mit ihnen zusammen in sympathischer Weise in Erregung (sind mithin aber von den angeblichen Dämonen, die du aus den Körperenergien selbst konstruierst, durchaus verschieden). Und wenn diese (echten) Dämonen auch mit dem Körper (der Dinge und Lebewesen und seinen Energien) auf das Innigste und in dieser Weise sympathisch verbunden sind, so sehe ich doch nicht ein, wie so sie bezüglich der Zukunft etwas Wahres wissen sollen; denn die Vorhererkundung und Vorherverkündung der Zukunft ist nicht das Werk einer materiellen und in irgendeiner Örtlichkeit und Körper eingeschlossenen Sympathiekraft, sondern vielmehr im Gegenteil das Werk einer Energie, die von all dem völlig unabhängig ist (das aber ist nur die den Göttern allein eignende Energie, die daher auch ganz allein die Urheber jeder Gattung von wahrer Mantik sein können). Dieser Satz sei also in dieser Weise berichtigt.

III. 23: Die darauf folgenden Einwände werden zwar vorgebracht, als seien sie nur hinsichtlich der Art und Weise der Offenbarung im Unklaren, versuchen aber in ihrer weiteren Entwicklung sie überhaupt umzustoßen. Auch ich will daher meine Erörterung (deiner Fragen) mit Rücksicht auf diese beiden Umstände gliedern und damit anfangen, den ersten Einwand zu entkräften: „Im Schlafe (Traume, sagst du) erkunden wir bisweilen die Zukunft, auch wenn wir selbst (im vorausgehenden wachen Zustande) gar nichts (zur Erzielung dieses Effektes) unternommen haben, dagegen erkunden wir sie oft auch wieder nicht trotz aller Bemühungen". – (Das ist allerdings richtig) doch geschieht das nicht etwa deshalb, weil das Prinzip der Mantik teils in uns selbst (nämlich in unserer Seele), teils außerhalb unser (nämlich im Göttlichen) liegt. Denn gerade bei jenen Dingen, bei denen einerseits das (ursächliche) Prinzip von unserer Seite festgelegt ist, andrerseits aber das, was daraus erst erfolgt, von Seiten eines außerhalb unser Liegenden und beides miteinander zu einer Einheit (im Effekte) verknüpft ist, kommt es auch zuverlässig zum Effekte und auf die Ursache muss dann auch das von ihr Abhängige (durch sie Verursachte) erfolgen; wenn dagegen das (ursächliche) Prinzip für sich selbständig und (von uns) ganz unabhängig präexistiert, dann ist auch der Effekt nicht mehr in uns begründet, sondern dann beruht vielmehr alles auf dem Auswärtigen. Der Umstand also, dass in den Träumen keineswegs jedes Mal auf eine Betätigung von unserer Seite (durch Vornahme der theurgischen Operation) eine wahre (göttliche) Offenbarung erfolgt, dagegen auch ganz von selbst (ohne jedes vorhergegangene Zutun von unserer Seite) aufleuchtet, beweist mithin nur (unsere Auffassung vom Wesen der Mantik), dass (nämlich) die Offenbarung als von den Göttern, nur von außen her stammt und dass uns die Götter die Zukunft aus eigener Machtvollkommenheit voll Wohlwollen offenbaren, wann und wie sie wollen. Das sei also in dieser Weise gerechtfertigt.

III. 24: Im Folgenden aber stößt du die Mantik überhaupt ständig um, während du versuchst, ihre Art und Weise festzustellen. Wenn nämlich tatsächlich ein Affekt der Seele ihr Prinzip wäre (nämlich bei der Offenbarungsform durch den Enthusiasmus und die ekstatische Verzückung, von der ich oben ausführlich gesprochen habe), welcher Mensch bei gesundem Verstande sollte dann wohl die festgeordnete und stetige Vorhererkundung der Zukunft auf eine Sache zurückführen wollen, die selbst unstet und schwankend ist? Oder aus welchem Grunde sollte die Seele, solange sie bei gesunder Vernunft und nicht (von Affekten) erschüttert ist, vermöge ihrer vorzüglicheren Energien, der Vernunft und des Denkens, die Zukunft nicht erfassen können, so wie sie aber (durch Affekte und leidenschaftliche Erregungen) beeinflusst ist, das Zukünftige infolge (dieser) ihrer ungeordneten und stürmischen Regungen erkunden? Was hat denn überhaupt der Affekt der Betrachtung alles (wahrhaft) Seienden Angemessenes an sich? Was ist vielmehr für die wahrheitsgemäße Erkenntnis nicht mehr hinderlich (als gerade der Affekt)? Wenn ferner die Dinge im Kosmos (zu denen aber auch die außerweltliche in ihren Prinzipien seit Ewigkeit her und ideel festgelegte Zukunftsbestimmung gehört) auf Affekten begründet wären, dann hätte die Ähnlichkeit der (menschlichen) Affekte mit jenen Affekten (die zugleich die Prinzipien der Zukunftsbestimmung bildeten) noch eine gewisse Beziehung zur Zukunft; da aber die Dinge im Kosmos durch Vernunftprinzipien und durch die (ewigen und unwandelbar verharrenden göttlichen) Ideen geschaffen werden, muss auch ihre Vorhererkundung anders geartet sein, unabhängig von jedem (wandelbaren und unsteten) Affekte. Endlich erfasst doch der Affekt überhaupt nur das, was gegenwärtig und schon (als Realität) vorhanden ist, die Vorhererkundung aber das, was (als Realität) überhaupt noch nicht existiert (sondern nur prinzipiell und ideell festgelegt und vorgebildet ist); daher muss auch die Vorhererkundung der Zukunft etwas anderes als ein Affiziertsein bedeuten.

Ich will aber auch noch die (von dir vorgebrachten) Beweisgründe für diese deine so geartete Auffassung prüfen: Zunächst zielt das Erfassungsvermögen durch die Sinneswahrnehmung (und durch die sinnlichen Affekte) auf etwas ab, das dem gerade entgegen gesetzt ist, was du meinst (wenn du die offenbarenden Gesichte nur als Phantasievorstellungen der menschlichen Seele erklärst). Beweis dafür ist der Umstand, dass aus einem Affekte keine Phantasievorstellungen im Menschen erregt werden. Die dargebrachten Räucherdämpfe ferner (die nach deiner Meinung in der Seele des Epopten Affekte und dadurch bloße Phantasiegebilde in Gestalt der offenbarenden Götter hervorrufen sollen) beziehen sich nur auf die Gottheit (die zur Offenbarung durch das Verdampfen dieser ihr sympathischen Materien herbeigerufen wird), nicht aber auf die Seele des Epopten und auch die Anrufungen (die theurgischen Formeln mit den wahren Sympathienamen der Götter) erregen nicht Inspirationen des Denkvermögens oder körperliche Affekte in dem, der die Gottheit in sich aufnehmen soll; denn für diesen sind sie völlig unverständlich und dunkel und werden als nur für den Gott verständlich rezitiert, den sie herbeirufen (worüber ich noch weiter unten sprechen werde). Der Umstand aber, dass nicht alle Menschen in gleicher Weise für die Inspiration geeignet sind, sondern die Leute einfacheren Gemüts und in jüngeren Jahren in höherem Grade, beweist nur, dass solche Leute für die Aufnahme des von außen her kommenden und sie von außen her beherrschenden Pneuma befähigter sind. Daraus also schließest du mit Unrecht, dass die Verzückung ein Affekt (unserer eigenen Seele und die Mantik mithin etwas Menschliches) ist; es ergibt sich vielmehr aus diesen Anzeichen, dass sie von außen her wie ein Anwehen erfolgt. Das also sei in dieser Weise festgestellt.

III. 25: Das Weitere aber (was du noch über das Wesen der Verzückung vorbringst) irrt von der göttlichen Geistesverrückung zu jener Verrückung des Denkvermögens ab, die ein Herabsinken zum Schlechteren vorstellt, und behauptet in unsinniger Weise, dass der aus Krankheiten erfolgende Wahnsinn das Prinzip der Mantik sei. Denn soweit man urteilen kann, vergleichst du ja die Offenbarung in der göttlichen Verzückung mit dem Übermaß an schwarzer Galle (was die sogenannte Melancholie hervorruft), mit den Verstandesverwirrungen der Trunkenheit und mit der Tollheit, die wutkranke Hunde (durch ihren Biss) erregen. – Man muss aber von allem Anfang an (und grundsätzlich) zwei Formen der Geistesverrückung unterscheiden, von denen die eine zum Schlechteren umschlägt und mit Unverstand und Verrücktheit erfüllt, die andere dagegen Güter gewährt, die wertvoller sind als die Gaben des (gesunden und normalen) menschlichen Verstandes. Die eine Art sinkt zu unsteter und mangelhafter Erregung herab und zu einem solchen Affekte, der in der Materie (unseres Leibes) begründet ist, die andere Art dagegen ergibt sich jenem Prinzip, das (als göttlich) sogar die Weltordnung beherrscht. Die eine Art schweift, als der Einsicht beraubt, vom vernunftgemäßen Denken ab, die andere dagegen verbindet sich mit dem, was über alle Vernunft in uns erhaben ist (nämlich mit dem göttlichen Intellekte oder Nus selbst). Die eine Art ist wandelbar, die andere völlig unveränderlich, die eine gegen die Natur, die andere über der Natur, die eine zieht die Seele herab, die andere erhebt sie und die eine trennt völlig vom Göttlichen, die andere aber knüpft an das Göttliche an. Warum ist denn überhaupt die Behandlung des vorliegenden Problems so sehr (vom Richtigen) abgeirrt, dass sie vom Ersten und Guten zu den niedrigsten Übeln des Wahnsinnes abschweifte? Was hat die göttliche Verzückung überhaupt mit der Melancholie, mit der Trunkenheit und den übrigen durch den Körper erregten Geistesverrückungen zu tun? Welche Offenbarung kann denn überhaupt aus Krankheiten des Körpers erwachsen? Ist denn nicht eine solche (krankhafte) Geistesverrückung die völlige Vernichtung, der göttliche Wahnsinn aber die Vollendung und Rettung unserer Seele? Kommt nicht die schlechte Art aus Schwäche, die gute dagegen aus der Fülle der Kraft zustande? Um es überhaupt mit einem Worte zu sagen: Die eine Art bietet sich in aller Ruhe gemäß dem ihr eigenen Leben und Verstand etwas Zweitem (außerhalb ihrer selbst Existierendem, nämlich dem Göttlichen) dar, die andere Art dagegen offenbart nur die unserer Seele selbst eigenen Energien, während sie dieselben aber in der schlechtesten Weise und stürmisch betätigt. Und dieser Unterschied macht es ganz sonnenklar, dass das göttliche Wirken von jedem andern Wirken völlig verschieden ist; denn ebenso wie die höhern Geschlechter vor allen andern ausgezeichnet sind, so ähneln auch ihre Werke keinem der Werke derer, die in der (uns umgehenden) Natur existieren. Wenn du daher von der göttlichen Verrückung sprichst, lass sogleich alle menschliche Verrückung beiseite! Und wenn du der göttlichen Sinnesverrückung eine heilige Nüchternheit zuteilst, so denke dabei ja nicht an menschliche Nüchternheit, als sei sie jener vergleichbar! Die Geistesverrückung vollends, die aus körperlichen Krankheitszuständen erwächst, wie aus Unterlaufungen, und die durch Krankheiten (wie etwa Fieber) erregten Phantasievorstellungen, auch die darfst du nicht mit den göttlichen Phantasien (Visionen) vergleichen, denn was haben diese miteinander gemein? Aber auch die ungewissen Seelenzustände, wie z. B. den zwischen Nüchternheit und Verzückung dazwischen liegenden Zustand, darfst du niemals mit den geheiligten Göttergesichten der verzückten Seele vergleichen, die durch eine einheitliche (sich immer gleichbleibende göttliche) Energie festumgrenzt sind; ebenso wenig aber darfst du endlich auch die durch Zauberei künstlich hervorgerufenen Vorspiegelungen mit der überaus klaren Schau der Götter (während der theurgischen

Seelenverzückung) vergleichen; denn diese Vorspiegelungen verfügen weder über irgendwelche Energie noch über eine wahre Wesenheit derer, die dabei geschaut werden, sondern rufen nur Phantome hervor, die nichts als den nackten Schein an sich sehen lassen (worüber ich unten, in Kapitel 28 noch ausführlicher sprechen werde). Ich glaube überhaupt, dass alle derartigen Bedenken, als unpassend herbeigezogen und von einem Extrem zum Andern pendelnd, mit dem uns vorliegenden Problem eigentlich überhaupt nichts zu schaffen haben. Deshalb meine ich auch, dass ich mich nicht weiter mit ihnen zu beschäftigen brauche, nachdem ich nachgewiesen habe, dass sie nicht zur Sache gehören, da sie nur in Spitzfindigkeiten herumschweifen, nicht aber gemäß des ernsten Strebens nach Weisheit Fragen stellen.

III. 26: Mancher mag sich wohl überhaupt über vieles andere an der widerspruchsvollen Neuerungssucht (die sich in diesen deinen Fragen äußert) wundern, mit Recht aber auch über die ausgeprägte Gegensätzlichkeit der Ansichten (die wir jeder für unsern Teil vertreten) betroffen sein, wenn man sogar zu behaupten wagt, dass auch die Zauberer der wahrhaften Offenbarung teilhaftig sind, während doch bei ihnen und auch bei jenen Leuten, die vom Affekte und von Krankheiten ausgehen, die ganze Grundlage (ihre Theorien) nur eine scheinbare ist, Wahrheit (Zuverlässigkeit) dagegen dort überhaupt gar nicht existiert, indem es sich dort (tatsächlich) nur um Betrug handelt. Denn welches Prinzip (der Wahrheit) oder welches Mittel zu seiner Gewinnung, mag es größer, mag es kleiner sein, liegt hierin? Man darf nämlich die Wahrheit (und Zuverlässigkeit der echten, göttlichen Offenbarung) nicht so beurteilen, als trete sie (wie bei den Operationen der Zauberer) nur manchmal und nur unter gewissen Begleitumständen ein; denn dann müsste man Zuverlässigkeit auch dem zuschreiben, was ganz ordnungslos geschieht. Doch darf man sie auch nicht wie die Übereinstimmung zwischen dem Wirkenden und dem Bewirkten beurteilen, da diese Art der Übereinstimmung auch den Sinneswahrnehmungen und Vorstellungen der Lebewesen (hier auf Erden) zukommt. Nichts von alldem hat also die Wahrheit (Zuverlässigkeit) als etwas Charakteristisches oder Göttliches oder in einer Weise an sich, die über die allgemeine Natur hinausgeht. Man muss die Zuverlässigkeit der (allein echten) göttlichen Offenbarung vielmehr als jene Wahrheit auffassen, die immer in einer und derselben Weise wirkend existiert, die über die volle Erkenntnis alles Existierenden unmittelbar verfügt und die mit der Wesenheit der Dinge (die sie offenbart) verwachsen ist, niemals in der Methode irrend und alles genau und festbestimmt wissend. Diese Art der Wahrheit (Zuverlässigkeit) aber kommt (nur) der (echten, göttlichen) Offenbarung zu.

Mithin ist sie aber auch weit davon entfernt, eine in der Natur selbst liegende Vorhererkundung zu sein, wie etwa gewissen Tieren ein Vorherwissen von Erdbeben oder Regengüssen angeboren ist. Denn zu diesem Vorherwissen kommt es nur auf dem Wege der Sympathie, indem gewisse Tiere mit bestimmten Teilen und Energien des Kosmos zusammen erschüttert werden, oder auch nur infolge einer besondern Schärfe des Wahrnehmungsvermögens, indem diese Tiere das, was in der Luftregion vor sich geht, schon merken, bevor es noch auf die Örtlichkeiten auf der Erde herabgelangt (und uns weniger scharfsinnigen Menschen zum Bewusstsein gekommen) ist. Habe ich aber damit das Richtige gesagt, dann darf man, wenn wir auch ein Erfassen des Gegenwärtigen und ein Gefühl für das Zukünftige aus der Natur selbst erhalten haben, das trotzdem natürlich nicht als mantische Vorhererkundung einschätzen; denn das ist zwar der Mantik ähnlich, lässt es aber an Zuverlässigkeit oder Wahrheit fehlen. Was nämlich nur zumeist eintritt (wie jenes Vorherahnen bestimmter Tiere), tritt nicht immer ein und über gewisse Vorgänge wird man zwar (auf Grund jener physischen Vorhererkenntnis) Antwort geben können, aber keineswegs über alles. Deshalb hat es mit der göttlichen Mantik ebenfalls gar nichts zu schaffen, wenn es auch in den Kunstfertigkeiten (oder Wissenschaften) wie z. B. in der Steuermanns- oder Heilkunst ein Wissen gibt, das nach dem erst Zukünftigen im voraus Ausschau hält; denn ein solches Wissen schließt nur von Anhaltspunkten, die durch die (physische) Natur gegeben sind, auf das Zukünftige und folgert nur aus gewissen Andeutungen, wobei diese keineswegs immer zuverlässig sind und auch nicht jedes Mal in gleicher Weise mit dem zusammenhängen, was sie andeuten (wie die so oft falschen Prognosen der Ärzte und meteorologischen Voraussagen der Seeleute beweisen). Für die göttliche Vorauserkenntnis der Zukunft dagegen ist ein zuverlässiges Anzeigen Voraussetzung, eine von den Prinzipien nicht abirrbare Beglaubigung, eine unlösbare Verknüpfung von allem mit allem und eine immer gleichbleibende Erkenntnis in allem (Zukünftigen), als sei es schon gegenwärtig und fest umgrenzt.

III. 27: Auch das also darf man nicht behaupten, „dass die physische Natur, die menschliche Kunstfertigkeit und die Sympathie der Teile im Weltall, als Teile in einem einheitlichen Lebewesen, wechselseitig Vorherverkündungen gewisser Dinge in sich enthalten, auch nicht, dass die Körper so geartet sind, dass es ein Vorherverkünden von dem einen auf das andere gebe." Allerdings haben alle diese klar und deutlich zutageliegenden Dinge eine Spur der göttlichen Mantik in sich hineingezogen, die einen mehr, die andern weniger, denn es ist ganz unmöglich, dass irgend etwas der göttlichen Mantik überhaupt ganz unteilhaftig sei. Ebenso nämlich wie das Abbild des (prinzipiell) Guten in allem Existierenden auch die (mit dem prinzipiell Guten identische) Gottheit widerspiegelt, so schimmert auch ein Abbild der göttlichen Mantik (und ihrer Idee) in allem übrigen durch, aber nur matt oder auch (hier und da) deutlicher. Doch ist nichts davon so wie die Idee der göttlichen Mantik selbst beschaffen und man darf daher ihre einheitliche, göttliche und durchaus unvermengte Idee nicht nach den vielen aus ihr in die Schöpfung herabgelangten Erscheinungsformen charakterisieren wollen; ebenso wenig ist man aber auch berechtigt, wenn es auch noch gewisse andere Abbilder davon gibt, die noch weiter von der Idee der Mantik entfernt und lügnerisch und trügend sind, diese für die Beurteilung der göttlichen Mantik heranzuziehen. Letztere muss man vielmehr an sich nach einem einzigen leitenden Gedanken, nach einem einzigen Prinzipe, einheitlich und nur mit Rücksicht auf eine vernunftgemäße und unwandelbare Wahrheit zu erfassen suchen, ebenso aber auch jene Offenbarung gering achten, die sich jedes Mal anders verändert, als unstet und als den Göttern nicht entsprechend. Ist aber das offenbarende Wirken der Götter tatsächlich so beschaffen, wer möchte sich da nicht schämen, die Natur, die ohne Vernunft wirkt und nicht einmal das, was in ihr wird, selbst zur Vollendung bringt (sondern nur mit Hilfe der in ihr waltenden schöpferischen Dämonen), als jenes Wirken heranzuziehen, das in uns das Vorherwissen begründen und den einen in höherem, den andern in geringerem Grade die Fähigkeit hierzu verleihen soll? Denn nur in jenen Dingen allein, in denen die Menschen den Anlauf zu der ihnen selbst zukommenden Vollkommenheit tatsächlich aus ihrer eigenen Natur herholen, bilden auch gewisse natürliche Begabungen die Grundlage hierfür; bei jenen Dingen aber, bei denen nichts Menschliches die Grundlage bildet, gehört auch der Effekt nicht uns. Wenn es also ein göttliches Gut gibt, älter (ursprünglicher) als unsere Natur und vor ihr geworden, dann ist es unmöglich, dass eine gute Anlage in unserer Menschennatur die Grundlage für das göttliche Gute (der Mantik) bilde;

denn eben dasselbe muss ja die Grundlage für die Vollkommenheiten wie auch für die Unvollkommenheiten abgeben, beides aber, Vollkommenheit wie Unvollkommenheit, sind nur menschliche Zustände (nicht göttliche, denn das Göttliche kann nur vollkommen sein und mithin nicht etwas zu seiner Grundlage haben, das auch für die Unvollkommenheit die Grundlage bildet); dafür also, was uns nicht als menschliche (sondern als übermenschliche) Güter zukommt, kann unmöglich unsere (menschliche) Natur die Grundlage bilden. Daher gibt es keinen Keim der göttlichen Offenbarung in uns selbst infolge unserer eigenen Natur (an sich). Spricht aber jemand zu allgemein von einer menschlichen Mantik, dann muss doch die Grundlage dieser menschlichen Mantik physisch sein; jene Mantik indes, die allein den Namen Mantik verdient, nämlich jene, die den Göttern allein eignet, von der darf man nicht glauben, dass sie von der (physischen) Natur uns eingesäet werde; denn abgesehen von allem anderen, folgt dieser (sogenannten) menschlichen Mantik auch das Charakteristikum der Unbestimmtheit (Unzuverlässigkeit), bald mehr, bald weniger, und deshalb schon ist sie von der göttlichen Mantik völlig geschieden, die stets in festgezogenen Grenzen verharrt.

Daher muss man es heftig bekämpfen, wenn gewisse Leute behaupten, die Mantik stamme aus uns Menschen. Du selbst bringst übrigens offensichtliche Beweise (dagegen) bei und zwar aus dem hergeholt, was (bei den theurgischen Operationen zur Ermittlung der Zukunft durch Göttererscheinungen) vorgenommen zu werden pflegt. Denn gerade der Umstand, dass die Anrufenden (gewisse sympathisch-symbolische) Steine und Pflanzen an sich tragen, gewisse heilige Knoten schürzen und wieder lösen, verschlossenes öffnen und die Willensentschließungen derer, die die Gottheit in sich aufnehmen, verändern, so dass sie aus schlechten zu guten werden, alles das beweist doch nur (das Gegenteil deiner Ansicht), dass (nämlich) die Inspiration von außen her (und nicht aus unserer Natur selbst) erfolgt. (Denn nur durch die immateriellen Sympathieenergien dieser Pflanzen, Steine, Knoten und theurgischen Hantierungen damit, die völlig außerhalb unserer eigenen Natur liegen, wird die ebenfalls völlig außerhalb unseres Ich existierende Gottheit zum Einfahren in uns oder in das Medium veranlasst und so die Offenbarung bewirkt). Doch darf man nicht das allein vorwegnehmen, sondern muss auch erschöpfend definieren, welche göttliche Inspiration erfolgen muss, um die göttliche Vorherverkündung der Zukunft zu bewirken; geschieht das nicht, dann werden wir sie nicht früher vollständig verstehen, als bis wir das ihr eignende Charakteristikum hinzugefügt haben, indem wir ihr das ihr eigentümliche Kennzeichen wie ein Siegel aufdrücken. Das aber habe ich schon ein wenig früher mit aller Sorgfalt getan.

III. 28: Wenn du aber einwendest, „es sei kein verächtliches Argument (für deine Auffassung der Mantik als einer aus der uns umgebenden sinnlich wahrnehmbaren Natur stammenden Energie), dass es auch Leute gibt, die (offenbarende) Erscheinungen hervorzurufen vermögen, die mit Wirkungsmöglichkeit ausgestattet sind", so müsste ich mich sehr wundern, wenn einer von den Theurgen, die die wahrhaften Erscheinungen der Götter (in ihren beseligenden Visionen von Angesicht zu Angesicht) schauen, das gelten lassen wollte. Denn warum sollte man wohl nur Abbilder für das, was wirklich und wahrhaft existiert, eintauschen und so vom Ersten zum Letzten heruntersteigen wollen! Oder wissen wir (Theurgen) etwa nicht, dass es sich bei diesen Schattenbildern durchaus nur um Verschwommenes handelt, nicht aber um die wahren Gestalten des Wahren (die uns in unsern Visionen sichtbar werden) und dass diese Schattenbilder nur gut zu sein scheinen, es in Wahrheit aber nicht sind? Sie bilden sich zwar urplötzlich und erscheinen sonst auf die gleiche Weise (wie die wahren visionären Göttererscheinungen), aber über etwas von echter Abkunft, über etwas Vollkommenes und Klares verfügen sie nicht. Das beweist auch schon die Art und Weise, wie sie hervorgerufen werden; denn nicht die Gottheit ist ihr Schöpfer, sondern der Mensch, nicht aus den eingestaltigen (einheitlichen) und nur intellektuell erfassbaren Wesenheiten werden sie hervorgebracht, sondern aus der dazu verwendeten (sinnlich wahrnehmbaren, veränderlichen und vergänglichen) Materie: Was Gutes aber kann aus der Materie und aus den materiellen und körperhaften Energien der Materie und der Körper erwachsen? Muss nicht ferner auch das, was aus menschlicher Kunstfertigkeit hervorgeht, schon an sich schwächer sein als die Menschen selbst, die ihm erst seine Existenz verleihen? Durch welche Art von Kunstfertigkeit wird endlich ein solches Trugbild (Phantom) geschaffen? Es heißt zwar, durch die schöpferische Tätigkeit des Demiurgen (also des schaffenden Urgottes). Dieser indes schafft nur die wahren Wesenheiten (die intelligiblen Götter, die Ideen und die Weltseele), bringt aber nicht Phantome hervor, so dass die Kunst, die solche hervorruft, am aller weitesten vom Schöpfungsakte entfernt ist, der nur das Wahre (wahrhaft Existierende) schafft. Ja diese Art von Kunst hat mit dem göttlichen Schöpfungsakte gar nicht einmal etwas Analoges gemein; denn die Gottheit schafft alles nicht durch die physischen Bewegungen der Himmelskörper oder durch die Einzelmaterien (hier auf Erden) oder die (so) geteilten Energien (der Einzelmaterien), sondern sie schafft vielmehr die Welten durch die Gedanken, Willensentschließungen und immateriellen Ideen vermittels der ewigen, über- und immateriellen Weltseele; der dagegen, der solche Phantome hervorruft, soll sie doch, wie man behauptet, nur vermittels der kreisenden Gestirne (d. h. mit Hilfe der Planeten und ihrer Energien) hervorrufen. Und doch gilt offensichtlich in Wirklichkeit und Wahrheit auch nicht einmal das. Während es nämlich um die himmlischen (Planeten-)Götter gewisse unbegrenzte Energien gibt, ist eine davon unter ihnen allen, die physikalische Energie, die unterste (und letzte). Von dieser physikalischen Energie existiert wieder der eine Teil, der in den (die sinnlich wahrnehmbare Schöpfung) besamenden Prinzipien und vor diesen auch schon in den unbewegt verharrenden Ideen (der Planeten) begründet ist, für sich selbst vor der Schöpfung, der andere Teil aber gebietet in den sinnlich wahrnehmbaren und offen sichtbaren Bewegungen und Energien (der Planeten am Himmel) und auch in den vom Himmel herabströmenden Emanationen und Qualitäten über die gesamte sichtbare Schöpfung (indem diese die Planetenemanationen und -Qualitäten in sich aufnimmt); über alles das gebietet dieser letzte Ausfluss des auf Erden sichtbaren Schöpfungsaktes (des Demiurgen) innerhalb der irdischen Örtlichkeiten. Von dieser Energie allein, die über die sichtbare Schöpfung gebietet, und von den sinnlich wahrnehmbaren Qualitäten der vom Himmel herabgesendeten Emanationen machen aber auch noch viele andere Künste Gebrauch, so die Heilkunde und die Gymnastik und überhaupt alle die, die in ihrem Wirken an der Natur (und an den in den Erzeugnissen der Natur liegenden Kräften, wie z. B. an den Energien der Pflanzen und Steine) Anteil nehmen. Und auch die Kunst, Phantome hervorzurufen, gewinnt nur hieraus einen gewissen Teil der Fähigkeit, schöpferisch tätig zu sein, freilich nur einen sehr getrübten Teil. Man muss nämlich die Sache so darstellen, wie sie sich in Wahrheit verhält, und daher stelle ich folgendes fest: Von den Kreisbewegungen der Gestirne selbst, von den in ihnen selbst vorhandenen Energien oder jenen, die naturgemäß um sie selbst vorhanden sind, macht der, der Phantome hervorruft, nicht Gebrauch, ja daran vermag er gar nicht einmal zu rühren; dagegen verwendet er nur die Energien, die von ihrem Wesen ganz zuletzt in die sichtbare Natur, den untersten (um uns Menschen befindlichen) Teil des Weltalls ausströmen, aber nur in handwerksmäßiger, nicht theurgischer Weise. Diese Energien nämlich, glaube ich, können die Teilmaterie (hier auf Erden), ihr beigemengt, bald so, bald anders verändern, umgestalten und umformen, ja sie lassen wohl auch ein Umsetzen aus anderem in anderes jener Energien zu, die den Teilsubstanzen (auf Erden) innewohnen. Eine solche Buntheit der Energien und eine solche Zusammenwürfelung der vielen materiellen Kräfte ist aber nicht nur vom (völlig einheitlichen und einfachen) göttlichen Schöpfungsakte durchaus verschieden, sondern sogar auch von dem (dämonischen) der physischen Natur; denn auch die Natur vollzieht die ihr zukommenden Schöpfungen (vermittels der Dämonen) mit einem Schlage und zuhauf und bewirkt alles durch einfache, nicht zusammengesetzte (dämonische) Energien. Es bleibt also nur übrig, dass ein solches Hantieren nur ein Zusammenmengen des letzten und sichtbaren himmlischen Ausflusses ist und auch dessen, was von der himmlischen Natur (der Planetengötter) zur irdischen Natur (um uns) herabdringt.

III. 29: Aus welchem Grunde setzt also der, der solche Phantome hervorruft, auf diese seelenlosen Bilder, denen nur ein Scheinleben eingehaucht ist, die von außen her durch eine künstlich erzeugte und nicht einheitliche Harmonie (nicht aber aus sich selbst) zusammengehalten werden und dabei auch noch von ganz, beschränkter Dauer sind, ganz offensichtlich sein Vertrauen und gibt sich dadurch selbst auf, er, der (durch seine unsterbliche Seele ein Geschöpf der Götter) vorzüglicher ist als sie und von Besserem entsprossen? Etwa weil, was echt und wahrhaft ist, in ihnen vorhanden? Keineswegs, denn nichts, was Menschenkunst formt, ist klar und rein! Aber vielleicht obwaltet das Einfache (Einheitliche) und Eingestaltige des (göttlichen) Schöpfungsaktes und der universellen Schöpfung (als seines Resultates) darin? Nichts hiervon, denn jene Trugbilder sind ja, entsprechend ihrer sichtbaren Zusammensetzung aus allen möglichen und einander sogar auch entgegengesetzten Qualitäten, zusammengemengtes Zeug. Aber eine lautere und vollkommene Energie offenbart sich in ihnen? Keineswegs, da doch eine solche Menge von Emanationen, von überallher gewonnen und zusammengemengt, ihre Schwäche und Vergänglichkeit an den Tag legt. Wenn also schon nicht das, so kommt den Phantomen, von denen jene reden, doch Beharrlichkeit zu? Weit gefehlt, da sie ja noch viel schneller erlöschen als die Bilder, die man in den Spiegeln (der Zauberer und Gaukler) sieht; denn sie bilden sich zwar augenblicklich aus den aufsteigenden Dämpfen, so wie man das Räucherwerk (auf die Kohlen) auflegt, sobald sich aber diese Dämpfe in der Atmosphäre zerstreuen, zerfließen auch sie sofort und sind nicht befähigt, auch nur ganz kurze Zeit zu dauern. Warum wird also diese unnütze Wundertuerei ein Mann voll Eifer betreiben, „der gerne in der Anschauung der Wahrheit verweilt"? Ich für meinen Teil halte sie überhaupt für völlig wertlos. Und wenn diese Wundertuer das, worum sie sich bemühen und womit sie sich abgeben, erkennen und an den Gebilden der jeder Einwirkung unterworfenen Materie nur Gefallen finden wollten, dann wäre das Übel immer noch einfach, denn dann würde ihnen nichts anderes daraus widerfahren, als dass sie selbst den Phantomen ähnlich werden, auf die sie ihr Vertrauen setzten. Aber wenn sie diesen Trugbildern ihre Aufmerksamkeit sogar wie Göttern schenken, dann lässt sich die Widersinnigkeit darin weder schildern noch ertragen! Niemals nämlich wird in eine solche Seele ein göttlicher Glanz fallen; denn weder ist das Göttliche geartet, sich dem hinzugeben, was ihm widerstrebt, noch hat eine Seele, die von diesen schattenartigen Phantomen beherrscht wird, einen Raum (in sich), in den sie den göttlichen Lichtglanz (der echten göttlichen Inspiration und Erleuchtung) aufnehmen könnte. Diese Wunder- und Trugbildwirker werden also von Schatten erfüllt werden, die von der (göttlichen) Wahrheit himmelweit entfernt sind.

III. 30: „Aber", sagt (der Anhänger dieser Leute), sie beachten doch den Umschwung der Gestirne und geben an, welcher Himmelskörper mit welchem oder welchen kulminieren muss, damit die Offenbarungen (jener Erscheinungen, die unter dem Einflusse der Gestirne geschaffen werden), falsch oder wahr und die Phänomene (die sich an den Erscheinungen als wirkend zeigen) bedeutungslos oder ankündigend oder wirkend seien." – Aber auch deshalb werden diese Erscheinungen das Göttliche doch nicht an sich haben; denn auch das Letzte (Unterste) in der Schöpfung (d. h. die Materie in allen ihren belebten und unbelebten Erscheinungsformen hier auf Erden) wird ja durch die Umläufe der Himmelskörper beeinflusst und steht mit den von ihnen herabdringenden Emanationen in Sympathie (ist aber selbst deshalb noch nicht göttlich). Überprüft man vielmehr das genauer, dann kann man das Gegenteil (dessen, was du oben für diese Wundertuer ins Treffen geführt hast) erweisen; denn wie ist es möglich, dass das, was durchaus leicht veränderlich ist und von den außerhalb (seiner selbst) gelegenen (siderischen) Bewegungen so sehr beeinflusst wird, dass es unwirksam, offenbarend, vorherverkündend oder wirksam wird, auch nur ein wenig an der göttlichen (ewig unwandelbaren) Energie in sich Anteil habe?

Was noch? Vielleicht sind die in den (zu solcher Wundertuerei verwendeten) Materien befindlichen Energien Elemente der (echten, bis zu einem gewissen Grade tatsächlich mantischen) Dämonen? Keineswegs, denn kein sinnlich wahrnehmbarer Einzelkörper erzeugt (aus sich) Dämonen, sondern wird vielmehr umgekehrt von den Dämonen erzeugt und behütet. Aber auch der Mensch ist nicht imstande, Dämonengestalten wie von der Theatermaschine aus zu formen, sondern auch er wird vielmehr umgekehrt von den Dämonen geformt und geschaffen, insoweit als er am sinnlich wahrnehmbaren Leibe Anteil hat (wie ich schon oben ausführte). Ferner lässt sich das Dämonische auch nicht aus einer Masse erzeugen, die aus sinnlich wahrnehmbaren Bestandteilen zusammengemengt ist, sondern ist vielmehr seinerseits einfach und wirkt auch einheitlich auf das Zusammengesetzte; deshalb ist das Sinnlichwahrnehmbare nicht ursprünglicher (älter) und auch nicht beharrlicher als das Dämonische, sondern dieses ist vielmehr an Alter und Macht vor dem Sinnlichwahrnehmbaren ausgezeichnet und verleiht jenem den Grad von Beharrlichkeit, den das Sinnlichwahrnehmbare zu fassen vermag. (Deine Ansicht ist also unhaltbar) außer du nennst etwa jene Phantome (die ja tatsächlich aus Materien erzeugt werden) Dämonen, indem du diese Bezeichnung aber mit Unrecht verwendest.

Denn die Naturbeschaffenheit der (echten) Dämonen ist ganz anders geartet als die jener Phantome und auch die Kategorien (Reihen), denen sie angehören, sind sehr voneinander verschieden (indem nämlich die echten Dämonen der Klasse des Immateriellen, jene Phantome aber der des Materiellen angehören). Endlich unterscheidet sich (ebendeshalb) auch der große Führer der Dämonen gar sehr von dem jener Phantome; gibst doch auch sogar du selbst zu, dass kein Gott oder Dämon (der allein Herr und Reihenführer jener Phantome sein müsste, wenn sie wirkliche Dämonen wären), durch diese Phantome herabgezogen werden kann. Welchen Wert kann aber eine heilige Verrichtung oder Vorhererkundung der Zukunft haben, die weder am Göttlichen noch Dämonischen Anteil hat? Man muss also zwar wissen, welcher Natur auch diese Wundertuerei ist, darf von ihr aber weder Gebrauch machen noch ihr Vertrauen schenken.

III. 31: Noch unverständiger aber als diese Erklärungsart der heiligen (theurgischen) Werke ist jene, die ein bestimmtes vielgestaltiges und mannigfaltiges Geschlecht trügerischer Wesen der Schöpfung für das

Prinzip der Offenbarung erklärt, die die Rolle von Göttern, (guten) Dämonen und Totenseelen spielen. Bezüglich dieser Auffassung will ich dir eine Lehre vortragen, die ich einst von chaldäischen Propheten vernahm: „Alle Götter, die in Wahrheit Götter sind, sind auch Geber nur des Guten allein, verkehren nur mit guten Menschen, kommen nur mit denen zusammen, die durch das Priestertum geläutert worden sind, und vertilgen aus ihnen gänzlich alle Schlechtigkeit und jede leidenschaftliche Regung: Wenn sie (den Priestern und Theurgen in den Visionen) leuchtend erscheinen, weicht nämlich das Schlechte und Dämonische vor dem Höheren zurück und wird unsichtbar wie das Dunkel vor dem Lichte, und vermag die Theurgen nicht im Geringsten zu belästigen, woraus diese alle Tugend in sich aufnehmen, von edler Gemütsart und wohlgesittet, dagegen von Leidenschaften und jeder ungeordneten Regung befreit werden und sich von der Befleckung durch eine gottlose und unfromme Denk- und Handlungsweise reinhalten.

Alle Menschen dagegen, die selbst sündhaft sind und gegen Satzung und Ordnung (der heiligen Theurgie) sich an das Göttliche heranmachen, vermögen wegen der Schwäche ihrer eigenen Wirkungsmöglichkeit oder auch infolge der Mangelhaftigkeit der ihnen zukommenden (theurgischen) Energie der Götter nicht teilhaftig zu werden. Wie sie aber durch gewisse Befleckungen von der Gemeinschaft mit den reinen Geistern ferngehalten werden, so verbinden sie sich (ebendeshalb) mit den bösen Geistern, werden, von ihnen mit der allerschlechtesten Inspiration erfüllt, selbst schlecht und unfromm, voll zügelloser Lüste, angefüllt mit Schlechtigkeit, Bewunderer jener Denk- und Handlungsweise, die den Göttern fremd ist, und mit einem Worte den bösen Dämonen ähnlich, denen sie anhangen (und mit denen sie gewissermaßen verwachsen.“ – Diese Leute also, voll Leidenschaften und Schlechtigkeit, ziehen die bösen Geister infolge ihrer Verwandtschaft mit ihnen in sich hinein, werden auch wieder von ihnen zu jeder Schlechtigkeit angeregt und fördern einander ebenso, wie die Kreislinie ihren Anfang mit ihrem Ende verbindet und wechselseitig und gleichmäßig austauscht. Alle (derartigen) frevelhaften Verstöße der Unfrömmigkeit, sowohl tatsächlich wider die Satzung (der echten Theurgie) in die heiligen Operationen eingeschwärzt, als auch wider diese Satzung von denen, die sich (der Theurgie erst als Anfänger) zuwenden, wenigstens versucht, lassen ganz offensichtlich bald einen andern Gott an Stelle eines andern (nämlich des Zitierten) herbeistürmen, bald aber auch böse Dämonen an Stelle von Göttern, die jene Leute übrigens selbst „nur gottähnliche" nennen (worüber ich auch schon oben II.10 gesprochen habe). Alle diese Verstöße aber darfst du in die Betrachtung über die heilige Offenbarung nicht mit einbeziehen, denn das Gute ist dem Schlechten doch in höherem Grade entgegengesetzt als dem nur Nichtguten.

Wie nun die Tempelräuber mit der Gottesverehrung, so stehen auch die, die mit den betrügerischen und Ausschweifung verursachenden Dämonen (der Materie) Umgang haben, mit den (echten) Theurgen im heftigsten Kampfe. Letzteren nämlich weicht alles Böse aus und wird durch sie beseitigt, alle Schlechtigkeit und jede leidenschaftliche Erregung wird völlig aus ihnen ausgetilgt, ein lauteres Anteilhaben am Guten kommt ihnen im Lautern zu und von obenher werden sie vom Feuer der Wahrheit erfüllt; kein Hindernis wird ihnen durch die schlechten Geister in den Weg gelegt und keine Behinderung bei der Erlangung der Seelengüter. Nicht Eitelkeit und Hoffart, nicht Freude an Schmeichelei, nicht Gewalttätigkeit vermag sie zu erschüttern, sondern alles das weicht und sinkt vor ihnen zurück und vermag ihnen gar nicht einmal nahe zu kommen, gleichsam von einem Blitzstrahl getroffen. Nur diese Art der Offenbarung allein ist lauter, heilig, göttlich und überhaupt in Wahrheit die Offenbarung; diese bedarf auch nicht, wie du annimmst, eines Preisrichters, sei es in meiner Person oder in der irgendeines andern Menschen, dass man sie etwa aus vielen verschiedenen Gattungen der Offenbarung (als vorzüglichste) auswähle, sondern ragt vielmehr für sich allein aus allen hervor, übernatürlich, ewig und präexistent, duldet keinerlei Vergleich, aber auch nicht einmal ein Emporragen aus vielen andern Gattungen, sondern ist von all dem losgelöst und präexistiert für sich selbst und eingestaltig (einheitlich) vor allem. Dieser Art der Offenbarung sollst du dich und jeder Mensch mit seinem ganzen Ich ergeben, der ein echter Verehrer der Götter ist; denn nur aus dieser so gearteten Offenbarung erfolgt auch zugleich in den Offenbarungen die nie fehlende Wahrheit und in den Seelen die vollkommene Tugend. Mit Hilfe dieser beiden **(der Wahrheit und Tugend)** wird den Theurgen aber auch der Weg hinauf zum intelligiblen (göttlichen) Feuer freigegeben, das man sich als Ziel aller Vorhererkundung und allen theurgischen Wirkens setzen muss!

Ohne Berechtigung führst du endlich auch noch die Auffassung der Gottlosen (d. h. der Christen) an, die wähnen, dass die gesamte Offenbarung vom bösen Dämon (ihrer Lehre, also vom Teufel) bewirkt werde. Diese Leute sind es aber gar nicht wert, bei der Betrachtung über die Götter beachtet zu werden; sind sie doch, weil von Anfang an im Dunkel aufgewachsen, der Unterscheidung zwischen Wahrem und Falschem überhaupt nicht fähig und vermögen niemals die Prinzipien zu erkennen, aus denen das (den Menschen) zuteil wird! Und damit seien denn meine Feststellungen über die Art und Weise der Mantik beendet.

4. Teil

Widerlegung mehrerer Bedenken des Porphyrius gegen die Theurgie als Machtmittel über die Götter und gegen die Inanspruchnahme der Götter zu sittlich schlechten Handlungen durch die Theurgen.

IV. 1: Ich will aber auch die weiteren nur scheinbaren Widersprüche prüfen, was sie eigentlich bedeuten und welche Überlegung ihnen zugrunde liegt. Und wenn ich mich über manches ein wenig weitläufiger verbreiten sollte, nach meinem eigenen Belieben und gemächlich disputierend, musst du unterdessen standhalten (und geduldig zuhören); will man nämlich die wichtigsten Erkenntnisse vollkommen erfassen, dann muss auch der Eifer groß und während geraumer Zeit scharfsinnig erprobt sein. Du also lege mir in der Weise, wie es der vorliegende Stoff erfordert und du bereits begonnen hast, die Zweifel, die Bedenken erregen, vor, ich aber will dir der Ordnung nach Rechenschaft ablegen. Lass also hören:

„Der Umstand" (sagst du) „verwirrt mich sehr, wieso die (höheren Wesen), die man zitiert, zwar als höherstehende Wesen herbeigerufen werden, sich dabei aber doch wie niedriger gestellte (von uns Menschen) Befehle erteilen lassen." – Ich will dir also angeben, welcher Unterschied bezüglich der Zitierten vernünftigerweise gemacht werden muss, woraus sich für dich die Möglichkeit ergeben wird, bezüglich der Wesen, über die du anfragst, klar zwischen Macht und Ohnmacht zu unterscheiden: Die Götter nämlich und alle jene Wesen, die vollkommener und mächtiger als wir Menschen sind, schenken denen, die würdig sind, was ihnen gebührt, aus der unendlichen Fülle ihrer Güter und nur in ihrem Willen zum Schönen und Guten, nur aus Wohlwollen, da sie sich einerseits der Mühen der dem heiligen Dienste (des Kultes und der Theurgie) gewidmeten Männer erbarmen, andrerseits aber auch ihren eigenen Sprösslingen, Pfleglingen und Zöglingen in Liebe zugetan sind. Die in der Mitte stehenden Klassen der höheren Geschlechter wieder sind die Oberherren über die Entscheidung (zwischen gut und böse); sie raten nämlich (uns Menschen bei ihren Erscheinungen), was man tun und wessen man sich enthalten soll, gewähren ihre Unterstützung nur zum Guten, verhindern ungerechte Taten und haben schon oft bewirkt, dass die, die irgendetwas ihnen nicht Gehörendes widerrechtlich an sich nahmen, oder einen andern frevelhaft zu beschädigen oder zu vernichten strebten, eben dasselbe erdulden mussten, was sie andern anzutun planten.

Es gibt aber noch eine (dritte) Gruppe (höherer) Wesen um uns (nämlich die in der sinnlich wahrnehmbaren Schöpfung und Materie lebende niedrigste Dämonenklasse, die sogenannten Stoffdämonen, von denen ich auch schon oben, III. 31 gesprochen habe). Diese sind ohne Verstand und Urteilsfähigkeit und erhielten bei der Aufteilung (aller Klassen der höheren Wesen) auf ganz genau bestimmte Wirkungsgebiete nur eine einzige (einseitige) Wirkungsmöglichkeit und Vorsteherschaft zugeteilt. Wie nun die Wirkungsmöglichkeit des Schwertes nur das Zerschneiden (und mithin das Verletzen und Töten) ist und nichts anderes als nur diese eine Tätigkeit allein, ebenso bewirkt auch eine bestimmte Gruppe der im Weltall verteilten Geister, dem (verschiedenartig) verteilten Naturzwange gemäß, immer nur die Trennung (der Seele vom Leibe und somit auch die Vernichtung des aus Seele und Leib zusammengesetzten Lebewesens), eine andere Gruppe dagegen bewirkt immer nur die Vereinigung dessen, was ist (zu animalischem Leben, beide Gruppen von Dämonen aber natürlich je eines von beidem nur im Auftrage der Götter und der Schicksals-bestimmung). Das wird übrigens auch aus sichtbaren Vorgängen klar; denn die sogenannten Unterweltseingänge lassen einen Dunst aufsteigen, der die Eigenart besitzt, alles (Lebende), was hineingerät, unterschiedslos zu töten. In eben dieser Weise haben aber auch gewisse unsichtbare (und überhaupt völlig unwahrnehmbare) Geister, die einen diese, die andern jene Macht zugeteilt erhalten und können von Natur aus nur das wirken, was ihnen gemäß ihrer Rangstellung zukommt.

Wenn nun aber jemand das, was nach festgelegter (Schicksals-) Bestimmung seine Wirkungen zur Erhaltung des Weltalls beisteuert, (mit Durchbrechung der Schicksalsbestimmung) zwingt, sich nach anderer Richtung (als es die Schicksalsbestimmung vorschreibt) zu betätigen (und so durch den magischen Zwang im Schadenzauber Tod und Verderben stiftet) und mithin gegen die Satzung (der Natur) verfährt, dann fällt die Schädigung (die hieraus erwächst) nur dem zur Last, der davon einen sittlich schlechten Gebrauch macht (nicht aber den stumpfsinnigen Stoffdämonen, die infolge ihrer Urteilslosigkeit und Unvollkommenheit dem magischen Zwang wehrlos ausgeliefert sind, und auch nicht den Göttern und dem Schicksalszwange). Doch das ist eine andere Seite unserer Probleme (die ich erst weiter unten, nämlich VI. 5/6 behandeln werde).

IV. 2: Was aber jetzt zur Überlegung vorliegt, sehen wir tatsächlich bisweilen geschehen (dass sich nämlich die „höheren" Wesen wie niedrigergestellte von uns Theurgen Befehle erteilen lassen); indes erstrecken sich diese Befehle immer nur auf jene Geister, die nicht über eigene Verstandeskraft und Urteilsfähigkeit verfügen. Und das ist keineswegs unlogisch: Denn unser eigenes Geistesleben, das von Natur Schluss- und Urteilsfähigkeit besitzt und viele Lebensenergien in sich vereinigt, erteilt gewohnheitsgemäß dem, was nicht mit Verstand begabt ist und sich nur nach einer einzigen Richtung betätigen kann, Befehle. Es ruft dabei jene urteilslosen Geister zwar als höhere Wesen an, weil es (in ihnen) die Wesen, die zum Nutzen des Universums beisteuern, von dem uns umfassenden Gesamtkosmos auf einzelne seiner von ihm umfangene Gebiete herabzuziehen versucht, erteilt ihnen aber trotzdem als Niedrigergestellten deshalb Befehle, weil oft auch nur Teile im Kosmos von reinerer und vollkommenerer Naturbeschaffenheit sein können als das, was sich auf den ganzen Kosmos erstreckt. Hierfür ein Beispiel: Wenn das eine (der Teil des Ganzen) mit Vernunft begabt ist (wie der Mensch), das Ganze aber unbeseelt oder physisch (wie die materielle Schöpfung, das Wirkungsgebiet der Stoffdämonen), dann ist der Teil, dessen Einflusssphäre (innerhalb der Schöpfung) weniger weit reicht, doch dem weiter Reichenden (den Stoffdämonen) übergeordnet, mag der Teil auch an Größe und Fülle der Macht sehr weit dahinter zurückstehen.

Doch hat das auch noch einen andern und zwar folgenden Erklärungsgrund: Die gesamte Theurgie erscheint in zweifacher Gestalt, und zwar einmal als menschlich, wobei sie an unserer Rangstellung im Weltganzen so festhält, wie diese von Natur beschaffen ist; das andere Mal aber, als gestärkt durch die göttlichen Symbole und durch sie emporgehoben, vereinigt sie sich mit den höheren Klassen und bewegt sich harmonisch in der Rangstellung dieser. In diesem Falle darf die Theurgie mit Recht das Gewand der Götter anlegen. Mit Rücksicht auf diese Unterscheidung also ruft man, soweit man als Mensch ruft, die (dämonischen) Energien aus dem Weltall als überlegene Wesen herbei; man kann ihnen aber auch wieder mit Recht Befehle erteilen, wenn man mit Hilfe der geheimen Symbole das heilige Gewand der (jenen dämonischen Energien überlegenen) Götter anlegt.

IV. 3: Um aber diese Bedenken in einer dem wahren Sachverhalte noch mehr angemessenen Weise zu zerstreuen, fordere ich, dass man die Anrufungen bei der Zitierung und auch die zur Erreichung der (theurgischen) Effekte (während der Operation selbst) mit großem

Nachdruck geäußerten Befehle nicht wie gegen Menschen gerichtet auffassen darf: Wenn nämlich tatsächlich das gemeinsame Band einträchtiger Liebe und eine unlösbare Vereinigung die heilige (theurgische) Handlung zusammenhält, damit sie in Wahrheit göttlich sei und jede gewöhnliche, den Menschen bekannte Handlung übertreffe, kann nichts Menschliches zu ihr passen, weder dass man die zu Zitierenden in der Weise herbeiruft, wie wir Entferntes durch Rufen zum Herbeikommen veranlassen, noch dass man ihnen (wenn sie bereits herbeigekommen sind) in der Weise Befehle erteilt, wie wir sie von uns Verschiedenem als etwas anderes aus etwas anderem erteilen. Es wirkt vielmehr dieselbe Energie, in allem gemeinsam und in gleicher Weise, freiwillig und nicht von etwas anderem aufgerufen und aus eigenem Antriebe mit dem heiligen Feuer erleuchtend, indem die Kräfte, die an dieser Energie Anteil verleihen (also die Energien der zitierten Götter kraft ihrer Symbole), und die daran Anteil nehmen (also die Energien der zitierenden Menschen) zusammen diese Energie betätigen (die den theurgischen Effekt erzielt). Die jetzt vorgetragene Lösung (dieser Streitfrage) ist also auch noch viel richtiger, dass nämlich das Wirken der Götter nicht gewirkt wird, während zwei einander gegenüberstehende und voneinander verschiedene Parteien (nämlich die des zitierenden Menschen und die des zitierten Gottes) vorhanden sind, wie das hier auf Erden zu geschehen pflegt, sondern dass vielmehr diese Art göttlichen Wirkens in Übereinstimmung, Einheit und Einverständnis vollbracht wird. Wenn wir also zwischen Rufendem und Gerufenem oder Befehlendem und Befohlenem oder endlich zwischen Höherem und Niedrigerem unterscheiden, übertragen wir die Gegensätzlichkeit des Gewordenen (Irdischen) auf die niemals erst gewordenen (sondern seit Ewigkeit bestehenden) Vorzüge der Götter; sehen wir aber von all dem ab als von erst Erdgeborenem, wie es billig ist, und weisen dafür jenen Wesen als vollkommeneren Wesen das Charakteristikum der Gemeinschaftlichkeit und Einheitlichkeit zu, da sie die Mannigfaltigkeit der Dinge auf Erden überragen, so ist damit sogleich auch die erste Voraussetzung für diese Streitfrage erledigt, so dass darüber kein vernünftiger Zweifel mehr bestehen kann.

IV. 4: Was soll ich aber auf die folgende Frage antworten: „Warum verlangen die Zitierten von ihrem Verehrer, dass er gerecht sei, lassen es sich aber doch gefallen, selbst auch Ungerechtes zu tun, wenn sie (durch den zitierenden Menschen) dazu den Befehl erhalten?" – Diesbezüglich habe ich den Ausdruck „gerecht (und ungerecht) handeln" zu erörtern, dass nämlich bezüglich seiner nicht dieselbe Begriffsbestimmung für uns und für die Götter gilt. Denn wir Menschen können, da wir nur auf eine ganz kurze Entfernung sehen, nur die gegenwärtigen Verhältnisse und nur das Leben, das vor unsern Füßen liegt, beurteilen, welcher Art es ist und wie es verläuft; die höheren Wesen dagegen haben in das gesamte Leben unserer Seele und auch in alle ihre früheren Lebensphasen Einblick (die sie zufolge des Zwanges der Seelenwanderung und der Wiedergeburten zu durchleben hat). Wenn sie also infolge der Anrufung der Zitierenden (Schadenzauberer über einen andern Menschen) eine Strafe (durch irdische Verluste und Einbußen, Krankheit und Tod) verhängen, so tun sie das nicht wider die Gerechtigkeit (auch wenn der davon Betroffene uns Menschen gerecht zu sein und diese Strafe nicht zu verdienen scheint), sondern indem sie dabei auf die Sünden der Seele derer, die leiden müssen, in ihren frühern Lebensphasen zielen. Diese aber vermögen die Menschen nicht zu sehen und glauben daher, dass jene wider die Gerechtigkeit in das Unglück geraten, das sie leiden müssen.

IV. 5: Ganz ebenso pflegen auch die meisten derer, die wider Verdienst leiden müssen, obwohl sie (in diesem ihnen allein bekannten und bewussten Leben) nichts Böses taten, auch bezüglich der göttlichen Vorsehung Zweifel zu hegen; denn auch hier vermögen sie nicht zu beurteilen, welcher Art ihre Seele, wie beschaffen ihr Gesamtleben ist, wie viel sie in ihren früheren Lebensphasen fehlte und ob sie nicht jetzt das abbüßen muss, was sie früher sündigte. Viele (nach göttlicher Auffassung) ungerechte Taten aber bleiben (selbst während dieses Lebens) den Menschen (als solche) unbekannt, während sie die Götter wohl kennen, da sie den Menschen in der Abschätzung der Gerechtigkeit nicht dasselbe Ziel stecken wie sich selbst: Die Menschen nämlich bestimmen den Begriff Gerechtigkeit (und Ungerechtigkeit) nur mit Rücksicht auf die selbständige Willensbetätigung ihrer Seele (und zwar nur während dieses einen ihnen bewussten Lebens) und mit Rücksicht auf die durch die bestehenden (von Menschen erlassenen) Gesetze und die herrschende Staatsverfassung bedingte Formulierung des Rechtsbegriffes, die Götter dagegen beurteilen die Rechtsbegriffe im Hinblick auf die gesamte Rechtsordnung im Weltall und auf das gesamte Verhältnis der Seelen (in allen ihren Lebensphasen) zu den Göttern. Deshalb also fällt die Beurteilung dessen, was gerecht (und ungerecht) ist, anders bei den Göttern, anders bei uns Menschen aus, und ich wenigstens kann mich keineswegs wundern, wenn wir in den meisten Fällen die Höhe und Vollendung der Urteilsfällung der höheren Wesen nicht zu erreichen vermögen. Was aber sollte verhindern, dass das, was gerecht ist, für jeden einzelnen Menschen für sich und zugleich auch mit Rücksicht auf die gesamte Verwandtschaft der Seelen (aller Menschen) untereinander durch die Götter ganz anders beurteilt werde als durch uns? Wenn nämlich allen Seelen die Gemeinsamkeit gleicher Naturbeschaffenheit zukommt, mögen sie in (irdischen) Leibern oder ohne solche existieren, und wenn diese Gemeinschaft für sie alle eine und dieselbe ist und eine gemeinschaftliche Verknüpfung mit dem Leben und der Ordnung des Weltalls bewirkt, dann muss auch die Abbüßung der Schuld notwendigerweise vom Universellen aus gefordert werden und ganz besonders dann, wenn die Größe der von einer Einzelseele (während einer bestimmten Lebensphase) verbrochenen ungerechten Taten größer ist, als dass sie durch eine einzige Buße (nämlich während jener Lebensphase, da sie das Verbrechen verübte) in einer Weise gesühnt werden könnte, die der Größe der Verfehlungen angemessen ist. (Notwendigerweise muss eine solche Seele dann auch während einer spätem Lebensphase leiden, obwohl sie in dieser selbst fehllos lebt.) Wenn jemand noch andere Bestimmungen hinzufügen wollte, durch die er beweist, dass die Begriffe Gerechtigkeit (und Ungerechtigkeit) bei den Göttern anders geartet sind, als wir sie definieren, so könnte man wohl auch von diesen Bestimmungen aus einen Weg zur Klärung der vorliegenden Frage finden; mir aber sollen auch schon die eben vorgetragenen Richtlinien für den Nachweis genügen, dass die Art der (sühnenden) Heilung durch die (von den Göttern verhängte) Strafe durchaus und völlig (über die Beurteilung durch uns Menschen) erhaben ist.

IV. 6: Um den von dir jetzt vorgebrachten Einwand aber noch weiter zu bekämpfen, wollen wir, wenn es dir beliebt, auch einmal das zugeben, was unserer bisherigen Feststellung zuwiderläuft, dass nämlich bei den Zitierungen (der höheren Wesen) tatsächlich irgendwelche ungerechte Taten (durch die Zitierten) verübt werden; dass man aber auch daran nicht den Göttern die Schuld beimessen darf, ist ohne weiteres klar: Denn wer gut ist, kann Urheber nur von Gutem sein, niemals aber von Schlechtem; die Götter aber verfügen doch (wie ich oben I. 5. auseinandergesetzt habe) wesenhaft über das Gute. Folglich können sie nichts Böses tun!
Daher sind die Ursachen der ungerechten Handlungen (die mit Hilfe der

Theurgie und des Schadenzaubers gewirkt werden, anderswo) zu suchen; sollten wir sie aber nirgends auffinden können, so dürfen wir deshalb doch noch nicht die (obige) wahre Auffassung von der Natur der Götter (als wesenhaft guter Wesen) fallen lassen und infolge unserer Ungewissheit, ob und wie ungerechte Handlungen (durch die Theurgie) erfolgen können, von dieser absolut klaren Erkenntnis des Wesens der Götter zurücktreten. Weit besser ist es (dann) vielmehr, unsere eigene Unzulänglichkeit in der Erkenntnis, wie das (theurgische) Unrecht bewirkt wird, einzugestehen, als eine hinsichtlich der Götter ganz unmögliche falsche Auffassung anzuerkennen, bezüglich derer alle Griechen und Barbaren mit Recht der gerade entgegengesetzten Meinung sind.

IV. 7: In Wahrheit verhält es sich nämlich damit folgendermaßen: Man muss in diese Überlegung auch noch die Tatsache mit einbeziehen, wie zahlreich und wie verschiedenartig beschaffen die Prinzipien des Bösen sind, das zuweilen entsteht; denn das Böse ist (in seiner Erscheinungsform) nicht von einerlei Art und daher muss der Entstehung des mannigfach gearteten Bösen auch ein mannigfach geartetes Prinzip zugrunde liegen (während das Prinzip des göttlichen Guten durchaus einartig und einheitlich ist, wie ich oben I. 5. lehrte). Und wenn nun unsere eben vorgetragenen Sätze über die Phantome und die bösen (Stoff-)Dämonen, die die Rolle von Göttern und guten Dämonen spielen, richtig sind, dann ist es ganz klar, dass jedenfalls von hier jene Böses stiftende Rotte herbeiströmt, hinsichtlich welcher tatsächlich eine solche Zwiespältigkeit gilt (wie du sie oben namhaft gemacht hast): Der böse Dämon verlangt nämlich von seinem Verehrer, dass er gerecht sei, weil er vorspiegelt, so wie die Götter (nämlich gerecht) zu sein, er dient ihm aber zum Bösen, da er selbst seiner (wahren) Natur nach böse ist. Daher gilt der gleiche Satz einerseits von der Lüge und Wahrheit (wovon ich oben II. 10. gesprochen habe) und andererseits auch vom Guten und Bösen: Ebenso nämlich, wie wir bei den Offenbarungen die Wahrheit allein den Göttern zuteilten, das Betrügerische in den offenbarenden Erscheinungen aber auf ein anderes Prinzip, nämlich auf die (bösen) Dämonen zurückführten, so müssen wir auch hinsichtlich des Gerechten und Ungerechten den Göttern und guten Dämonen nur das Schöne und Gerechte zuweisen, während das Ungerechte und Schändliche nur die von Natur bösen Dämonen tun. Und auch das, was mit sich selbst übereinstimmt und harmoniert und sich selbst stets gleich bleibt, kommt allein den höhern Klassen der höhern Wesen zu (wie ich oben auseinandergesetzt habe), das aber, was sich selbst entgegengesetzt, nicht harmonisch und nicht stets dasselbe ist, das ist das stärkste Charakteristikum des Dämonischen, so dass es keineswegs verwunderlich ist, wenn sich hinsichtlich seiner Zwiespältigkeiten (wie die von dir betonte) ergeben; es wäre im Gegenteil viel verwunderlicher, wenn das nicht der Fall wäre.

IV. 8: Indem ich ferner von einem andern Gesichtspunkt ausgehe, stelle ich fest, dass die körperhaften Teile des Weltganzen (also die Planeten und die göttlichen Gestirne überhaupt) weder untätig, noch ohne Energie sind, sondern dass ihnen vielmehr eine um so größere Energie zukommt, je mehr sie die Glieder unseres Körpers (der als Mikrokosmos ein Bild des siderischen Makrokosmos vorstellt) an Vollkommenheit, Schönheit und Größe übertreffen. Jedes dieser Glieder (des Makrokosmos) verfügt nämlich für sich über eine bestimmte Energie und sie wirken daher auch (jedes getrennt für sich) verschiedene Wirkungen; sie vermögen aber auch in ihrem Verhältnis zueinander (und zusammen) eine noch viel mannigfaltigere Wirkung (auf den menschlichen Mikrokosmos und die ganze Schöpfung) auszuüben. Daher dringt vom Weltganzen (dem Makrokosmos) zu den Teilen (im Mikrokosmos und in der Schöpfung) eine Energie herab, die teils von übereinstimmend gleichem Wesen ist, gemäß der Ähnlichkeit der Kräfte (des wirkenden Makrokosmos mit dem, was dieser Wirkung als harmonisches Ganze, als einheitlicher Gesamtkörper und als Gesamtschöpfung ausgesetzt ist), teils aber auch von verschiedenartigem Wesen, gemäß dem Grade der Einwirkungsmöglichkeit des Wirkenden auf die einzelnen Teile des Ganzen (für sich), das ihm ausgesetzt ist. Infolge von Naturgesetzen also, die nur im Körperhaften (unseres menschlichen Mikrokosmos und der materiellen Schöpfung) begründet sind, ergibt sich für die (verschiedenartig organisierten) Teile (des Ganzen) auch Schlechtes und Verderbliches, das zwar für das (harmonische) Ganze (des Weltalls in seiner Gesamtheit und Einheitlichkeit) und für die Harmonie des Ganzen heilbringend und gut ist, den Teilen aber notwendigerweise Verderben bringen muss, entweder weil die Teile die Gesamtwirkungen (des Makrokosmos) nicht ertragen können, oder infolge ihrer Schwäche (Unvollkommenheit), die ihnen wegen ihrer anders gearteten Vermischung und Vermengung innewohnt, oder drittens auch infolge des Mangels der Teile an gegenseitigem Ebenmaß.

IV. 9: Abgesehen vom Körper des Weltganzen an sich ergeben sich aber viele (verschiedene) Wirkungen auch aus seiner physischen Naturbeschaffenheit; denn auch die Harmonie des Ähnlichen und die Disharmonie des Unähnlichen (einerseits im siderischen Makrokosmos und andrerseits im menschlichen Mikrokosmos und in der physischen Schöpfung) muss nicht weniges (nicht wenige Unterschiede in den Wirkungen des erstem auf den letztern) zur Folge haben. Auch das Zusammenströmen von vielem in das eine Lebewesen Kosmos und alle die Energien in diesem Kosmos, wie viele es sind und wie vielerlei Art, die wirken, kurz gesagt, anders im Weltganzen (als einer Einheit), anders in den Teilen, wegen der verschieden gearteten Schwäche, die den letzteren als bloßen Teilen zukommt. So werden die Liebe, das Verlangen und der Streit, die im Weltganzen wirkungsausübende Energien sind, in den Teilwesen, die daran Anteil erhalten, zu bloßen Affekten und nehmen, obwohl sie in den Ideen und reinen Prinzipien als höchste Vollkommenheiten präexistieren, in der (materiellen, sinnlich wahrnehmbaren) Natur doch auch etwas von der Mangelhaftigkeit und Unschönheit der Materie an (mit der die physische Natur verquickt ist). Auch sind sie im Universellen miteinander zu einer Einheit verbunden, stehen in den Einzelwesen aber untereinander in Streit und Gegensatz. In dieser Weise aber verliert überhaupt alles Geteilte, das nur durch die Materie an den (intellegiblen) Prinzipien im Weltganzen Anteil gewinnt, (jene) Schönheit, Vollkommenheit und Unversehrtheit (die den ideellen Prinzipien im Weltganzen als den Ideen alles Geteilten wesenhaft eignet). Ja manche von den Teilnaturen müssen sogar zugrunde gehen, damit das Universelle in seiner naturgemäßen Fügung erhalten bleibe, und die Teile werden bisweilen eingeschränkt und zusammengedrückt, obwohl das Ganze, das aus eben dieser ungeordneten Masse entsteht, dabei doch nicht in Mitleidenschaft gezogen wird. (Über alles das habe ich übrigens auch schon oben, I. 18. gesprochen.)

IV. 10: Ziehen wir also die sich hieraus ergebenden Schlussfolgerungen (um nachzuweisen, dass auch die sichtbaren Planeten- und Gestirngötter an sich nur Gutes wirken können, obwohl die Beschwörer mit ihrer Hilfe auch tatsächlich böse Zauberwirkungen erzielen): Wenn gewisse Beschwörer die Energien des Weltganzen, die in der (sinnlich wahrnehmbaren) Natur (des Weltalls) oder in den Körpern vorhanden sind, verwenden, so ist die Gewährung dieser Energien (von Seiten der Gestirngottheiten) an sich völlig indifferent und frei von Bosheit; erst der, der diese Gabe verwendet, gestaltet sie (beim Schadenzauber) in ihr Gegenteil, d. h. ins Böse, um.

Auch die Darreichung dieser Energien an sich wirkt zwar (manchmal) schon im entgegengesetzten (d. h. teilweise auch zerstörenden) Sinne, aber doch nur infolge der durch die Sympathie (des Makrokosmos mit dem Mikrokosmos und der Schöpfung) bewirkten Angleichung (der Energien) an die Affekte (bei ihrem Hinabsteigen in die Materie, wie ich oben in Kapitel 9 bezüglich der Energien Liebe, Verlangen und Streit dargelegt habe). Der Beschwörer (Schadenzauberer) aber zieht schon mit bewusster Absicht (zu schaden) das Dargebotene widerrechtlich zum Bösen hinüber!

Ferner bewirkt das Niedersteigen dieser Energien gemäß der Harmonie des Weltganzen die Sympathie auch der am weitesten auseinanderlegenden Teile des Weltganzen (nämlich einerseits der Planetengötter und andrerseits der sichtbaren Schöpfung) miteinander. Wenn nun jemand, der das weiß, in übler Weise versucht, gewisse Sonderenergien des Weltganzen auf andere Teile (der sichtbaren Schöpfung) hinüberzuziehen (als auf jene, auf die sich diese Energien gemäß der Harmonie und Sympathie des Übersinnlichen mit dem Sinnlich-Materiellen erstrecken sollen), dann verwandeln doch ganz offensichtlich nicht die Prinzipien jener Energien (also nicht die intelligiblen Gottheiten der Gestirne selbst) diese Energien in ihr Gegenteil; sondern vielmehr nur die Frechheit der Menschen und ihr Hinausgehen über die Ordnung im Kosmos gestaltet ihre Schönheit und Gesetzmäßigkeit in das Gegenteil um. Also tun nicht die Götter selbst das, was als böse gilt, sondern nur die von ihnen herabdringenden physischen Energien und die Körper (hier auf Erden, die diese Energien sehr verschiedenartig in sich aufnehmen). Doch verursachen auch diese eine gewisse Schädigung keineswegs in der Weise, wie man annimmt; denn auch diese ihre Emanationen senden die Götter ja wenigstens zum Heile des Ganzen (Universellen) in das Irdische hinaus (mag aus den dargelegten Gründen auch dieser oder jener Teil des Irdischen durch diese Emanationen geschädigt, ja vernichtet werden). Dagegen formen die, die diese Energien empfangen, sie durch eigenmächtiges Zusammenmengen und durch Ableiten (auf nicht Gehöriges) um und verwenden, was ihnen anders verliehen wurde, zu anderm Zwecke.

Und so ist denn wohl aus all dem ganz und gar der Beweis erbracht, dass die Gottheit am Bösen und Ungerechten schuldlos ist.

IV. 11: Hierauf fragst du und bist voll Ungewissheit, „wieso die Götter auf den, der bei ihrer Zitierung nicht rein von Geschlechtslust ist, nicht hören, obwohl sie doch selbst nicht zögern, jeden beliebigen Menschen zu unerlaubter Geschlechtslust aufzuregen." – Die Beseitigung auch dieses Bedenkens ergibt sich klar und deutlich schon aus dem oben Bemerkten: Das geschieht nämlich entweder gegen die (menschlichen) Satzungen, aber mit Rücksicht auf ein anderes Prinzip und eine andere (Rechts-)Ordnung, die (als die göttliche) auch (bezüglich der Begriffe rein und unrein) über die menschlichen Satzungen erhaben ist, oder zwar gemäß der (ideellen) Harmonie und Liebe im Weltganzen, aber zufolge einer nicht angemessenen Vermengung (der von jener Idee der Liebe in die Materie herabdringenden Emanationen) mit den Teilen, oder aber endlich, wenn die Gabe der gerecht überlieferten Energien zum Guten von denen, die sie empfangen, in das Gegenteil verkehrt wird.

IV. 12: Das müssen wir uns aber auch noch im Einzelnen besehen, wie es zustandekommt und welche Grundlage es hat: Man muss beachten, dass das Weltganze ein einziges Lebewesen ist; die Teile in ihm (nämlich einerseits der siderische Makrokosmos, andrerseits die sinnlich wahrnehmbare Schöpfung hier auf Erden) sind zwar räumlich voneinander getrennt, streben aber doch in einem einheitlichen Naturdrang zueinander. Die zusammenführende Energie und das Prinzip der Vermischung zieht also schon von Natur selbst die Teile zu gegenseitiger Vermischung zusammen, doch kann dieses treibende Prinzip (im Liebeszauber) auch künstlich erregt und über Gebühr gesteigert werden. Dieses Prinzip an sich und das, was sich aus ihm über den ganzen Kosmos verbreitet, ist gut und ist das Prinzip der Befriedigung, das Gemeinschaft, Vermischung und Ebenmaß bewirkt und durch die Verschmelzung (der Teile des Weltganzen) in Eins die unzerstörbare Grundlage des Verlangens legt, die alles, was existiert und wird, beherrscht. In den Teilen dagegen bewirkt dieses Prinzip wegen ihres Abstandes voneinander und auch vom Universellen (den Ideen) und weil endlich die Teilnaturen ihrer Wesenheit nach auch unvollkommen, mangelhaft und schwach sind, diese gegenseitige Verbindung nur als leidende Zustände (Affekte, nicht mehr als wirkende Energien); deshalb sind auch den meisten Teilnaturen Begierde und Verlangen (als zuständliche Affekte) angeboren.
Da nun die menschliche Kunstfertigkeit erkannte, dass dieses Prinzip der Natur und den Teilwesen in ihr in dieser Weise eingepflanzt ist, lenkt und leitet sie, die selbst in mannigfachen Erscheinungsformen über die Natur verteilt ist, dieses Prinzip in mannigfacher Weise an andere Orte (wo es nicht wirken sollte), bringt so in das, was in sich selbst wohlgeordnet ist,

Unordnung hinein, erfüllt das an sich schöne und wohlangepasste Verhältnis (der Teilnaturen) zu den Ideen mit Mangel an Ebenmaß und mit Hässlichkeit, verwendet die hehre Frucht der Vereinigung aller Teile (des Weltganzen) zur Einheit in unsittlicher Befriedigung und Sättigung im gewöhnlichen Sinne des Wortes, die sich aus Verschiedenartigem als (zuständlicher) Affekt (der Teilnaturen) zusammensetzt. Auch fügt sie (im Liebeszauber) aus eigener Machtvollkommenheit Materien hinzu, die für die Zeugung des Schönen (Guten) überhaupt (oder prinzipiell) dienlich sind, wobei sie aber doch das Schöne (Gute) nicht in seiner ganzen (Segen stiftenden) Fülle annimmt oder es auch auf anderes überträgt (wohin es nicht gehört), und vermengt viele verschiedenartige Naturkräfte, aus denen sie die Mischungen für die (grobsinnliche) Zeugung ganz nach ihrem Belieben beeinflusst (und daher auch unerlaubte, widernatürliche und blutschänderische Liebesbegierden in den Teilwesen hier auf Erden zu erregen vermag).

Von allen Seiten erbringe ich also den Beweis, dass eine solche (grobsinnliche) Vereinigung (bestimmter Teilnaturen) in Geschlechtslust nur durch eine menschliche Kunstfertigkeit bewirkt wird, keineswegs aber durch einen von Göttern oder (guten) Dämonen (auf die betreffenden Teilnaturen) ausgeübten Zwang (der durch die theurgischen Operationen von Seiten der Zauberer ausgelöst wurde).

IV. 13: Betrachte das aber auch noch von einem andern Grundprinzipe aus, nämlich mit Rücksicht darauf, dass gewisse Steine oder Pflanzen oft aus sich selbst von Natur die Fähigkeit besitzen, das, was wird, zu vernichten oder aufzubauen. Da diese Naturkraft aber nicht nur für diese Steine und Pflanzen, sondern auch für Höhergeartetes gilt und sich auch in vorzüglicheren Erzeugnissen vorfindet, übertragen sie die, die sie nicht richtig zu erfassen vermögen, gar leicht auf noch Höheres, nämlich auf die (göttlichen) Prinzipien der verschiedenen (Teil-)Naturen selbst (und betrachten so fälschlicherweise die Götter und guten Dämonen als Urheber des verderblichen, schadenstiftenden Liebes- und Schadenzaubers).

Indes geht doch die allgemeine Überzeugung dahin, dass in der Schöpfung, in allem Menschlichen und Irdischen die Klasse der bösen (Stoff-) Dämonen die größte Macht zu entfalten vermag. Ist es daher noch verwunderlich, wenn auch solche Werke eine so geartete Klasse (höherer Wesen) wirken sollte? Es vermag aber nicht jedermann zu unterscheiden, welche Dämonen gut und welche böse sind und durch was für Kennzeichen sie voneinander geschieden werden. Die nun, die das nicht zu durchschauen vermögen, schließen ganz widersinnig aus solchen Erscheinungen (der mit Hilfe dieser bösen Stoffdämonen arbeitenden Liebes- und Schadenzauberei) auch auf das (göttliche) Grundprinzip und übertragen jene (vernichtende und schädigende) Naturkraft auch auf jene höheren Klassen (der höhern Wesen), die über die Schöpfung und auch über die Gruppe der (bösen Stoff-)Dämonen erhaben sind.

Wenn man ferner zu solchen Werken (des schmutzigen Liebes- und Schadenzaubers) auch noch gewisse Energien der Teilseele (als Urheber) mit einrechnet, sei es, dass sie noch vom Leibe umschlossen gehalten wird, sei es, dass sie den schalenartigen und erdigen Leib zwar schon verlassen hat, aber doch immer noch in einem schmutzigen und von feuchten Dünsten durchtränkten pneumatischen Leibe um die Stätten hier auf Erden herumirrt, dann ist diese Auffassung zwar ebenfalls richtig, vom Prinzipe der höhern (göttlichen) Geschlechter aber natürlich himmelweit entfernt.

Unter gar keinen Umständen also leihen die Götter und guten Dämonen insgesamt den frevelhaften Liebesbegierden der Menschen ihre Dienste, da diese Lüste (und ihre Befriedigung vermittels des Liebeszaubers) auf viele ganz anders geartete Prinzipien (nämlich auf die bösen Stoffdämonen und die menschliche Seele) zurückgehen.

5. Teil

Über das Wesen, die Wirkung und die Gattungen des Opfers. Zurückweisung der Angriffe des Porphyrius auf das Tieropfer und eine bestimmte Gattung der Divination.

V. 1: Hierauf bist du bezüglich eines Problems im Zweifel, das sozusagen alle Menschen gemeinsam beschäftigt, mögen sie ihr Leben in Studien hinbringen oder weniger gebildet sein, nämlich darüber, „welchen Zweck oder welche Bedeutung die Opfer im Weltganzen und bei den Göttern haben und warum sie den dadurch Geehrten in angemessener und den Darbringenden in nützlicher Weise dargebracht werden." Es kommt aber dort auch noch ein (scheinbarer) Widerspruch hinzu, der sich daraus ergeben soll, „dass die Priester sich des Beseelten enthalten sollen, damit die Götter nicht durch die Dünste und Dämpfe, die aus den (geopferten) Lebewesen aufsteigen, verunreinigt werden. Denn das stehe mit dem Umstände im Widerspruche, dass sich die Götter selbst gerade durch die Opferdämpfe aus Tierkadavern am stärksten anlocken lassen."

V. 2: Den Widerstreit dieser Sätze kann man aber leicht beseitigen, wenn man auf die Überlegenheit des Ganzen (Universellen) über die Teile hinweist und an die ausgezeichnete Übergewalt der Götter den Menschen gegenüber erinnert: Für die (göttliche) Weltseele erwächst nämlich aus dem Umstände, dass sie dem Körper des Weltganzen vorsteht, und ebenso auch für die himmlischen Gestirngötter aus dem Umstände, dass sie die Himmelskörper nur beschreiten (wie ich oben nachwies) doch keine Beeinträchtigung (ihres Wesens in der Weise), dass sie dadurch affiziert würden, und auch keinerlei Behinderung ihres Intellektes; die (menschliche) Teilseele dagegen erleidet in Rücksicht auf Beides aus ihrer Gemeinschaft mit dem Körper tatsächlich eine solche Beeinträchtigung. Wenn nun jemand letzteres einsieht, daraus aber widersinnigerweise schließen sollte, dass, wenn für unsere Seele der Körper eine Fessel bedeutet, auch für die Weltseele der Weltkörper eine Fessel bedeuten müsse, und dass, wenn sich die (menschliche) Seele dem Körper (und den durch ihn vermittelten Affekten) hingibt, sich auch die Macht der Götter der Schöpfung (der Materie und ihren Affekten) hingeben müsse, so könnte ihm jedermann mit dem Hinweise darauf die richtige Antwort geben, dass

127

er offenbar gar nicht wisse, wie gewaltig die höheren Wesen die Menschen und das Ganze (Universelle) die Teile überragt. Solche Gegenüberstellungen also von wesentlich Verschiedenem können keinen begründeten Zweifel erregen.

V. 3: Und auch hier genügt dieselbe Überlegung: Uns Menschen teilt zwar der Genuss der Körper, die einmal mit einer Seele Gemeinschaft hatten, Schwere und Befleckung mit und erzeugt Wollust und viele andere krankhafte Zustände in unserer Seele, bei den Göttern dagegen, die die universellen Prinzipien vorstellen, passt sich der von solchen Körpern in gewisser heiliger (ritueller) Weise emporsteigende Opferdampf seinerseits an die höheren Wesen und alle Prinzipien an, umfängt aber nicht sie und gleicht nicht sie selbst an sich an. Denn der Opferdampf selbst wird zwar von den Göttern und dem Universellen umfangen, umfängt aber nicht seinerseits jene, schließt sich ferner zwar selbst an die universellen Prinzipien an, doch niemals umgekehrt das Universelle und Göttliche sich an ihn.

V. 4: Der Umstand also, der dich als Vorkämpfer der Enthaltung vom Beseelten in Aufregung versetzt, bietet Überhaupt keine Schwierigkeit, wenn jemand den wahren Sachverhalt erfasst: Denn nicht aus dem Grunde, damit die Götter durch die Dünste aus den Tierkadavern nicht befleckt werden, enthält ihr Verehrer sich des Beseelten. Welcher aufsteigende Dunst sollte nämlich den Wesen nahe kommen können, die, bevor überhaupt etwas Materielles ihre Macht zu berühren vermag, die Materie ohne jede Berührung (nur durch ihre intelligible, rein immaterielle Wesenheit an sich) vernichten?! Das ist ganz unmöglich, und zwar nicht etwa nur deshalb, weil ihre Macht alle Körper vernichtet und unsichtbar macht, ohne ihnen auch nur nahezukommen, sondern auch deshalb, weil der Himmelskörper mit allen Materialelementen unvermengbar ist und weder irgend etwas aus dem, was sich außerhalb seiner befindet, in sich aufnimmt, noch auch selbst irgendeinen Teil seiner selbst in etwas abgibt, was ihm fremdartig ist.
Wie sollte ferner ein Erddunst, der sich von der Erde nicht über fünf Stadien (d. i. 888m) erheben kann und dann wieder zur Erde zurücksinken muss, sich dem Himmel nähern, den Himmelskörper, der sich in Kreisbahnen bewegt und immateriell ist, nähren oder ihm irgendeine Befleckung oder welche Beeinflussung auch immer mitteilen können?

Denn die allgemeine Überzeugung geht doch dahin, dass der Ätherkörper (der sichtbaren Planeten- und Gestirngottheiten) über aller Gegensätzlichkeit steht, frei ist von jeder Veränderung, durchaus rein von der Möglichkeit, sich in was immer umzugestalten, und auch völlig unabhängig vom Zug zum oder vom Zentrum, weshalb er entweder völlig ohne Bewegung verharrt (wie die Fixsterne) oder sich (wie die Planeten) in einer Kreisbahn bewegt. Es ist daher ganz ausgeschlossen, dass von Seiten jener Körper, die aus verschiedenen Energien und Bewegungen zusammengesetzt sind, sich mannigfach verändern und entweder hinauf- oder hinunterstreben, sich etwas von ihrer Natur, Energie oder Ausdünstung den Körpern am Himmel beimenge. Auch wird nichts von all dem, was völlig von den Himmelskörpern getrennt ist, auf sie einwirken können; denn jene Himmelskörper verfügen nicht über die Fähigkeit, eine Veränderung von Seiten dessen, was (durch Zeugung) geworden ist, in sich aufzunehmen, da sie selbst nicht (durch Zeugung) geworden (sondern vom Demiurgen geschaffen) sind. Kann also das Wesen des Göttlichen von solchen Dünsten befleckt werden, da es die Ausdünstungen der universellen Materie (an sich) und der materiellen Körper augenblicklich und mit einem Schlage, um mich so auszudrücken, vernichtet?

So etwas anzunehmen, ist also (der Götter) durchaus unwürdig; man muss vielmehr bedenken, dass Derartiges nur uns Menschen und unserer menschlichen Natur nicht angemessen ist: Denn nur zwischen Geteiltem und Geteiltem, Materiellem und Materiellem und überhaupt Gleichartigem und Gleichartigem besteht die gemeinsame Möglichkeit, aufeinander zu wirken und durcheinander gegenseitig beeinflusst zu werden; was also von anderer Wesenheit ist, weit überragt und von ganz andern Naturen und Energien Gebrauch macht, kann unmöglich aufeinander wirken oder durcheinander beeinflusst werden. Die Befleckung durch das Materielle kann demnach auch nur jenen Wesen widerfahren, die von einem materiellen Leibe umschlossen sind; daher muss sich von der Befleckung damit auch nur jenes rein halten, was von der Materie befleckt werden kann. Die Wesen dagegen, die überhaupt über keine (materielle) Teilnatur und (mithin) auch nicht über die Fälligkeit verfügen, Beeinflussungen von der Materie in sich aufzunehmen, wie sollten diese durch das Materielle befleckt werden? Wie soll es ferner möglich sein, dass das Göttliche, das mit uns nichts gemein hat, sondern hoch über der menschlichen Schwäche steht, durch das beschmutzt werde, was mir oder irgendeinem andern Menschen (durch die Materie) widerfährt? Keines von beiden hat also auf die Götter Bezug, weder wenn wir uns mit materiellen Körpern (beim Fleischessen) anfüllen – denn das hat ja überhaupt nichts mit den Göttern zu schaffen und sie werden auch nicht durch diese unsere Befleckung verunreinigt, da sie selbst durchaus unbefleckt und rein sind – noch wenn irgendwelche materielle Körperdünste oder -Dämpfe um die Erde her aufsteigen; denn auch diese sind ja unendlich weit von der Wesenheit und Macht der Götter entfernt. Damit stürzt aber zugleich auch die ganze Grundlage für jenen (angeblichen) Widerspruch zusammen, da keiner ihrer Teile auf die Götter Bezug hat. Denn wie kann etwas, das eigentlich gar nicht vorhanden ist, in sich einen Widerspruch enthalten? Unnötigerweise also argwöhnst du hinter solchem etwas Widersinniges und trägst Bedenken vor, die der Götter unwürdig sind, Bedenken, die man vernünftigerweise nicht einmal für gute Menschen gelten lassen kann; denn nicht einmal ein vernünftiger und leidenschaftsloser Mensch wird es sich gefallen lassen (dass man von ihm glaubt), er werde durch aufsteigende Opferdünste angelockt, geschweige denn irgendeines der höhern Wesen! Doch das werde ich ein wenig später (V. 10.) behandeln. Da also jener (scheinbare) Widerspruch mit Hilfe vieler Gründe beseitigt ist, will ich die Erörterung der ersten Schwierigkeit beenden.

V. 5: Die wichtigere und auf wichtigere Gegenstände abzielende Frage, die du (dann) stellst, wie sollte ich dir diese in Kürze und mit wenigen Worten beantworten, da sie einer schwierigen und weitläufigen Erörterung bedarf? Ich meinerseits will darüber sprechen und es an Eifer nicht fehlen lassen, du aber versuche meinen knappen Anhaltspunkten und Andeutungen zu folgen.
Meine eigene Meinung über die Opfer will ich dir also in folgenden Worten klarlegen: Man darf sie niemals nur der Ehrung wegen so darbringen, wie wir unsere (menschlichen) Wohltäter (durch Geschenke) zu ehren pflegen, auch nicht, um dadurch unsere Dankbarkeit für die Güter an den Tag zu legen, die uns die Götter schenkten, und endlich auch nicht als Erstlingsab-gaben oder Vergeltungsgeschenke für wertvollere Güter, die uns die Götter gewährten. Alle diese Beweggründe sind nämlich gemein, haben nur für Menschen Geltung und sind von dem allgemeinen Verkehr der Menschen untereinander hergeholt, passen aber keineswegs zu dem durchaus überragenden Wesen der Götter und zu ihrer Rangstellung als höchste Prinzipien.

V. 6: Derartige Beweggründe für die Opfer erklären aber auch in keiner Weise das Wichtigste an ihnen, nämlich ihre Wirkungen, warum sie so Großartiges zu bewirken vermögen, dass es ohne Opfer zu keinem Aufhören von Pest, Hungersnot oder Unfruchtbarkeit und auch nicht zur Erflehung von Regen kommen kann; sie erklären ferner aber auch nicht, was noch wichtiger ist als das, nämlich alles, was sich auf die Läuterung, Vollendung oder Loslösung der Seele von der (materiellen) Schöpfung bezieht. Daher darf man diese Beweggründe nicht anerkennen, da sie eine Begründung enthalten, die der durch die Opfer hervorgerufenen Wirkungen nicht würdig ist; man darf diese Begründung allenfalls nur an zweiter Stelle gelten lassen, als erst an zweiter Stelle auf die ersten und ältesten (ursprünglichsten und wichtigsten) Prinzipien folgend und mit ihnen verbunden.

V. 7: Die Betrachtung erfordert also anzugeben, mit Rücksicht worauf die Opfer die Fähigkeit besitzen, solches zu bewirken, und wodurch sie mit den Göttern, den präexistenten Prinzipien alles dessen, was existiert, in Verbindung stehen.

Wenn wir darauf antworten wollten, das geschieht, weil das Weltall ein einziges Lebewesen ist und überall über das gleiche Leben verfügt und weil mithin die Gemeinschaftlichkeit der einander ähnlichen oder der Widerstreit der einander entgegengesetzten Energien oder endlich ein gewisses angemessenes Verhältnis zwischen dem Wirkenden und dem, worauf sich seine Wirkung erstreckt, das Ähnliche und Angemessene erregt, indem nämlich alles das nach dem Grundgesetz der Sympathie alles durchdringt und sich in den am weitesten auseinanderliegenden Teilen (des Weltganzen) ebenso vorfindet wie in den einander nächsten – dann sprechen wir zwar etwas von dem wahren Sachverhalt und von dem aus, was den Opfern notwendig (als Wirkung) folgen muss, das wahre Wesen der Opfer selbst aber wird auch dadurch noch keineswegs aufgedeckt. Denn die Wesenheit der Götter beruht nicht auf der Natur (des Weltganzen) und den Naturgesetzen, so dass sie durch Reizmittel, die in der Natur liegen, oder durch Energien, die durch die ganze Natur hindurch wirken, erregt werden könnte, sondern ist vielmehr außerhalb dieser Dinge nur auf sich selbst beschränkt, da sie keinerlei Beziehung dazu hat weder in ihrer Wesenheit noch in ihrer Macht noch in was immer.

V. 8: Zu derselben widersinnigen Auffassung (wie du sie vertrittst) gelangt man aber auch, wenn man wie gewisse Leute die Zahlen (Zahlbegriffe) bei uns Menschen zur Gottheit in Beziehung setzt wie etwa beim Krokodil die Zahl sechzig als dem Sonnengotte eignend (wodurch wieder das Krokodil zu diesem Gotte in Beziehung stehen soll. Oder wenn wir das Gleiche auch für bestimmte geistige Eigenschaften gewisser Tiere annehmen, die in ihrer Natur selbst liegen (nicht aber auf göttliche Beeinflussungen von außen her zurückgehen, wie ich sie oben III. 15. behandelt habe), als da sind gewisse Energien und Betätigungsweisen, z. B. beim Hund, Pavian und der Spitzmaus als mit der Mondgottheit in Beziehung stehend, oder wenn man gewisse materielle (körperliche) Eigenheiten, wie man sie an den sogenannten heiligen Tieren (in Ägypten) nach Farbe und allen Körpereigenschaften überhaupt beobachten kann, oder sonst irgend etwas am Körper der Tiere oder der sonstigen Opfergaben als Ursache der Opferwirkung bezeichnet oder endlich auch noch einen bestimmten Körperteil (eines bestimmten Tieres), wie z. B. das Herz des Hahns oder irgend etwas anderes dieser Art, was sich an der körperlichen Natur der Tiere wahrnehmen lässt. Denn durch alles das wird doch das in den Göttern liegende Prinzip nicht als über der Natur stehend erwiesen und dass es als solches durch die Opfer zur Betätigung angeregt wird, sondern (im Gegenteil), dass es nur als Naturprinzip, von der Materie und den Körpern begrenzt, sich infolge der Opfer in rein physischer Weise betätigt und auch wieder zur Ruhe kommt und dass mithin alles das nur in der physischen Natur (der Welt und Schöpfung) liegt. Wenn aber tatsächlich bei den Opfern etwas Derartiges mit unterläuft, so wirken diese Dinge doch nur (akzidenziell) und als über jenes Prinzip mitverfügend mit, das nicht fehlen darf, und sind nur in dieser Weise mit den prinzipiellen Ursachen (der Opferwirkungen) verknüpft.

V. 9: Richtiger ist es vielmehr, das Prinzip (der Opferwirkungen) in der Liebe und dem vertrauten Verhältnis der Schöpfer zum Geschaffenen und der Erzeuger zum Erzeugten zu sehen, das sie miteinander verbindet. So oft wir daher unter Voraussetzung dieses allgemein geltenden Prinzipes ein Tier opfern oder sonst etwas von dem, was auf Erden existiert, (zum Opfer) verwenden, das den Willen seines Schöpfers unvermengt und rein bewahrt, setzen wir durch so etwas das schöpferische Prinzip, das rein auf ihm beruht, in durchaus entsprechender und würdiger Weise in Tätigkeit.
Da es aber viele solcher Prinzipien gibt und gewisse davon, wie die dämonischen, enge (mit dem irdischen Ding der Opfergabe) verbunden,

andere dagegen darüber gestellt sind, wie die göttlichen Prinzipien, und da endlich über allen diesen Prinzipien ein einziges, das Urprinzip (das des Demiurgen oder Urgottes selbst) steht, so werden durch ein vollkommenes Opfer alle diese Prinzipien in Tätigkeit und Wirkung umgesetzt. Dabei steht das Opfer jedes Mal in enger Beziehung zu dem Prinzipe, in dessen Rangordnung es fällt. Ist das Opfer aber nicht vollkommen, dann wirkt es nur bis zu einem bestimmten Prinzipe hinauf, höher aber kann es seine Wirkung nicht mehr steigen lassen. Deshalb glauben viele Leute, dass die Opfer (als materielle Gaben) nur den guten Dämonen, den untersten Energien der Götter oder jenen Energien der Götter oder Dämonen dargebracht werden, die nur kosmisch oder physisch sind; darin haben sie gewiss teilweise Recht (da diese ihre Auffassung für das unvollkommene Opfer ja tatsächlich gilt), das wahre Wesen der im Opfer liegenden Kraft aber kennen auch sie nicht und ebenso wenig auch alle seine Güter, die sich auf alles Göttliche (in allen seinen Rangabstufungen) insgesamt erstrecken.

V. 10: Ich dagegen lasse alle Prinzipien gelten, die physischen, die innerhalb der ganzen sichtbaren Natur wie in einem einzigen Lebewesen nach den Gesetzen der Sympathie und Antipathie in Tätigkeit gesetzt werden, aber diese als ohne besondere Wirkungsmöglichkeit vorliegend und dem (eigentlich wirkenden) Prinzipe der Opfer nur dienend, dann die Prinzipien der Dämonen und der irdischen oder kosmischen Energien der Götter als in der Stufenleiter der Prinzipien uns zunächst liegend, und endlich auch die Prinzipien, die die vollkommensten und eigentlich führenden sind und von denen ich feststelle, dass sie mit den schöpferischen und vollkommensten Energien in Verbindung stehen. Weil aber diese höchsten Prinzipien alle Prinzipien überhaupt, wie viele es auch geben mag, in sich schließen, behaupte ich, dass zugleich mit ihnen alles, was zu wirken vermag, zuhauf mit in Tätigkeit versetzt wird und dass aus all dem sich die Förderung (durch die dargebrachten Opfergaben) gemeinschaftlich in die ganze Schöpfung ergießt, manchmal nach Städten oder Völkern und Stämmen welcher Art und Größe auch immer, manchmal aber auch nur nach einzelnen Häusern oder Einzelindividuen die Güter im schöpferischen Willen (zum Nutzen der Beschenkten) in Fülle gewährend. Die Verteilung der so gewährten Güter erfolgt dabei aber nicht etwa infolge eines Affektes derer, die sie gewähren, sondern indem diese vielmehr kraft ihrer leidenschaftslosen Vernunft nach dem Wesen und der Art des Verhältnisses der Empfangenden zu den Gewährenden entscheiden, wie sie die

Güter gewähren sollen, und indem eine einheitliche Liebe, nämlich die, die das Weltall zusammenhält, diese Verbindung zwischen Gebenden und Empfangenden in geheimnisvoller (mystischer) Gemeinschaftlichkeit herstellt.

Diese unsere Auffassung entspricht der Wahrheit und auch der Wesenheit und Energie der Götter viel mehr als deine Ansicht, dass sich die Götter am stärksten durch die Dünste und Dämpfe der Tieropfer anlocken lassen. Wenn nämlich auch tatsächlich um die Dämonen ein Körper gelegt ist, von dem gewisse Leute wähnen, dass er durch die Opfer genährt werde, so ist doch dieser Körper unveränderlich und unbeeinflussbar, glanzartig und ohne Bedürfnisse, so dass weder irgend etwas aus ihm ausströmt, noch er irgendeines Zuflusses von außen her bedarf. Und wollte man schon letzteres zugeben, weshalb sollten denn dann die Dämonen gerade der Opferdünste (zu ihrer Ernährung) bedürfen, da doch der ganze Weltraum und die in ihm befindliche Atmosphäre von unerschöpflichen Ausdünstungen (Emanationen) alles Irdischen erfüllt und diese Ausdünstung überall gleichmäßig ausgegossen ist? Wenn ferner die Dämonen (die doch rein immaterielle Wesen sind) Gewisses aus sich ausschieden, dann würde das, was ihnen durch die (materiellen) Opfer (als Ersatz dieses Abflusses) zukäme, dem Abgange (der auch rein immateriell sein müsste) keineswegs völlig entsprechen, so dass es (innerhalb des Dämonenkörpers) weder zu einem Überschuss noch Mangel kommen könnte, und er sonach durchaus gleichartig und ebenmäßig verbleiben müsste. Endlich hat auch ganz sicher nicht der Schöpfer zwar allen Lebewesen auf der Erde und im Meere eine unerschöpfliche und bereitliegende Ernährung sichergestellt, den Wesen dagegen, die vollkommener sind als wir, hierin Mangel zugeteilt; und ebenso wenig hat er den übrigen Lebewesen die Möglichkeit angeboren, was sie täglich brauchen, sich durch sich selbst zu beschaffen, den Dämonen dagegen nur eine Ernährung von außen her und nur durch uns Menschen geboten. Denn dann müssten ja offenbar die Leiber der Dämonen infolge der Unregelmäßigkeit und Unordnung (des Ab- und Zuflusses) mangelhaft und leidend werden, wenn wir Menschen aus Trägheit oder aus sonst irgendeinem Grunde eine solche Nahrungszufuhr vernachlässigten!

Warum stoßen also die, die das behaupten, nicht gleich auch die ganze Weltordnung um und reihen uns Menschen nicht in eine höhere und mächtigere Rangklasse (als die den Dämonen zukommt) ein? Denn wenn sie uns Menschen zu den Ernährern und Befriedigern der Dämonen machen, dann müssen wir auch ihre Urheber sein: Alles nämlich, was wird, zieht seine Nahrung und Vollendung aus dem, woraus es entstand; das kann man an der sichtbaren Schöpfung, aber auch am Kosmischen beobachten. Denn auch das Irdische (Materielle in der sinnlich wahrnehmbaren Natur um uns) wird durch das Himmlische (d. h. durch die Ausflüsse und Emanationen der Himmelskörper) genährt. Noch viel deutlicher wird das aber an den Kategorien der Unsichtbaren; denn die Seele zieht ja ihre Nahrung und Vollendung (durch Vermittlung der Weltseele, aus der sie emaniert wurde) aus dem (göttlichen) Intellekte (Nus, als ihrem Schöpfer), die Natur (unseres materiellen Leibes) aber wieder aus der Seele und ebenso wird auch alles andere immer nur von seinem Ursprungsprinzip genährt und erhalten. Wenn es aber unmöglich ist, dass wir Menschen die Dämonen hervorbringen, können wir auch unmöglich ihre Ernährer sein.

V. 11: Aber auch noch in einem andern Punkte scheint mir diese Auffassung (der Opfer als Götterspeise) fehlzugehen; sie berücksichtigt nämlich den Umstand gar nicht, dass die Opfer doch nur mit Hilfe des Feuers dargebracht werden, das die Materie (an den Opfergaben) verzehrt und vernichtet, diese sich selbst angleicht, nicht aber (umgekehrt) an die Materie angeglichen wird und diese zwar zum göttlichen, himmlischen und immateriellen (intellegiblen) Feuer emporführt, nicht aber selbst zur Materie und Schöpfung herabsinkt. Wäre nämlich tatsächlich der anlockende Genuss der Dünste und Dämpfe aus der Materie (der Opfergaben) eine Hingabe (der höhern Wesen) an die Materie, dann müsste doch die Materie (der Opfergaben) unversehrt erhalten bleiben müssen, denn nur unter dieser Voraussetzung könnte dann auch denen, die an ihrem Ausfluss Anteil erhalten, ein größerer Genuss daraus erwachsen. Nun aber wird die Materie vollkommen verbrannt und verzehrt und in die Reinheit und Feinheit des Feuers umgewandelt.
Auch das also ist ein deutlicher Beweis für das Gegenteil dessen, was du behauptest. Denn die höhern Wesen, denen es lieb ist, dass die Materie durch das Feuer vernichtet wird, sind eben (durch alles Materielle durchaus) unbeeinflussbar; sie machen aber auch uns Menschen durch die Materie unbeeinflussbar, gleichen unser Inneres den Göttern an, wie auch das Feuer alles Feste und Widerliche den lichten und feinen (Geister-) Leibern angleicht, und führen uns so durch die Opfer und durch das Opferfeuer in derselben Weise empor, wie auch das (irdische) Feuer (beim Opfer) alles, was (zur Materie) herabzieht und dem göttlichen und

himmlischen (intellegiblen) Feuer zuwider ist, zum göttlichen Feuer emporführt und emporhebt.

V. 12: Denn um es mit einem Worte zu sagen: Das körperartige Immanenzmittel, das den Dämonen (d. h. allen höhern Wesen von den Göttern bis herab zu den Dämonen) dient, besteht nicht aus Materie und auch nicht aus Elementen (Feuer, Luft, Wasser, Erde) und auch nicht aus irgendeinem andern uns bekannten Körperstoffe. Was für eine Sättigung kann also für eine andersgeartete Wesenheit aus einer völlig verschiedenen Wesenheit erwachsen? Oder was für ein Genuss für Wesensverschiedenes aus Wesensverschiedenem? Das ist ganz ausgeschlossen, sondern (im Gegenteil): Ebenso wie die Götter durch ihr (intellegibles) Feuer wie durch einen Blitzstrahl die Materie zerschneiden und von ihr, was (auch in ihr) wesenhaft immateriell ist, durch sie aber beherrscht und umstrickt wird, scheiden und das (an uns Menschen hinfort) durch die Materie unbeein-flussbar machen, was (vor der läuternden und emporhebenden Erleuchtung unserer im Leibe eingeschlossenen Seele kraft der göttlichen Ekstasen und Visionen durch unsern materiellen Leib und seine Affekte) beeinflussbar war (wovon ich oben II. 5 gesprochen habe), genau ebenso ahmt auch das (irdische Opfer-)Feuer bei uns (auf Erden) diese Energie des göttlichen (intellegiblen) Feuers nach und vernichtet alles Materielle an den Opfern, läutert, was dem Feuer nahegebracht wird, und macht es durch die Reinheit seiner eigenen Natur für die Gemeinschaft mit den Göttern geeignet (indem so die immateriellen Energien der materiellen Opfergaben frei werden und zum Intellegibel-Göttlichen emporsteigen können). Dadurch befreit es aber auch uns (die Opfernden) auf dieselbe Weise von den Fesseln der (sinnlich-materiellen) Schöpfung, ähnelt uns den Göttern an, macht uns für die Freundschaft mit den Göttern befähigt und erhebt unsere materielle Natur zur immateriellen (der höhern Wesen).

V. 13: Indem ich also in dieser allgemein gehaltenen Weise die widersinnige Auffassung von den Opfern (als Götterspeise) umstieß, habe ich auch schon an ihre Stelle die richtige Auffassung gesetzt; für das Besondere der einzelnen Opfergattungen aber wird schon jeder vernünftige Mensch, der zugleich die Fähigkeit besitzt, von der Einheit auf die Vielheit zu schließen, auch das hier eigentlich noch Fehlende hieraus leicht begreifen können. Eine besondere Untersuchung über die (einzelnen) Opfer(gattungen) erfordert nämlich eine Zergliederung, die nicht zu unserm

Thema gehört. Ich nun glaube zwar, dass das bisher Vorgetragene schon genügt, sowohl aus andern Gründen als auch weil es der Reinheit der Götter entspricht; da es aber den andern Leuten wegen ungenügender Klarheit unglaublich erscheinen und daher vielleicht den Argwohn aufkommen lassen könnte, als stieße es jene (falsche) Auffassung doch nicht um, als für die Denkkraft unserer Seele zu wenig fassbar, will ich doch darüber noch ein wenig disputieren und, wenn es überhaupt möglich ist, noch deutlichere Beweise als die bisherigen vorbringen:

V. 14: Der beste Ausgangspunkt ist der, der das (unendlich mannigfaltige) Opferritual als mit der Rangordnung unter den Göttern in Zusammenhang stehend erweist. Daher nehme ich zum Ausgangspunkt den Fundamentalsatz, dass es einerseits materielle und andrerseits immaterielle Götter gibt, wobei unter den immateriellen die zu verstehen sind, die von der Materie völlig getrennt existieren und sie (durchaus) überragen, unter den materiellen Göttern aber jene, die die Materie in sich schließen und verwalten. Nach dem Ritual der Priester aber muss man bei den heiligen Opferhandlungen mit den materiellen Göttern beginnen, denn sonst wäre ein Hinaufsteigen zu den immateriellen schlechterdings überhaupt nicht möglich. Die materiellen Götter aber haben mit der Materie insofern Gemeinschaft, als sie dieselbe beschreiten (wie ich oben I. 9 feststellte); zugleich aber gebieten sie auch noch über alles, was bezüglich der Materie gilt, also auch über die Teilungen, die Widerstands- und Veränderungsfähigkeit, das Werden und Vergehen aller materiellen Körper. Wenn nun jemand diese Götter, da sie so beschaffen sind, in der Weise der Theurgen anrufen will, muss er ihnen den Kult entgegenbringen, der ihrer Natur und ihrem Herrschaftsgebiete entspricht, also den materiellen Göttern einen materiellen Kult, denn nur so dürften wir uns ihrer gesamten Wesenheit vollständig nähern und vertraut werden und ihnen in der Verehrung das darbringen können, was ihnen verwandt und angemessen ist. Auch bei den Opfern also sind diesen Göttern die Kadaver, die ihres Lebens beraubten Tiere, die Tötung der Tiere, das Verzehren (ihres Fleisches), die Veränderung und Vernichtung der Körper und überhaupt jedes (rituelle) Verfahren mit der Materie angenehm, die die Götter zu ihren Vorstehern hat. Doch geziemt alles das diesen Göttern nicht etwa als Göttern schlechthin, sondern nur mit Rücksicht auf die Materie, über die sie gebieten. Denn wenn sie auch, so sehr das überhaupt möglich ist, von der Materie selbst geschieden sind, so sind sie ihr doch zur Seite, und wenn sie die Materie auch nur vermittels einer immateriellen (dämonischen) Energie in sich schließen, so sind sie doch zugleich mit ihr vorhanden. Ferner ist auch das Verwaltete dem Verwaltenden nicht fremd und auch das Dienende dem, was von ihm Gebrauch macht, als Werkzeug nicht unangepasst. Daher ist es zwar ganz unangebracht, den immateriellen Göttern Materien im Opfer darzubringen, den materiellen Göttern dagegen insgesamt sehr wohl passend.

V. l5: Betrachten wir danach aber auch noch unsere eigene zweifache Verfassung in Übereinstimmung mit dem früher Gesagten: Wann wir nämlich ganz Seele geworden sind und uns außerhalb unseres Leibes befinden, verkehren wir, durch die (reine) Vernunft emporgehoben, mit allen immateriellen Göttern; solange wir dagegen noch in den Schalenleib eingekerkert und von der Materie (unseres irdischen Leibes und der sinnlich wahrnehmbaren Natur) umfangen gehalten werden, sind auch wir selbst körperartig. Und auch mit Rücksicht darauf kommt es wieder zur zweifachen Art der Gottesverehrung (im Opferritual): Die eine Art ist einfach (einheitlich), unkörperlich und rein von allem Gewordenen und diese Art kommt nur den reinen Seelen zu; die andere Art dagegen ist von Körpern und jeglicher materiellen Betätigung angefüllt und diese zweite Art geziemt den noch nicht reinen und noch nicht von allem Gewordenen losgelösten Seelen. Daher setze ich auch zwei Formen der Opfer fest, die eine als die der durchaus geläuterten Menschen, „was aber", wie Heraklit sagt, „selten und kaum einem oder dem andern zuteil wird" oder doch nur ganz wenigen, leicht zählbaren Menschen, und die zweite Form, materiell, körperhaft und veränderlich, die denen angemessen ist, die noch vom Leibe umfangen gehalten werden.

Wenn nun jemand ganzen Staaten und Völkern, die noch nicht von ihrem Anteilhaben an der (materiellen) Schöpfung und von der Gemeinschaft mit dem sich an sie anklammernden Leibe befreit sind, nicht diese zweite (materielle) Art des heiligen Brauches (Kultes) zuteilt, so wird er beides verfehlen, sowohl die immateriellen als auch die materiellen Güter; denn jene vermag er noch nicht zu erfassen und diesen bietet er nicht das dar, was ihnen entspricht. Aber auch jeder einzelne Mensch muss die Opfer nur in der Weise darbringen, die ihm selbst angemessen ist, nicht aber in der, die ihm nicht angemessen ist; daher darf die Vollziehung des Opfers das dem Vollziehenden eignende Maß (der Vollkommenheit) nicht überragen. Der gleiche Satz gilt aber auch von der entsprechend angepassten

Verknüpfung zwischen den Menschen, die die Verehrung darbringen, und den (göttlichen) Energien, die durch das Opfer verehrt werden. Denn auch diese Verknüpfung muss sich die ihr angemessene Art der Verehrung auswählen, die Verknüpfung mit den immateriellen Energien die immaterielle Art der Verehrung, die immateriell die Verknüpfung bewirkt und in reiner Weise mit den (durchaus) unkörperlichen, reinen Energien das Unkörperliche verbindet, dagegen die körperliche Verknüpfung die körperliche Art, die die Verbindung des Körperlichen mit den körperlichen Energien und jenen Wesenheiten herstellt, die, als über die Körper gebietend, mit ihnen vermengt sind

V. 16: Ich will es ferner auch nicht verschmähen, auch noch folgendes zu bemerken: Oft unternehmen wir nur infolge der zwingenden Notdurft, die uns aus unserm Leibe erwächst, irgend etwas mit Rücksicht auf jene Götter und guten Dämonen, die die Vorsteher unseres Leibes sind, indem wir unsern Körper z. B. von alten Befleckungen reinigen oder von Krankheiten befreien und ihn mit Gesundheit erfüllen, während wir das Schwere und Träge an ihm tilgen, das Leichte und Wirkungsfähige aber ihm zukommen lassen oder ihm sonst irgend etwas von all dem bereiten, was ihm gut tut. Hierbei beschäftigen wir uns gewiss nicht in nur vernunftgemäßer und nur unkörperlicher Weise mit dem Körper, denn an dieser Art der Behandlung hat ja der Körper naturgemäß gar keinen Anteil, sondern wird nur, indem er an dem Anteil erhält, was ihm wesensverwandt ist, also durch Körper allein, geheilt und geläutert. Aber auch das Ritual der Opfer muss bei solcher Anwendung notwendigerweise körperhaft sein, während es das Zuviel in uns austilgt, was uns fehlt, ergänzt, und was übel durcheinander geworfen ist, zu Ebenmaß und Wohlordnung zurückführt. Wir nehmen aber endlich heilige Handlungen auch vor, wenn wir flehen, es mögen uns die zum menschlichen Leben notwendigen Güter von Seiten der höheren Wesen zuteil werden; diese Güter aber sind die, die dem Körper seine Pflege angedeihen lassen oder darum sorgen, was wir der Körper wegen erwerben müssen. (Auch hier muss der Kult und das Opfer notwendigerweise materiell sein.)

V. 17: Was kann uns also von Seiten jener Götter, die von allem Menschlichen vollständig getrennt und geschieden sind, hinsichtlich der Unergiebigkeit der Saaten, der Unfruchtbarkeit der Lebewesen oder der Fülle hieran oder hinsichtlich der zum menschlichen Leben überhaupt notwendigen Bedürfnisse zukommen? Sicherlich gar nichts; denn es ist ganz unmöglich, dass die Wesen, die von all dem völlig unabhängig sind, sich an der Gewährung solcher Güter beteiligen Macht aber jemand geltend, dass die völlig immateriellen Götter doch auch die materiellen Götter in sich schließen und mithin nach dem einen Urprinzipe auch die Gaben der materiellen Götter, so kann er damit allerdings besagen, dass auf diese Weise die Fülle des göttlichen Gewährens auch von den immateriellen Göttern zu uns (in die materielle Schöpfung) herabdringe; dass die immateriellen Götter es aber selbst in eigener Person tun und an die Bedürfnisse des menschlichen (materiellen) Lebens unmittelbar Hand anlegen, das zu behaupten, darf niemandem eingeräumt werden. Denn die so geartete Vorsteherschaft (der materiellen Götter) über die Dinge hier (auf Erden) ist nur eine begrenzte, erfolgt unter Bezugnahme auf ein (materielles) Objekt, kann sich keineswegs völlig vom Körperhaften losmachen und ist nicht befähigt, die lautere und reine Vorsteherschaft (der durchaus immateriellen Götter über durchaus Immaterielles) in sich zu schließen. Bei derartigen Wesen muss auch das Ritual jenes sein, das mit den Körpern und dem Gewordenen (Geschaffenen) in Verbindung steht und all dem angemessen ist, nicht aber jenes, das völlig unkörperhaft und immateriell ist. Denn dieses letztere Ritual überragt in seiner Lauterkeit durchaus (alles) und ist nichts Derartigem angemessen, das erstere Ritual dagegen, das von den Körpern und den Energien in den Körpern Gebrauch macht, ist Derartigem vor allem andern verwandt, befähigt, sowohl einen guten Fortgang ins menschliche Leben hineinzubringen als auch bedrängendes Unheil aus dem Wege zu räumen und dem sterblichen Geschlechte eine wohlangemessene Mischung (der Temperamente, wie sie die Gesundheit und das Wohlbefinden der Menschen bedingen) zu gewähren.

V. 18: Nach einem andern Einteilungsgrunde wieder ist die große Mehrzahl der Menschen der (sterblich-materiellen) Natur untergeordnet, wird durch ihre Energien geleitet, blickt (immer nur) auf die Werke der Natur hinunter, erfüllt die Schicksalsbestimmung und nimmt die durch das Schicksal festgelegte Ordnung auf sich und betätigt ihre Urteilskraft nur in jenem Wirken, das sich auf die Dinge in der Natur bezieht. Nur wenige Menschen dagegen gebrauchen vermittels einer übernatürlichen Fähigkeit die (reine) Vernunft, sagen sich von der Natur los, erheben sich zu dem für sich existierenden und mit nichts vermengten (göttlichen) Intellekte (Nus) und werden eben dadurch auch über die physischen Energien erhaben. Manche Menschen endlich schweben zwischen diesen beiden (Extremen) um das, was zwischen der Physis und dem reinen Nus liegt, indem die einen von ihnen nach beidem streben, die andern ein aus beidem zusammengesetztes Leben führen und wieder andere endlich sich vom Niedrigem entfernen und zum Höhern erheben.

Nachdem wir diese Unterscheidung getroffen haben, dürfte wohl auch das völlig klar werden, was sich daraus ergibt: Die nämlich, die sich von der Natur des Weltganzen leiten, lassen (d. h. der durch die Organisation des Kosmos bedingten Schicksalsbestimmung unterliegen), selbst ihr Leben nach der ihnen (hiernach) zukommenden Natur leben und von den Energien der Natur Gebrauch machen, betätigen natürlich einen Kult, der der Natur und den von der Natur-(Schicksals)bestimmung bewegten (regierten) Körpern (d. h. den Gestirnen als sichtbarem Ausdrucksmittel der Schicksalsbestimmung) angemessen ist, indem sie bestimmte Örtlichkeiten und Winde, Materien und Energien der Materie, Körper und Körper-beschaffenheiten und -Qualitäten, entsprechende Bewegungen und Veränderungen der Dinge in der Schöpfung und auch alles, was damit zusammenhängt, sowohl in den übrigen Teilen des Kultes als auch im Opferritual sich auswählen. Die dagegen, die nur nach den Geboten der (über die Schicksalsbestimmung erhabenen göttlichen) Vernunft und nur nach dem Leben der Vernunft ihr eigenes Leben verbringen, von den Fesseln der materiellen Natur aber befreit sind, die halten sich in allen Teilen der Theurgie nur an ein vernunftmäßiges und immaterielles Ritual des heiligen Dienstes. Die endlich, die in der Mitte zwischen beiden stehen, schlagen den verschiedenen Arten ihrer Mittelstellung entsprechend, verschiedene Wege des Rituals ein, indem sie entweder an beiden (oben geschilderten) Arten des Kultes Anteil nehmen oder die eine Art beiseite lassen oder die niedrigere Art zur Grundlage für das Vollendetere nehmen, denn ohne die niedrigere (materielle) Art kann man nicht gut zum Höheren gelangen, oder indem sie sich sonst irgendwie dieser verschiedenen Opferriten bedienen.

V. 19: Aber auch folgende Klassifikation hat auf das Opferritual Bezug: Für gewisse der göttlichen Wesenheiten und Energien bildet die Seele und die Natur die Grundlage und dient ihrem schöpferischen Willen so, wie sie es wollen. Andere göttliche Wesenheiten und Energien aber sind von der Seele und Natur vollständig geschieden (und unabhängig) – ich meine hier aber nur von der göttlichen (Welt-)Seele und von der (ideellen, auch göttlichen) Natur, nicht von jener Seele und Natur, die (als Teilseele und sinnlich wahrnehmbare materielle Natur) irdisch und schöpferisch ist. Gewisse andere endlich stehen zwischen beiden und stellen die gemeinschaftliche Verbindung zwischen diesen beiden Extremen her, sei es nach dem Gesetze der einen unauflöslichen Verbindung (des Alls), sei es gemäß der Bestimmung, nach der das Höhere sich neidlos dem Niedrigeren mitteilt oder das Niedrigere das Höhere ungehindert in sich aufnehmen kann, oder sei es endlich nach der Eintracht, die die beiden miteinander verbindet.

Wenn wir nun die Götter verehren, die über die Seele und Natur gebieten, ist es nicht unangemessen, ihnen auch Energien darzubringen, die in der Natur ruhen, und nicht verwerflich, ihnen auch Körper zu weisen, die von der Natur verwaltet werden; denn alle Erzeugnisse der Natur dienen ihnen und tragen irgendwie zu ihrer verwaltenden Tätigkeit bei. Wenn wir dagegen daran gehen, die Götter als an sich eingestaltige Wesen zu ehren, ist es allein richtig, sie durch Geschenke zu ehren, die von der Materie völlig losgelöst sind; denn nur die reinen Vernunftgedanken allein, nur das, was dem nur immateriellen Leben angehört, nur was uns Tugend und Weisheit gewähren und wenn es sonst noch irgendwelche vollkommene und universelle Seelengüter gibt, sind ihnen angemessen. Den in der Mitte stehenden Wesenheiten endlich, die auch Herren über die in der Mitte stehenden Güter sind, entsprechen bisweilen Geschenke beider (oben-geschilderter) Arten, bisweilen aber auch solche, die an beiden Arten zugleich Anteil haben oder die, von den niedrigeren Gütern geschieden, zu den höheren hinaufreichen oder sonst überhaupt auf irgendeine dieser Arten die Mitte ausfüllen.

V. 20: Wenn wir ferner von einem andern Prinzipe ausgehen, nämlich vom Prinzipe des Kosmos und der kosmischen (Gestirn-) Götter, von der Aufteilung der vier Elemente (Feuer, Luft, Wasser und Erde) im Kosmos und von seiner Zusammensetzung nach den Maßen der Elemente und endlich von dem festgeregelten Umschwung (der kosmischen Götter und des ganzen Kosmos selbst) um die Zentren, so können wir leicht zur Erkenntnis des wahren Wesens des Opferrituals vordringen.

Denn wenn wir uns selbst im Kosmos befinden, wie Teile im universellen Weltganzen von ihm umfangen sind, vom Weltganzen ursprünglich hervorgebracht und von den in ihm ruhenden universellen Energien gebildet werden, aus den Elementen im Kosmos bestehen und einen Teil unseres Lebens und unserer Natur von ihm erhalten haben, so dürfen wir eben deshalb nicht über den Kosmos und die kosmischen Gesetze hinausgehen. Wir nehmen also an, dass auch jeder sichtbare (sinnlich wahrnehmbare) Körper irgendeiner Seite des Kosmos entspricht und ebenso auch die unkörperlichen Teilenergien, die auf die (verschiedenartigen materiellen) Körper aufgeteilt sind; auch das Gesetz über die Verehrung (Kult) der Götter aber teilt natürlich nur Ähnliches dem Ähnlichen zu und erstreckt sich auf alles, vom Universellen herab bis zum Letzten (Niedrigsten), indem es Immaterielles dem Immateriellen, Körper den Körpern und überhaupt allem alles seiner Natur entsprechend zuteilt. Hat aber nun einer der Theurgen an den überweltlichen (überkosmischen, intellegiblen) Göttern Anteil erhalten, was aber nur äußerst selten vorkommt, so ist er dann natürlich auch im Kult der Götter über Körper und Materie erhaben und mit den Göttern durch eine überweltliche (völlig immaterielle) Energie vereinigt; doch darf man das, was kaum einem Menschen, spät erst und nur am Ziele des heiligen Dienstes zuteil wird, nicht für alle Menschen verallgemeinern, ja nicht einmal für die, die mit der Theurgie erst angefangen haben oder sich erst auf dem halben Wege befinden. Denn auch diese müssen den Kult noch unter Verwendung der Materie in welcher (speziellen) Weise auch immer vollziehen.

V. 21: Ich meine ferner, dass alle die, die die theurgische Wahrheit gerne schauen, zugeben, dass man dem Göttlichen die ihm zukommende Verehrung nicht nur teilweise und nur unvollkommen erweisen darf. Da aber vor dem (persönlichen) Erscheinen der Götter selbst auch alle jene Energien in Bewegung geraten, die ihnen (als den Reihenvorstehern) untergeordnet sind, und wenn die Götter auf die Erde herabzusteigen im Begriffe sind, ihnen vorangehen und sie im feierlichen Zuge begleiten (wie ich oben II. 7 ausführte), wird der, der nicht allen das gewährt, was ihnen gebührt, und nicht jedem einzelnen die ihm zukommende Ehrung erwiesen hat, ohne sein Ziel erreicht zu haben und unteilhaftig des Genusses der Götter davongehen müssen; der dagegen, der alles gnädig gestimmt und jedem die Ehrengaben, die ihm lieb und seinem Wesen so ähnlich als möglich sind, dargebracht hat, wird niemals fehlgehen oder straucheln, da er in richtiger Weise alle Anforderungen für einen vollkommenen und untadelhaften Empfang der göttlichen Schar erfüllte.
Da sich das also so verhält, soll da das Ritual des heiligen Opferdienstes nur einfach und nur aus der Beobachtung einiger weniger Bestimmungen

zusammengesetzt sein oder nicht vielmehr mannigfach, mit allem übereinstimmend und sozusagen aus allem zusammengemengt, was es im Weltall gibt? Wäre nämlich beim Kulte das, was herbeigerufen und in Bewegung gesetzt wird, einfach und von einer einzigen Art, dann müsste notwendigerweise auch das Opferritual einfach sein; wenn aber sonst kein Mensch die Masse der Energien beim Herabsteigen und in Bewegunggeraten der Götter zu erfassen vermag, sondern das nur die Theurgen infolge ihrer praktischen Erfahrung (vermittels ihrer Visionen) genau wissen, vermögen auch nur sie zu erkennen, welcher Art der Kult sein muss, damit er zum Ziele führe. Nur sie wissen ferner, dass eine Unterlassung, wie geringfügig sie auch immer (an sich) sei, die ganze Mühe des heiligen Dienstes ebenso vereitelt, wie auch die ganze Harmonie unharmonisch und misstönend wird, auch wenn nur eine einzige Saite zerspringt. Ebenso aber wie beim sichtbaren Herabsteigen der Götter (in den ekstatischen Visionen) denen dieser Schaden erwächst, die irgendeines der höheren Wesen (der betreffenden Reihe) ungeehrt lassen, genau ebenso müssen auch bei der unsichtbaren Gegenwart der Götter beim Opfer alle der Ordnung, die jeder erloste, entsprechend geehrt werden und nicht etwa nur der eine oder der andere; wer nämlich auch nur einen einzigen (Begleiter und Reihenangehörigen der angerufenen Götter) ungeehrt lässt, hat damit schon überhaupt alles verdorben und die einheitliche und vollkommene Ordnung zerstört: Er hat dann nicht, wie man glauben möchte, die Götter in nur unvollkommener Weise aufgenommen, sondern vielmehr überhaupt die ganze heilige Handlung unwirksam gemacht.

V. 22: Strebt ferner die vollendetste Kultform nicht auch nach einem einzigen Ziele, das zugleich auch das höchste und wichtigste ist, und schließt sie nicht auch zugleich die Verehrung der vielen Wesenheiten und Prinzipien in sich? Das bejahe ich ganz entschieden; die Erreichung dieses höchsten Zieles aber wird uns nur am allerspätesten zuteil und dabei auch nur ganz wenigen Menschen und wir müssen zufrieden sein, wenn wir es einmal auch nur am Abende unseres Lebens erreichen. Unsere gegenwärtige Untersuchung indes will nicht für einen solchen Mann Gesetze aufstellen – denn der ist über jedes Gesetz erhaben – sondern vielmehr nur für die, die einer Richtschnur noch bedürfen.

Meine Vorschrift besagt also folgendes: Wie sich der Kosmos aus vielen (verschiedenen) Ordnungen zu einer einzigen und einheitlichen Wohlordnung zusammenschließt, so müssen auch die Opfer einen Zusammenschluss (vieler verschiedener Elemente) vorstellen, der, unerschöpflich und vollständig, an das gesamte System der höhern Wesen anzuknüpfen vermag. Da nun aber der Kosmos vielfältig, doch vollkommen, und aus vielen Ordnungen zusammengewachsen ist, muss auch der Kult das Vielfältige an ihm dadurch nachahmen, dass er alle (4) Energien in Anwendung bringt. Nach dem gleichen Gesichtspunkte aber darf auch das Vielfältige um uns (in der sinnlich wahrnehmbaren Natur, die uns die Opfergaben liefert) nicht nur teilweise an jene Prinzipien angeknüpft werden, die es bedingen, und so in nur mangelhafter Weise zu seinen Führern empordringen. Ferner läutert auch das mannigfache Ritual der heiligen Kulthandlungen, was in oder um uns ist, bringt es zur Vollendung, führt es zu wohlübereinstimmender Ordnung und befreit es von der Mangelhaftigkeit, die dem Sterblichen anhaftet, macht aber alles an uns den höhern Naturen entsprechend. Und wenn nun sowohl die göttlichen Prinzipien als auch die ihnen ähnlichen Zurüstungen der Menschen (im Kult in dieser Weise) demselben Ziele zustreben, dann muss der Vollzug des Opfers alle seine vollkommenen und großen Güter gewährleisten.

V. 23: Nicht weniger wichtig aber ist es, auch noch folgendes zum vollen Verständnis dieser Dinge hinzuzufügen: Das Übergewaltige der Macht der höchsten Prinzipien über das All besteht von Natur auch darin, dass ihre Macht allem in gleicher Weise ungehindert zukommt. Nach diesem Satze erleuchtet (inspiriert) das Erste und Höchste auch das Unterste und Niedrigste und das Immaterielle (Göttliche) kommt immateriell auch dem Materiellen zu. Daher wundere sich niemand, wenn ich auch gewisse Materien lauter und göttlich nenne! Denn auch die Materie ist ja vom Vater und Schöpfer des Alls (vom Demiurgen) geschaffen worden und hat auch jene Vollkommenheit erhalten, die für die Aufnahme der Götter hinreichend ist; auch hindert nichts die höhern Wesen an der Möglichkeit, auch das, was weniger vollkommen (als sie selber) ist, zu erleuchten (zu inspirieren), und nichts beraubt das Materielle des Anteilhabens am Vollkommenem. Daher muss jede Materie, die (als Materie an sich) vollkommen, rein und von guter Art ist, für die Aufnahme der Götter wohlgeeignet sein. Da nämlich auch die Dinge auf Erden der Anteilnahme am Göttlichen nicht unteilhaftig sein durften, nahm auch die Erde einen bestimmten göttlichen Teil aus der göttlichen Gemeinschaft in sich auf, der genügt, die Götter in sich aufzunehmen. Da nun die Kunst der Theurgie das erkannte und jene Materien im allgemeinen und im besondern ausfindig machte, die für jeden

145

Gott das angemessene Immanenzmittel vorstellen, verwendet sie (beim theurgischen Opfer und Kult) oft bestimmte Steine, Pflanzen, Tiere, Räuchermittel und andere heilige, vollkommene und göttliche Materien und bildet aus all dem ein vollkommenes und lauteres Immanenzmittel (für den betreffenden Gott). Man darf also nicht jede Materie schlechthin zurückweisen, sondern vielmehr nur die, die den Göttern zuwider ist; die dagegen, die ihnen angemessen ist, muss man auswählen als befähigt, mit dem Göttlichen beim Bau von Gotteshäusern, bei der Aufstellung von Götterbildern und auch beim Vollzuge der Opfer in Einklang zu stehen. Sonst könnten ja auch die Örtlichkeiten auf der Erde und die in ihnen lebenden Menschen der höhern Geschlechter überhaupt gar nicht teilhaftig (habhaft) werden, wenn nicht vorher hierzu ein solcher Grund gelegt worden wäre.

Man muss ferner auch den Geheimberichten Glauben schenken, dass manche Materie von den Göttern selbst in den beseligenden Gesichten (den Theurgen) angegeben wird; eine solche Materie aber ist dann sicherlich von verwandter Natur mit ihren Gebern. Muss da nicht das Opfer einer solchen Materie die Götter zum Herbeikommen bewegen, sie sogleich zur Erfassung (durch den Theurgen) veranlassen, sie, wenn sie herbeikommen, in sich schließen und auch deutlich sichtbar machen?

V. 24: Eben dieselbe Erkenntnis (dass nämlich bestimmte Materien bestimmte Götter zum Herbeikommen veranlassen) kann man aber auch aus der Verteilung der Götter über die Örtlichkeiten und aus der Verteilung ihrer Herrschaftsgebiete über alles Existierende gewinnen, die in Rücksicht auf die verschiedenen Rangordnungen der Götter, höhere wie niedrigere, diese (materiellen) Immanenzmittel der Götter bestimmte. Denn es ist doch klar, dass den Göttern, die bestimmte Örtlichkeiten beschreiten, die Dinge, die aus jenen Örtlichkeiten sich erzeugen, für das Opfer an sie am angemessensten sind und ebenso auch den verwaltenden höhern Wesen (also besonders auch den Dämonen) das, was von ihnen verwaltet wird; immer nämlich sind den Erzeugern ihre Erzeugnisse am liebsten und denen, die etwas zuerst erzeugten, eben das auch wieder in allererster Linie. Mögen nun gewisse Tiere oder Pflanzen oder anderes von den Dingen auf Erden durch die höhern Wesen regiert werden, immer gewähren diese Dinge dadurch, dass sich die Oberherrschaft der höhern Wesen auf sie erstreckt, zugleich auch uns Menschen die Möglichkeit einer untrennbaren Gemeinschaft mit den höhern Wesen. Gewisse dieser so gearteten Dinge steigern das verwandtschaftliche Verhältnis zu den Göttern, solange sie selbst erhalten bleiben und sorgfältig behütet werden, nämlich alle jene Dinge, die eben dadurch, dass sie unversehrt weiterexistieren, ihre Kraft, eine Gemeinschaft zwischen Göttern und Menschen zu stiften, bewahren; solcher Art sind bestimmte von den (heiligen) Tieren in Ägypten (nämlich nur die in den Tempeln sorgfältig verpflegten und hochheilig verehrten Inkorporationstiere bestimmter Gottheiten wie der heilige Ptah-Stier Apis in Memphis, das heilige Suchos-Krokodil in Arsinoe, der heilige Hor-Falke in Heliopolis und der Ra-Löwe in Leontopolis), und allüberall der geheiligte Mensch (der Priester und Theurg). Andere dagegen gestalten dieses Verhältnis (zwischen Göttern und Menschen) erst dadurch großartiger, dass sie geschlachtet (und ihren göttlichen oder dämonischen Erzeugern, Verwaltern und Reihenvorstehern) rituell geopfert werden, nämlich alle jene Dinge, die erst durch ihre Auflösung in das Prinzip ihrer Grundelemente (und durch „Vergeistigung" durch das Opferfeuer) die Verbindung mit den höhern Prinzipien verwandtschaftlich enge und heilig gestalten. Jedes Mal aber, wenn diese verwandtschaftliche Verbindung vollkommen gemacht wird, kommen uns aus ihr auch vollkommene Güter zu.

V. 25: Wäre alles das nichts als menschlicher Brauch und würde nur durch unsere (menschlichen) Gesetze geregelt, dann wäre man allerdings zu behaupten berechtigt, „der Götterkult sei nichts anderes als eine Erfindung unserer Gedanken." Nun aber ist die Gottheit, die durch solche Opfer angerufen wird, dabei die Führerin, eine Fülle von Göttern und Engeln ist beim Opfer zur Stelle und bei jedem Volke auf Erden ist durch die Gottheit selbst ein gemeinsamer Vorsteher des Opferbrauches bestimmt worden und auch für jedes Heiligtum ein besonderer. Ferner ist Aufseher über die Opfer an die Götter ein Gott, über die Opfer an die Engel ein Engel, über die Opfer an die Dämonen ein Dämon und es hat auch bei allen anderen Klassen (von Opfern) der Vorsteher diese seine Würde als Opfervorsteher immer entsprechend seiner eigenen mit dem Opferziel verwandten Natur erlost. So oft wir daher den Göttern Opfer darbringen, während sie selbst die Aufsicht über den Opferungsakt führen und seine Erfüllung gewährleisten, müssen wir vor der Satzung der göttlichen, frommen Opfervorschrift heilige Scheu und Achtung empfinden; doch müssen wir auch zugleich auf uns selbst vertrauen, da wir ja unter der Leitung der Götter selbst die heilige Handlung vollziehen, und müssen uns ferner auch

147

noch gebührend in acht nehmen, dass wir nicht irgendein Geschenk darbringen, das der Götter nicht würdig oder ihnen sogar zuwider ist: schließlich aber mahne ich noch, alles um uns, sowohl im Weltall als auch die verschiedenen Klassen der Götter, Engel und Dämonen sorgfältig zu berücksichtigen und das Opfer so darzubringen, dass es allen diesen Energien (Kräften und höhern Wesen) in gleicher Weise willkommen sei. Denn nur auf diese Weise dürfte die heilige Handlung der Götter, die ihr vorstehen, würdig werden (und ihren vollen Erfolg erzielen).

VI. 1: Das also kann gar nicht anders sein. Es ist aber an der Zeit, auf die weitere von dir vorgelegte Schwierigkeit überzugehen: „Warum", sagst du, „darf der Epopt nichts Totes berühren, obwohl doch die Zitierung der Götter zumeist durch tote (getötete) Lebewesen (Opfertiere) bewerkstelligt wird?" – Ich will auch das, was einen Widerspruch zu enthalten scheint, überprüfen, indem ich diesen Satz analysiere. Dass es sich dabei aber nur nicht überhaupt um gar keinen Widerspruch handelt, sondern nur um den Schein eines solchen! Wenn sich nämlich der (theurgische) Opferpriester derselben Körper enthalten und dieselben Körper (beim Opfer) auch wieder berühren müsste, dann läge allerdings tatsächlich ein innerer Widerspruch vor; wenn er aber nur dazu verhalten ist, sich nur der unheiligen Kadaver zu enthalten, alle andern aber, die geheiligt sind, berühren darf, dann enthält dieses Gebot überhaupt keinen Widerspruch. Und tatsächlich erstreckt sich dieses Gebot nur auf menschliche Körper, die man nicht berühren darf, sobald sie die Seele verlassen hat; denn im Tode erlischt die Spur, das Abbild oder der Widerschein des Göttlichen im (menschlichen) Körper. Alle andern Lebewesen aber (auch wenn sie getötet wurden) zu berühren, ist keineswegs unfromm, da sie ja niemals am göttlichen Leben (durch eine göttliche Seele wie der Mensch) Anteil besaßen. Bestimmten Göttern aber ist sogar die Vorschrift, überhaupt gar nichts Totes zu berühren, angemessen, nämlich nur bei Kulthandlungen, die sich auf die von jeder Materie völlig reinen (immateriellen) Götter beziehen; für alle anderen Götter dagegen ist die Anrufung durch Tieropfer gestattet, nämlich für alle jene Götter, die über die Tiere gesetzt sind und mit ihnen in einer gewissen Verbindung stehen (worüber ich kurz zuvor ausführlich genug gesprochen habe). Auch hierin also liegt nicht der geringste Widerspruch vor.

VI. 2: Doch lässt sich die Schwierigkeit auch noch auf folgende Weise beseitigen: Den Menschen, die selbst von der Materie (durch die Verbindung ihrer Seele mit dem materiell-sterblichen Leibe) umfangen sind, bringen Kadaver, die des Lebens beraubt sind, eine gewisse Befleckung, weil dem, was lebt, das, was nicht mehr lebt, in der Weise einen Makel anhängt, wie dem Reinen das Schmutzige und überhaupt dem, was über eine bestimmte Fähigkeit (oder Qualität) verfügt alles das, was dieser Fähigkeit (oder Qualität) schon beraubt ist, und weil ferner das schon Abgestorbene das, das die Fähigkeit zu sterben besitzt, deshalb befleckt, weil das Schlechtere (Tote) das Bessere (noch Lebende) naturgemäß für das Schlechtere (den Tod) empfänglich macht. Einem Dämon (d. h. einem höheren Wesen) aber, der völlig unkörperhaft ist und ein Absterben auf keinerlei Weise zulässt, verursacht der tote Körper keine Befleckung; er ist vielmehr über den toten Körper erhaben und nimmt aus ihm keinerlei Möglichkeit, auch nicht einmal andeutungsweise, zu sterben in sich auf. So viel also sei über den (angeblichen) Widerspruch gesagt.

VI. 3: Wenn ich aber im besondern Falle auch noch erläutern soll, wieso sogar eine Offenbarung auch durch (getötete) heilige Tiere, z. B. Falken, erfolgen kann, erkläre ich, dass bei der Verwendung dieser so präparierten Kadaver niemals Götter (als Orakelspender) anwesend sind; denn nicht die Götter stehen den einzelnen Lebewesen vor, weder in Rücksicht auf einen bestimmten Teil, noch in Rücksicht auf das Ganze ihrer Wesenheit, noch in materieller Weise, noch in sonst irgendeiner Beziehung. Nur den Dämonen vielmehr, die, selbst auch in viele Gruppen zerfallend, verschiedene Tiergattungen zugelost erhielten, enge mit dieser Vorsteherschaft verbunden sind und deren eigene Wesenheit keineswegs auf sich allein beschränkt und keineswegs völlig immateriell ist, darf ein derartiger innerer Zusammenhang mit solchen Offenbarungsmedien eingeräumt werden. Oder man kann, wenn es so annehmbarer erscheint, die These aufstellen, dass ihnen auf diese Weise ein so beschaffenes Medium bereitet wird, dass sie mit seiner Hilfe mit den Menschen in Verkehr treten und mit ihnen umgehen können. Denn ein solches Medium muss man als rein vom Körper betrachten; denn zwischen dem Reinen (unkörperlich Dämonischen) und seinem Gegenteil (der noch mit dem materiell-irdischen Leibe behafteten Menschenseele, die mit dem Dämonischen in Verkehr treten will) kann es zu keiner (unvermittelten, direkten) Gemeinschaft kommen. Dagegen hat es Sinn, dass das Reine durch die Seele jener (rituell getöteten und durch die rituelle Mumifizierung in eine höhere Rangstufe emporgehobenen)

Tiere mit, den Menschen in Verbindung trete; die Seele (jener Tiere) steht nämlich einerseits mit dem Menschen durch den gemeinsamen Ursprung ihres Lebens (aus der Weltseele) in Verwandtschaft, andrerseits aber mit den Dämonen, weil sie vom Körper schon losgelöst (und rangerhöht) existiert. In der Mitte also zwischen beiden stehend, dient sie dem übergeordneten Prinzipe (dem Dämon), verkündet aber auch den noch vom Leibe umfangenen Menschen, was ihr (dämonischer) Gebieter anordnet, und bewirkt so durch beides eine gemeinschaftliche Verknüpfung beider miteinander.

VI. 4: Doch muss man dabei bedenken, dass die Tierseele, die in dieser Weise Offenbarungen erteilt, nicht nur die Offenbarung (von Seiten des ihr übergeordneten mantischen Dämons) hört, sondern bei der Bewerkstelligung der Weissagung einen nicht geringen Teil auch aus sich selbst hinzufügt, denn auch die Tierseele selbst wird ja zugleich mit in Tätigkeit versetzt, ist an der Offenbarung mitbeteiligt und erkundet selbst auch ihrerseits infolge der zwingenden Sympathie (wenigstens teilweise) die Zukunft. (Da sie nämlich jetzt als völlig körperloses psychisches und durch die theurgische Weihe auch höheres Wesen über Ort und Zeit erhaben ist, kann jetzt auch sie, allerdings in nur unvollkommener Weise, die seit Ewigkeit her ideell festgelegte Zukunftsbestimmung schauen, ganz so wie auch die menschliche Seele, wenn sie sich während des mantischen Schlafes vom Körper loslöst, worüber ich schon oben, (III. 3) sprach.

Diese so beschaffene Methode der Vorhererkundung der Zukunft ist also von der göttlichen und (mithin) allein wahren Vorhererkundung der Zukunft geschieden, vermag nur über unbedeutende Angelegenheiten und nur über solche des täglichen Lebens Aufschluss zu geben, nur über das, was in den Teilnaturen vorliegt (nicht aber über das Wesen der göttlichen Geschlechter) und was sich auf nur Geschaffenes bezieht. Sie teilt aber auch denen, die sie in sich aufzunehmen vermögen, aus sich selbst Erregungen mit und ebenso auch in mannigfaltiger Weise den Wesen Affekte, die affiziert zu werden befähigt sind. Durch einen Affekt aber kann es niemals zu einer vollkommenen Einsicht in die Zukunft kommen; denn nur das (völlig) Unaffizierbare, Immaterielle und durchaus Lautere erfasst die Zukunft vollkommen; was aber schon mit dem Unvernünftigen und Dunklen vermengt war (wie die jetzt körperfreie Tierseele früher mit ihrem sinnlich-materiellen Leibe), ist gar sehr von körperlicher und materieller Unwissenheit erfüllt.

150

Daher ist diese kunstmäßige Methode nicht wert, zur Offenbarung herangezogen zu werden. Man soll sie also nicht ernsthaft betreiben, und auch dem, der sie anwendet, nicht Glauben schenken, als verfüge er damit über ein zuverlässiges und stichhaltiges Kriterium der Wahrheit. Soviel also sei über diese Methode der Offenbarung gesagt.

6. Teil

Über das Wesen, die Eigenschaften und Wirkungen des Gebetes im Allgemeinen und des theurgischen und Zaubergebetes im Besonderen.

(Kapitel wurden nach Inhalten gegliedert)

V. 26: Weil aber auch das Gebet den nicht unwesentlichsten Teil der Opferhandlungen bildet, sondern sie sogar ganz wesentlich ergänzt, ihre volle Wirkung sichert und zum Ziele führt, dem Kult überhaupt und ganz allgemein seine Vollendung verleiht und die heilige Verbindung mit den Göttern unlösbar gestaltet, ist es gewiss nicht unpassend, auch über das Gebet einiges zu bemerken; denn das ist schon an sich der Erkundung wert und macht das Wissen von den Göttern vollkommener.

Ich erkläre also, dass die erste Gattung des Gebetes zusammenführend ist und dem Anschluss an das Göttliche und seiner Erkenntnis vorangeht, dass die zweite Gattung die einträchtige Gemeinschaft mit dem Göttlichen herstellt und die von den Göttern schneller als der Gedanke herabgesendeten Güter herabruft, die die vollen Wirkungen (des Gebetes) verwirklichen, bevor wir sie noch begriffen haben, und dass endlich die dritte Gattung, zugleich auch die vollendetste, die geheimnisvolle (mystische) Vereinigung (unserer Seele) mit der Gottheit besiegelt und abschließt, indem diese Gattung ihre ganze Energie in die Götter selbst begründet und unsere Seele in ihnen in vollendeter Weise ausruhen lässt.

In diesen drei Wirkungsgebieten (Anschluss, Gemeinschaft und Vereinigung), nach denen sich alles Göttliche abschätzen lässt, gewährleistet das Gebet, indem es das freundschaftliche Verhältnis von unserer Seite zu den Göttern harmonisch herstellt, auch die von Seiten der Götter uns Menschen erwachsende heilige Förderung in dreifacher Weise: Denn diese Förderung zielt erstens auf Erleuchtung, zweitens auf eine allgemeine Vollendung (unserer selbst) und endlich drittens auf die vollkommene Erfüllung (Inspiration) mit dem göttlichen Feuer ab. Dabei geht das Gebet dem Opfer bald voran, bald unterbricht es die heilige Handlung und ein drittes Mal wieder stellt es den ergänzenden Abschluss der Opferhandlungen vor.

Keine heilige Handlung kann ohne die in den Gebeten liegenden Bitten vollzogen werden; die langdauernde Beschäftigung mit dem Gebete aber nährt unsere Vernunft, weitet gar sehr die Fähigkeit unserer Seele, die

Götter in sich aufzunehmen, erschließt den Menschen das Göttliche, gewöhnt uns an den funkelnden Glanz des göttlichen Lichtes, macht in Kürze, was in uns ist, für die Berührung mit den Göttern geeignet, bis es uns zum Höchsten (dem Demiurgen selbst) emporführt; denn sie zieht unser Gemüt und Denken allmählich empor, flößt uns das Göttliche ein, erregt in uns Glauben, Vertrauen und unauflösliche Liebe (die drei theurgischen Kardinaltugenden), steigert das Verlangen nach dem Göttlichen, entflammt, was an unserer Seele göttlich ist, läutert unsere Seele von allem Entgegengesetzten, befreit sie von jenem Teil ihres äther- und glanzartigen pneumatischen Immanenzmittels, der zur Schöpfung neigt (d. h. vom sinnlich-vegetativen Seelenteil), bringt ihre auf das Gute gerichtete Hoffnung und ihr auf das göttliche Licht gesetzte Vertrauen zur Vollendung und macht mit einem Worte die, die vom Gebete einen solchen Gebrauch machen, sozusagen zu Genossen der Götter. (Darüber habe ich übrigens auch schon oben, I. 12 und ganz besonders I. 15 gesprochen.)

Ist aber das, was man Gebet nennen möchte, tatsächlich so beschaffen, wirkt tatsächlich so große Güter in uns und steht mit dem Opfer in dieser eben geschilderten Verbindung, wie sollte da nicht daraus auch das Wirken der Opfer klar werden, dass es Anteil an der Verbindung mit dem Schöpfer besitzt, da es werktätig mit den Göttern vereinigt? Aber auch die Wohltat des Opfers muss dann so groß sein wie jenes Gut, das von den schöpferischen Prinzipien zu den Menschen herabgesendet wird. Daraus aber wird auch wieder die Kraft der Gebete, hinaufzuführen, zur Vollendung zu bringen und Erfüllung (mit dem Göttlichen) zu bewirken klar, auf welche Weise es als mit Wirkungsmöglichkeit ausgestattet und vereinigend dargebracht wird, und die Fähigkeit, mit den Göttern zu verbinden, durch die Götter selbst besitzt. Drittens kann man aber auch aus dem Gesagten leicht ersehen, dass Opfer und Gebet einander in ihren Wirkungen gegenseitig verstärken und eins dem andern eine vollendete heilige Wirkungsmöglichkeit der Kulthandlung verleiht.

Deshalb wird also aus all dem das Zusammenstimmen und Zusammen-wirken der heiligen (zum Göttlichen) emporführenden Kulthandlung in allen ihren Teilen mit sich selbst offenbar, die in einer einheitlichen Verbindung alle ihre fest verbundenen Teile viel enger miteinander vereinigt als etwa irgendein Lebewesen (seine Körperteile). Deshalb darf man diese enge Zusammensetzung der Kulthandlung aus ihren Teilen nicht gering schätzen und etwa nur die eine Hälfte ihrer Bestandteile für zweckdienlich erklären, die andere Hälfte aber verwerfen; die, die sich in lauterer Weise mit den Göttern verbinden wollen, müssen sich vielmehr in allen Bestandteilen der Kulthandlung üben und sich durch alle insgesamt vervollkommnen.

VI. 5: Ich will aber auch noch über eine andere Gattung von Schwierigkeiten sprechen, deren Ursprung verborgen ist, nämlich über die „gewalttätig zwingenden Drohungen", wie du sie nennst, und die sich hinsichtlich ihrer Menge vielfach teilt. „Denn der Zitierende" (sagst du) „droht, das Firmament zu zerschmettern, die Geheimnisse der Isis offenbar zu machen, das im Abgrunde (der Welttiefe) Verborgene aufzuzeigen, die Barke zum Stehen zu bringen, die Glieder des Osiris dem Typhon hinzustreuen oder überhaupt sonst irgend etwas dieser Art zu tun." – Alle diese Formeln aber richten die Menschen nicht, wie du glaubst, gegen die Sonne, den Mond, oder überhaupt gegen irgendeines der (göttlichen) Dinge am Himmel – denn dann wäre das in der Tat noch gottloser, als du es schon machst – sondern, wie ich schon oben (IV. 1) sagte, gegen eine bestimmte urteilslose und unvernünftige Klasse der (dämonischen) Teilenergien im Weltganzen, die zwar den Ratschluss eines andern (nämlich der Götter und der höhern Klassen der höhern Wesen) aufnimmt und befolgt, über selbständige Vernunft aber nicht verfügt und zwischen wahr und falsch und möglich und unmöglich nicht zu unterscheiden vermag. Diese Klasse von (Zwischen-)Wesen gerät, wenn diese Drohungen zuhauf gegen sie gerichtet werden, in Aufregung und Furcht, weil sie, wie ich glaube, von Natur geartet sind, sich durch Blendwerke beeinflussen und auch sonst erregen zu lassen und zwar wegen ihres wankelmütigen und unbeständigen Vorstellungsvermögens (über das allein auch sie verfügen).

VI: 6: Doch lässt sich das auch noch auf andere und zwar folgende Weise erklären: Der Theurg gibt den kosmischen Mächten infolge der Kraft der geheimen Symbole (von denen ich unten VII. 1 ausführlich sprechen werde) seine Befehle nicht mehr als Mensch und auch nicht mehr als über eine nur menschliche Seele verfügend, sondern erteilt, als gehöre er jetzt zur Rangklasse der Götter, Befehle, die kräftiger sind als seine ihm tatsächlich eignende Wesenheit (worüber ich ebenfalls schon oben IV. 2 gesprochen habe). Und das tut er nicht, als habe er wirklich die Absicht, alles das, was er beteuert, auch tatsächlich auszuführen, sondern indem er durch die Anwendung solcher Formeln die kosmischen Mächte nur belehrt, eine wie gewaltige und wie große Macht er jetzt durch die Verbindung mit

154

den Göttern (im theurgischen Akte) besitzt, die ihm die Kenntnis der geheimen Symbole verleiht.

Man könnte aber auch noch folgendes Argument vorbringen: Die auf die einzelnen Teilgebiete der Schöpfung verteilten Dämonen, die die Teile des Weltganzen verwalten, erlosten einen so großen Eifer und eine so große Sorgfalt für jeden der von ihnen erkorenen Teile, dass sie nicht einmal ein Wort, das dem Heile ihres Gebietes zuwider ist, ertragen können, da sie doch gerade darüber wachen, dass der ewige Bestand der Dinge im Weltganzen unverändert verharre. Von diesem Bestände aber glauben sie, dass er nur so lange unverändert bleibt, als auch die Klasse der Götter ebenso unerschüttert verharrt; dass aber (durch solche Drohungen) das, worin sie selbst auch ihre eigene Existenz haben, bedroht werde, das können diese Luft- und Erd-(Stoff-)Dämonen gar nicht einmal hören.

VI. 7: Doch kann man das auch noch auf folgende Weise rechtfertigen: Die Dämonen besorgen die Behütung der geheimzuhaltenden Prinzipien und zwar in besonders ängstlicher Weise deshalb, weil auf ihrer Behütung der Bestand und die Wohlordnung des Weltganzen beruht. Deshalb nämlich bewahren alle Glieder des Weltganzen ihre Ordnung und vermengen sich nicht (miteinander) zur entgegengesetzten Mangelhaftigkeit und Unordnung, weil die wohltatstiftende Kraft des Osiris rein und unversehrt bleibt; es bleibt ferner auch das Leben des Universellen rein und unverdorben, weil die verborgene Schönheit der lebenerzeugenden Prinzipien der Isis nicht in die sinnlich wahrnehmbare und sichtbare Körperwelt (um uns Menschen) herabsteigt; alles bleibt unbewegt und durch die ewige Weitererzeugung immer bestehend, weil der Lauf (der Barke) der Sonne niemals zum Stehen gebracht wird, und ebenso auch alles vollkommen und untadelhaft, weil das in Abydos Verborgene niemals enthüllt wird.

Von dem nun, wovon das Heil des Alls abhängt – ich verstehe aber darunter den Umstand, dass das Geheime (Mystische) immer verborgen bleibt und dass die unaussprechliche geheime Wesenheit der Götter niemals des entgegengesetzten Geschickes teilhaftig werde – davon also können es die Erd-(Stoff-)Dämonen nicht einmal hören, dass es darum einmal anders stehen oder dass alles das offenkundig werden soll, und deshalb verfügen derartige Formeln tatsächlich über eine gewisse Obmacht über die Dämonen.

Den Göttern aber droht niemand und keine solche Gebetsart hat auf sie Bezug. Deshalb wird auch bei den Chaldäern, bei denen die Art und Weise des mündlichen Verkehrs mit den Göttern allein in lauterer Weise festgelegt ist, nirgends eine Drohung ausgesprochen; die Ägypter dagegen, die mit den Symbolen (d. h. den symbolischen Anrufungen) der Götter (von denen ich sogleich sprechen werde) auch die Formeln vermengen, die nur auf die Dämonen Bezug haben, wenden (tatsächlich) auch Drohungen bisweilen an. Auch hierüber also besitzest du jetzt meine Antwort, kurz zwar nur, aber doch klar genug, wie ich glaube, bereinigt.

VII. 1: Der gleichen gottheitskundigen Muse aber bedürfen auch die folgenden Schwierigkeiten (bezüglich des theurgischen und Zaubergebetes) zu ihrer Erklärung. Vorher aber will ich dir noch die Art und Weise auslegen, in der die Ägypter die Lehre vom Göttlichen vortragen:
Indem sie die Natur des Alls und das schöpferische Wirken der Götter nachahmen, lassen sie Bilder der mystischen, verborgenen und unsichtbaren Erkenntnisse sehen, wie ja auch die (uns Menschen umgebende sinnlich wahrnehmbare) Natur die unsichtbaren Ideen durch sichtbare Abbilder gewissermaßen symbolisch nachbildete, das schöpferische Walten der Götter (das sich in der sichtbaren Natur offenbart) die wahrhafte Wesenheit der Ideen aber durch ihre sichtbaren Abbilder nur andeutete. Weil die Ägypter nämlich wissen, dass alle höhern Wesen an der Ähnlichkeit des Niedrigem (Sinnlichwahrnehmbaren) mit dem Höhern (Göttlich-Ideellen) ihre Freude haben, und weil sie durch eine möglichst genaue Nachahmung die niedrigem Wesen auf diese Weise mit Gütern (wahrer Gotteserkenntnis) erfüllen wollen, wenden sie mit vollem Rechte auch ihrerseits die den höhern Wesen angemessene Methode der Einführung in die Geheimlehre mit Hilfe von Symbolen (symbolischen Bildern und Gebetsformeln) an.

VII. 2: Vernimm also auch du die rein vernunftgemäße Deutung der Symbole, wie sie die Ägypter rein vernunftgemäß erklären, während du dabei jede Vorstellung von diesen Symbolen ganz aus dem Spiele lässt, wie sie die (planlos schweifende, nicht vernünftig geregelte) Phantasie oder das bloße Hörensagen ergibt, und erhebe dich zu jener Wahrheit, die nur durch die Vernunft allein erfasst werden kann!
(Betrachte beispielsweise die symbolische Darstellung und Anrufung des als Kind auf einer geöffneten Lotosblüte sitzenden Sonnengottes, die sich aus dem Schlamme erhebt. Hier darfst du unter dem „Schlamm" nichts anderes denn alles Körperartige und Materielle, das Nährende und

Erzeugende oder überhaupt jede materielle Erscheinungsform der (sinnlich wahrnehmbaren) Schöpfung oder Natur verstehen, die materiell und mit dem unsteten Fluss der Materie in Bewegung ist, oder auch alles, was den (übersinnlichen) Strom der Erzeugung in sich aufzunehmen vermag und mit ihm verschmilzt, oder endlich das führende Prinzip und gewissermaßen Fundament der (zeugenden) Elemente und aller in diesen Elementen wirkenden Energien. Während also unter dem „Schlamm" das zu verstehen ist, präexistiert, führt und schließt alles das die Gottheit in sich, das Prinzip der Schöpfung, der ganzen (sinnlich wahrnehmbaren) Natur und aller Energien in den Elementen, da die Gottheit alles das überragt, immateriell, unkörperlich, übergewaltig, nicht durch Zeugung entstanden, unbeschränkt, vollständig in sich selbst und aus sich selbst und unsichtbar. Und weil die Gottheit alles das in sich schließt und allem Kosmischen an sich Anteil gewährt, ist sie aus dem Kosmos (wie im Bilde und der bildlichen Anrufung das Sonnenkind auf der Lotosblume aus dem Schlamme) zum Vorschein gekommen; weil sie aber auch wieder das All überragt und sich darüber ausbreitet, zeigt sie sich als von dem All getrennt, abgesondert darüber schwebend und über die Energien und Elemente im Weltganzen verbreitet (wie im Bilde die Lotosblume mit dem Götterkinde nicht etwa auf dem Schlamme aufruht, sondern ihn vollständig überragt). Und mit all dem stimmt auch das symbolische Bild überein: Denn der Umstand, dass die Gottheit auf der Lotosblume sitzt, deutet ihre Erhabenheit über den „Schlamm" an, die den „Schlamm" niemals berührt, und zugleich auch ihre intelligible und feurige Führung; denn man sieht, dass am Lotos alles kreisrund ist, die Formen, die sowohl an den Blättern als auch an den Früchten sich zeigen: Insofern nun als der kreisförmigen Bewegung (der göttlichen Himmelskörper) allein auch die Energie der rein göttlichen Vernunft (des Nus) entspricht, machen die kreisrunden Formen des Lotos auch das immer sich gleiche, in gleicherweise, nach einheitlicher Ordnung und nach einheitlichem Prinzipe sich offenbarende Wirken des Göttlichen sichtbar (über dem der Sonnengott als Lenker ebenso thront wie im Bilde das Kind über der Lotosblume). Die Gottheit selbst aber ruht in sich und über jener Führung und Energie, ehrwürdig und heilig darüber ausgebreitet und in sich selbst verharrend, was (im Bilde) die ruhig sitzende Stellung der Gottheit andeuten soll.

(Und wenn wir noch ein zweites Symbol betrachten wollen) so stellt der, der auf dem Schiffe (der Sonnenbarke) fährt, die göttliche Energie dar, die den Kosmos steuert: Wie nämlich der Steuermann, vom Schiffe unabhängig und getrennt (nicht etwa als ein integrierender Bestandteil des Schiffes), das Steuerruder regiert, so regiert auch der Sonnengott das Steuerruder des Weltalls, von ihm selbst getrennt. Und wie der Steuermann von oben, vom (erhöhten) Hinterdecke des Schiffes aus, alles lenkt, indem er aus sich selbst einen kleinen Anstoß gibt, der die Richtung des Laufes bedingt, so verursacht die Gottheit von oben her, nämlich von den ersten Prinzipien der Natur aus, in uneingeschränkter Weise die ersten Antriebe, die als zuerst wirkende Ursachen die Bewegungen (des ganzen Weltsystemes) veranlassen. Das und noch viel mehr als das deutet sein Fahren auf dem Schiffe an.

VII. 3: Da ferner jedes Glied des Himmels, jedes Tierkreiszeichen, der gesamte Umschwung des Himmelsgewölbes, jedes (dadurch bedingte) Zeitmaß, nach welchem sich der Kosmos bewegt, und überhaupt alles im Weltganzen die von der Sonne (und ihrem Gotte) herabdringenden Energien in sich aufnimmt, von denen die einen sich mit den Teilen des Weltganzen verflechten, die andern aber über eine Vermengung mit ihnen erhaben sind, deutet auch diese Energien die symbolische Darstellungsweise an, indem sie dem Wortlaute nach zwar anzeigt, dass sich der Sonnengott in jedem Tierkreiszeichen anders gestaltet und (mithin) seine Erscheinungsformen stündlich verändert, dabei aber doch darlegt, dass er selbst sich unveränderlich, beständig und unaufhörlich, vollständig, zugleich und in seiner ganzen Wesenheit dem gesamten Weltall mitteilt. Weil sich nämlich das, was (den Sonnengott in seinen Emanationen) aufnimmt, zu dem, was sich ihm ungeteilt mitteilt, ganz verschiedenartig verhält und entsprechend seinem eigentümlichen Verhalten zum Sonnengotte auch verschiedenartige Energien aus ihm in sich aufnimmt, deshalb also will die symbolische Lehrmethode durch die Fülle der (in stündlich anderer Gestalt) dargebotenen Emanationen den selbst einheitlichen (einheitlich bleibenden) Gott andeuten und trotz der mannigfachen (und mannigfach dargestellten) Energien doch seine einheitliche Kraft vor Augen führen. Deshalb also lehrt sie, dass er selbst einheitlich und immer derselbe ist; den Grund aber für die Veränderungen seiner Gestalt und für die Verwandlungen (im Bilde) verlegt sie in das, was ihn in sich aufnimmt. Nur deshalb also lehrt sie, dass er sich in jedem Tierkreiszeichen und (daher) stündlich verändert, weil sich nur die Natur mit Rücksicht auf den Gott verändert, und zwar entsprechend der Vielfältigkeit ihrer Aufnahmearten.

Von derartigen Gebetsformeln an den Sonnengott (wie „ich rufe den an, der auf der Lotosblume sitzt, der auf der Barke fährt und stündlich seine Gestalt verändert") machen die Ägypter nicht nur in jenen Gebeten Gebrauch, durch die sie seine leibhafte Erscheinung erzielen wollen, sondern auch in den Gebeten des Alltags, die einen solchen Sinn haben und im Geiste einer derart beschaffenen Einführung in die Geheimlehre dem Gotte dargebracht werden. Deshalb liegt kein vernünftiger Grund vor, hierfür noch eine weitere Rechtfertigung beizubringen.

VII. 4: Dagegen bedürfen die folgenden Fragen eigentlich einer ausführlichen Belehrung, wenn man sich genügend mit diesem Gegenstande befassen will; trotzdem ist es notwendig, bei der Beantwortung die Wahrheit auch in Kürze darzulegen. Du fragst nämlich, „was denn eigentlich die sinnlosen Namen (die man bei theurgischen Beschwörungen und im theurgischen und im Zaubergebete überhaupt anzuwenden pflegt) bezwecken?" – Sie sind aber gar nicht sinnlos, wie du glaubst; denn mögen auch gewisse davon für uns Menschen tatsächlich ohne Sinn (und Bedeutung) und (mithin) für uns Menschen unverständlich sein, andere aber sogar auch für uns verständlich, deren Deutung (und Bedeutung) wir von den Göttern selbst empfangen haben, für die Götter indessen haben sie doch alle insgesamt ihre bestimmte Bedeutung. Allerdings verfügen sie über diese ihre Bedeutung nicht nach dem Grundsatze unserer auf Übereinkunft beruhenden Ausdrucksweise und auch nicht nach jenem Grundsatze, demzufolge die Namen die Dinge infolge der bei den Menschen mit ihnen verbundenen Vorstellungen bezeichnen und anzeigen, sondern sie verfügen über ihre bestimmte Bedeutung vielmehr in rein vernunftgemäßer Weise und zwar entweder in Rücksicht auf die göttliche Vernunft in uns Menschen oder aber in einer überhaupt nicht näher bezeichenbaren oder höhern und einfachem Weise und nur entsprechend der mit den Göttern zur Einheit vereinigten (intellegiblen) Vernunft selbst (die für uns Menschen nicht erfassbar und nicht erklärbar ist). Bei den göttlichen Namen muss man daher alle (menschliche) Erfindsamkeit und alle logischen Auseinandersetzungen ausschalten (die bei Untersuchungen über das Verhältnis der Namen der menschlichen Sprachen zu dem, was sie bezeichnen, völlig berechtigt sind). Aber auch die nachbildende Beziehung, die zwischen den Namen (unserer Sprachen) und den (durch sie benannten) Dingen in der Natur auf Grund eines in der Natur der Namen und Dinge selbst bestehenden engen (innern)

Zusammenhanges vorliegt, ist auszuschalten; bei den göttlichen Namen muss man vielmehr den symbolischen Charakter der göttlichen Ähnlichkeit (des Bezeichnenden mit dem Bezeichneten) zur Grundlage nehmen, der nur intellegibel (nur durch die reine Vernunft erfassbar) und göttlich ist. Und mag dieser Charakter (eben deshalb) auch uns Menschen unfassbar sein, so ist eben das das Hehrste an ihm; denn dann ist er eben erhabener, als dass er sich für uns Menschen verstandesgemäß auseinandersetzen ließe. Dagegen besitzen wir in jenen göttlichen Namen, deren Sinn (und Bedeutung) wir (von den Göttern in beseligenden Visionen) überliefert erhielten, die Kenntnis der gesamten göttlichen Wesenheit, Macht und Rangordnung (der göttlichen Träger dieser Namen) im Namen allein schon ausgeprägt. Durch die Kenntnis dieser Namen bewahren wir uns ferner das mystische und geheime Bild der Götter vollständig in unserer Seele, führen letztere dadurch zu den Göttern empor und verknüpfen sie hinaufgeführt, soweit wir das überhaupt vermögen, mit den Göttern (wie ich schon oben I.15 dargelegt habe).

„Aber warum", (fragst du) „geben wir den barbarischen (nichtgriechischen) Namen, die bestimmte Götter bezeichnen, vor jenen Namen den Vorzug, die ihnen in unserer eigenen Sprache zukommen (und nennen z. B. den Sonnengott nicht Helios, sondern lieber Baal, Semesilam oder Re und den Gott der Weisheit, Theurgie und Zauberkunst nicht Hermes, sondern lieber Thoth)"? – Der Grund auch hierfür ist mystisch; weil nämlich die Götter die gesamten Sprachen der heiligen Völker wie der Ägypter und Assyrer für heilig erklärt haben, sind wir der Ansicht, dass unser mündlicher Verkehr mit den Göttern sich in jener Ausdrucksweise abwickeln müsse, die (als heilig und geheiligt) den Göttern verwandt ist. Auch ist die Form der Aussprache mit den Göttern derart die ursprünglichste und älteste und endlich haben auch die, die zuerst die Namen der Götter kennenlernten (das sind aber eben die Ägypter und Assyrer gewesen), sie mit ihren eigenen Sprachen als hierfür wohl geeignet vermengt (d. h. ihren Sprachen diese echten und authentischen Götternamen angepasst) und uns so überliefert. Deshalb also halten wir an dem Gesetze ihrer Oberlieferung unerschütterlich fest, da diese Form den Göttern eignet und ihnen angepasst ist; denn wenn irgend etwas den Göttern geziemt, so ist natürlich das Ewige und Unveränderliche (auch an diesen barbarischen Namen) ihnen wesensverwandt.

VII. 5: „Aber", sagst du, „der, der Namen hört, lichtet dabei doch nur auf das, was durch sie bezeichnet wird (aber nicht auf den Lautbestand des Namens), so dass also, wenn nur ein und derselbe Begriffsinhalt gewahrt bleibt, er vollkommen genügt, mag der Name dafür wie auch immer lauten. (Daher macht es gar keinen Unterschied aus, ob ich denselben Sonnengott griechisch Helios, ägyptisch Re oder assyrisch Baal nenne)." – Und doch verhalt es sich (in Wirklichkeit) keineswegs so, wie du vermutetest: Wären nämlich die (göttlichen) Namen nach Übereinkunft (wie die Namen unserer menschlichen Sprachen) festgesetzt, dann würde es allerdings tatsächlich gar keinen Unterschied ausmachen, ob man (für denselben Begriffsinhalt) diesen oder einen anders lautenden Namen (einer andern Sprache) nimmt; wenn aber jene (göttlichen) Namen der Natur (Wesenheit) des (wahrhaft) Existierenden (Göttlichen) angepasst sind, dann werden die (barbarischen) Namen (allein), da sie ja dem (innern) Wesen dessen, was sie benennen, genauer (als andere) entsprechen, den (durch sie benannten) Göttern natürlich auch willkommener sein müssen (als etwa die griechischen Namen für dieselben Götter). Eben daraus aber geht auch der Grund hervor, warum die Sprachen der heiligen Völker vernünftigerweise den Sprachen der übrigen Völker vorgezogen werden. Wenn man nämlich die Namen (einer fremden Sprache in die eigene) übersetzt (und also z. B. statt Re oder Baal Helios sagt), so bewahren sie nicht immer durchaus ein und dieselbe Bedeutung; denn bei jedem Volke gibt es gewisse Begriffe, die unmöglich durch die Sprache eines andern Volkes (völlig adäquat) bezeichnet werden können. Und wenn man die Namen für diese Begriffe auch übersetzen kann, so bewahren diese Übersetzungen doch nicht immer die gleiche Kraft (da schon infolge des nunmehr veränderten Lautbestandes die Sympathie zwischen dem Wortklang und dem Wesen des Benannten verlorengehen muss). Die barbarischen Namen enthalten endlich auch viel Emphase (Nachdruck) und Knappheit, viel weniger Zweideutigkeit, Vieldeutigkeit und Fülle (an homonymen Ausdrücken als die griechische Sprache). Durch alles das aber sind sie auch dem (einheitlich gearteten) Wesen der höhern Geschlechter angepasst.

Du musst aber auch die Annahme ausschalten, „als müsse (wegen der Verwendung ägyptischer Namen im theurgischen und Zaubergebet) der Angerufene notwendig auch ein Ägypter sein oder (doch wenigstens) die ägyptische Sprache sprechen." (Denn diese Annahme verfehlt den wahren Sachverhalt); du musst vielmehr annehmen, dass, weil die Ägypter zuerst (unter allen Völkern) der persönlichen Anwesenheit der Götter teilhaftig wurden, sich die Götter freuen, wann sie mit den Formeln der Ägypter angerufen werden.

Wenn aber (wie du weiter behauptest) diese Namen nichts anderes wären als Erfindungen der Zauberer, wie sollte denn dann das, was am innigsten mit den Göttern (durch Sympathie) vereinigt ist, uns Menschen mit ihnen verknüpft und fast über dieselbe Energie wie die Götter selbst verfügt und ohne das kein theurgischer Akt vorgenommen werden kann, nichts anderes sein als bloße Ausgeburten der Phantasie?! Diese Ausflüchte haben aber auch nicht einmal in den Affekten ihren Grund, die hier auch für das Göttliche vorgeschützt werden, obwohl sie doch nur uns Menschen allein betreffen (insofern nämlich, als wir Menschen tatsächlich durch das Aussprechen von uns verständlichen Namen affiziert werden). Denn wir sprechen (im theurgischen Gebete) die den Göttern ihrer Natur nach angemessenen Namen nicht aus, während wir dabei von dem ausgehen, was uns affiziert (denn diese Namen können uns ja gar nicht affizieren, da wir sie überhaupt nicht verstehen, wie ich schon oben, III. 24 ausführte); sondern wir gehen dabei im Gegenteil von dem aus, was den Göttern ihrer Natur nach (aber nicht als Erregungsmittel eines Affektes in ihnen) eignet (wie ich ebenfalls schon oben, II. 11 und I. 12 lehrte). Auch hegen wir dabei bezüglich des Göttlichen keine Auffassung, die dem wahren Sachverhalte (etwa dadurch) entgegengesetzt ist (dass wir glauben, die Götter selbst würden durch diese ihre Namen nach Art der Menschen affiziert), sondern verharren vielmehr bei den Gesetzen des heiligen Dienstes, wie sie dem natürlichen Sachverhalt entsprechen und wie die seiner teilhaftig geworden sind, die diese Gesetze zuerst aufstellten. Wenn nämlich überhaupt etwas an den heiligen Satzungen den Göttern angemessen ist, dann ist es sicherlich auch das Unveränderliche (an diesen Namen). Man muss also die altehrwürdigen Gebetsformeln (mit ihren uns unverständlichen und barbarischen Namen) wie heilige Asyle behüten, immer als die gleichen und in gleicher Weise, während man weder irgend etwas von ihnen wegnimmt, noch ihnen irgend etwas von anderswoher zusetzt.

Denn das ist so ziemlich der Grund, warum jetzt alles wirkungslos geworden ist, sowohl die Namen als auch die Gebete, weil nämlich ihre Veränderung infolge der Neuerungssucht und Unvernunft der Griechen kein Ende findet; denn die Griechen sind ihrer Natur nach neuerungssüchtig und beständig in stürmischer Bewegung, haben nichts Festes in sich und bewahren nichts so, wie sie es von irgendwem erhalten haben, sondern lassen es sogleich wieder fahren und bilden es ihrer unsteten Geschicklichkeit im Neuern entsprechend um. Die Barbaren dagegen bleiben stets standhaft bei denselben Formeln, da sie von beharrlichem (konservativem) Charakter sind; eben deshalb aber sind sowohl sie selbst den Göttern lieb als auch bringen sie den Göttern Formeln dar, die ihnen angenehm sind. Diese Formeln aber zu verändern, ist keinem Menschen unter gar keinen Umständen erlaubt.

Das antworte ich dir also bezüglich der Namen, sowohl bezüglich der unverständlichen („sinnlosen") als auch der sogenannten barbarischen Namen, die aber in Wahrheit heilige (d. h. der Göttersprache selbst angehörende) Namen sind.

7. Teil

Über die Ur- und Grundprinzipien des Weltalls und des Göttlichen nach der Geheimlehre der Ägypter.

VIII. 1: Davon dich abwendend, wie du sagst, verlangst du, dass dir klar gemacht werde, „was die Ägypter für das Urprinzip halten, ob die (göttliche) Vernunft (den Nus) oder etwas, das über dem Nus steht, ob eine Einheit oder etwas, das mit etwas anderem (Zweiten) oder mit mehreren andern zusammen existiert, ob es ferner unkörperlich oder körperlich ist, ob etwas, das mit dem Schöpfer (Demiurgen) eins ist, oder ob es schon vor dem Schöpfer existiert; ob ferner das All aus nur einem einzigen Prinzipe oder aus vielen Prinzipien hervorgegangen ist, und ob sie endlich eine Urmaterie anerkennen oder (immaterielle) Prinzipien, die erst die (materielle) Körperwelt schufen, und ob sie von der Materie glauben, dass sie ungeworden oder dass sie erst geworden ist."

Zunächst will ich dir den Grund angeben, warum sich in den Schriften der alten Hierogrammaten hierüber viele und mannigfaltige Anschauungen vorfinden und warum auch bei den jetzt lebenden maßgebenden Theosophen die Lehre (über all das) nicht einheitlich vorgetragen wird: Ich sage also, dass, da es viele Wesenheiten gibt und sich diese sehr mannigfaltig voneinander unterscheiden, von den Priestern des Altertumes auch viele (verschiedene) Prinzipien für diese vielen verschiedenen Wesenheiten und auch viele verschiedene Klassen solcher Prinzipien gelehrt wurden. Die Prinzipien der universellen Wesenheiten aber hat (der Gott) Hermes (Trismegistos-Thot) selbst in vollendeter Weise in seinen 20.000 Büchern dargelegt, wie nämlich Seleukos schreibt, oder aber in seinen 36.525 Büchern, wie Manetho berichtet. Die Prinzipien der (sekundären) Teil Wesenheiten dagegen erklären von den Gelehrten des Altertumes die einen in dieser, die andern in jener Weise, indem sie einander vielerorts bekämpfen. Es ist aber notwendig, die Wahrheit über alle diese Prinzipien insgesamt (aus ihren Schriften) ausfindig zu machen und dir in Kürze, soweit das möglich ist, (folgendermaßen) klarzulegen. Vernimm also, worüber du zuerst anfragtest:

VIII. 2: Vor all dem, was wahrhaft existiert, und vor den Prinzipien der universellen Wesenheiten existiert ein einziger Gott (der Urgott), früher als der erste (emanierte) Gott und König, unbewegt im Alleinsein seiner Einheit verharrend; denn weder das Intelligible noch sonst etwas anderes ist ihm beigemengt. Er existiert vielmehr als die Grund- und Urform des Gottesbegriffes, der sich selbst Vater und Erzeuger ist, nur vom Vater allein (aus sich selbst) stammend und wesenhaft gut. Denn dieser Urgott ist etwas Größeres und Erstes, die Quelle des Alls und die Wurzel der intelligiblen (nur durch die reine Vernunft erfassbaren) Ideen der ersten (ursprünglichen, prinzipiellen) Wesenheiten. Aus diesem Einen, der Einheit, ließ sich selbst (durch Emanation) der eine sich selbst genügende Gott erstrahlen, weshalb dieser Gott auch „Sich selbst Vater" und „Sich selbst Genügender" genannt wird; denn er ist das Prinzip und der Gott der (durch weitere Emanationen aus ihm entstandenen) Götter (und ihr König), der Einfache aus dem Einen (dem Urgott), der vor der Wesenheit existiert und das Prinzip (den Ursprung) der (intelligiblen) Wesenheit bildet (die von der Idee dieser Wesenheit verschieden ist und durch die aus dem Urgott selbst entsprossene Idee erst vorgebildet werden musste). Denn erst aus ihm (dem ersten emanierten Gotte und König) stammt die Wesenheit des (intelligiblen) Sein und das Sein (des Intelligiblen), weshalb er auch „Vater des Sein" genannt wird; denn er ist das Sein, das vor dem (intelligiblen) Sein ist, das Prinzip des Intelligiblen, weshalb er auch „Herr des Intelligiblen" zubenannt wird.

Das also sind die ältesten (primären und Ur-)Prinzipien des Alls, die Hermes (Trismegistos-Thoth) vor die (nicht mehr urprinzipiellen) Äther-, Feuer- und Himmelsgötter stellt (von denen die letzten auch nicht mehr nur intelligibel sind). Über die Geschichte der Feuer- und Äthergötter aber hat er je hundert Traktate überliefert, über die Himmels-(Gestirn) Götter aber tausend.

VIII. 3: Nach einer andern Anordnung (der Prinzipien) stellt Hermes (Thoth) den Gott Kneph als Führer der Himmelsgötter voran, von dem er lehrt, dass er die Vernunft (der Nus) sei, die sich selbst vernunftgemäß erfasst und die Betätigung des vernunftgemäßen Denkens auf sich selbst konzentrierte. Vor diesen Gott Kneph aber stellt er das eine Unteilbare und Ungeteilte, das er auch „Die erste Geburt" heißt und Eikton zubenennt; darin ist das Zuerstdenkende und zuerst durch die Denkkraft Erfassbare enthalten, das nur durch Stillschweigen allein verehrt werden kann.

Nach diesen (beiden intelligiblen Prinzipien) stehen an der Spitze der Schöpfung des Sichtbaren andere (Götter) als Führer; denn der schöpferische Nus (Kneph), der Vorsteher der Wahrheit und Weisheit, wird, wenn er zur Schöpfung vorschreitet und die unsichtbare Energie der verborgenen (intellegiblen) Ideen (in der sichtbaren Schöpfung) ans Licht bringt, in der Sprache der Ägypter Amun genannt; insofern aber, als er alles untrüglich und kunstfertig mit Wahrheit zur Vollendung bringt, heißt er Ptah – die Griechen indes nehmen diesen Ptah für ihren Hephaistos, indem sie nur seine Kunstfertigkeit berücksichtigen – und insofern als er auch wohltätig wirkt, wird er Osiris genannt. Doch hat dieser schöpferische Nus (Kneph) auch noch andere Namen mit Rücksicht auf andere (seiner) Energien und Wirkungsarten.

Es gibt aber bei den Ägyptern noch eine andere Obergewalt über die universellen Elemente der Schöpfung und über die Energien in ihnen, von denen vier männlich (aktive Elemente) und vier weiblich (passive Elemente) sind, und diese Obergewalt weisen sie dem Sonnengotte zu. Auch gibt es bei ihnen ein Prinzip über die gesamte (sinnlich wahrnehmbare) Schöpfung (die aus der Vermengung dieser vier Elementpaare mit der Materie geschaffen wurde) und diese Obergewalt über die gesamte Natur in der Schöpfung teilen sie wieder der Mondgöttin (Isis) zu. Indem sie ferner das Himmelsgewölbe (mit seinen sichtbaren Gestirngöttern, den Fixsternen, Tierkreiszeichen, Dekansternen und Planeten) in zwei, vier, zwölf und sechsunddreißig oder doppelt so viele Teile oder wie auch immer zerlegen, stellen sie diesen Teilen mehr oder weniger Beherrscher voran, allen diesen Beherrschern aber wieder Einen, der sie alle überragt. Auf diese Weise nimmt die Behandlung der Prinzipien bei den Ägyptern von oben herab bis zum Niedrigsten (Materiell-Geschaffenen) immer ihren Anfang von einer Einheit und steigt zur Fülle der Vielheit herab, die stets von dem Einen gelenkt wird; und überall wird die unbegrenzte Natur von einem festumgrenzten Maß und von dem höchsten einheitlichen Prinzip alles Existierenden beherrscht.

Die Materie aber leitete der Gott (der Demiurg) ab, indem vom Wesenhaften das Materielle abgespaltet wurde; und indem er diese Materie, die (materielles, vegetativ-animalisches, nicht aber geistiges) Leben begründet, nahm, bildete er daraus zunächst die einfachen (einheitlichen) und keiner Beeinflussung unterliegenden Himmelskörper (oder Fortbewegungsmittel der Gestirngottheiten), das Letzte und Unterste dieser Materie aber verteilte er auf die durch Zeugung hervorgehenden und (daher) auch wieder vergänglichen Körper (in der sinnlich wahrnehmbaren und auch affizierbaren Natur um uns.

VIII. 4: Nachdem nun das so ins Reine gebracht wurde, ist auch die Deutung der Schwierigkeiten, auf die du in den Schriften (der Theosophen, Philosophen und Okkultisten) gestoßen zu sein angibst, klar: Denn die Schriften, die unter dem Namen des Hermes (Trismegistos-Thoth) gehen, enthalten tatsächlich Lehrsätze des Hermes, wenn sie sich auch oft der Ausdrucksweise der Philosophen bedienen, da sie ja von Männern aus der ägyptischen (in die griechische) Sprache umgeschrieben wurden, die mit der (griechischen) Philosophie keineswegs unvertraut waren. Chaeremon freilich und wenn sonst noch gewisse andere Leute die ersten Weltprinzipien behandeln, erklären eigentlich doch nur die untersten (und letzten) Prinzipien; alle die ferner, die von den Planeten, dem Tierkreise, von den Dekansternen oder Horoskopgöttern und von den sogenannten „Gebietern" und „Herrschern" handeln, erläutern nur die Zerteilung der (Grund-)Prinzipien auf getrennte Wirkungsgebiete (und dabei auch noch nur innerhalb der sichtbaren Schöpfung. Was weiter das Salmeschoiniaka betitelte Werk bietet, bildet nur einen ganz geringen Teil der hermetischen Lehrsätze. Die Bemerkungen endlich über die Gestirne, ihren Glanz und ihre Verdunkelungen und über die Zu- und Abnahme des Mondes bilden bei den Ägyptern nur die letzten Ausläufer der Lehre von den Prinzipien.

Auch behaupten die Ägypter keineswegs (wie du glaubst), dass alles (um uns und in uns Menschen) durchaus nur physisch (in der sinnlich wahrnehmbaren und vergänglichen Natur beruhend) sei, sondern sie scheiden vielmehr das (animalische) Leben und das intellegible Leben der Seele von der (sinnlich wahrnehmbaren) Natur, nicht nur hinsichtlich des Weltganzen (das auch ihnen als ein beseeltes Lebewesen gilt), sondern auch bezüglich der Menschen; indem sie nämlich (für die Schöpfung und Beseelung des Weltganzen) die Vernunft (den Nus) und den Verstand als für sich präexistierend voranstellen, sind sie der Überzeugung, dass alles (Existierende und Sinnlichwahrnehmbare), was (wie der Mensch) geworden ist, ebenso geschaffen wurde (und dass es mithin auch vor dem animalischen Leben unserer Seele noch ein dem Nus und der Denkkraft entsprechendes intellegibles Seelenleben geben müsse, das nicht wie das animalische Trieb- und Sinnenleben unserer Seele mit dem Tode unseres materiellen Leibes erlischt). Als (Ur-)Vater der Dinge in der (sinnlich wahrnehmbaren) Schöpfung, der präexistiert, stellen sie den Schöpfer (den Demiurgen) auf und erkennen eine lebenstiftende (von ihm emanierte) Energie an, als sowohl vor dem Himmelsgewölbe (Kosmos) als auch im Himmelsgewölbe existierend; auch setzen sie eine einzige (einheitliche) reine (immaterielle und intellegible) Vernunft über den Kosmos, eine unteilbare in den Gesamtkosmos und eine dritte über alle Himmelskörper, auf sie alle verteilt.

Und die Beschauung aller dieser Dinge betreiben sie nicht allein in theoretischer Spekulation, sondern sie verheißen vielmehr auch, durch die heilige Theurgie zu dem, was höher, universeller und über den Schicksalszwang erhaben ist, ja bis zur Gottheit und zum Schöpfer (Demiurgen) selbst emporzusteigen; dabei bedienen sie sich aber weder irgendeiner Materie noch verwenden sie sonst irgend etwas dazu (wie die Zauberer und Gaukler), sondern beachten vielmehr runden Zeitpunkt (der hierfür geeignet ist).

VIII. 5: Auch diesen Weg (hinauf zum Intellegibel-Göttlichen) hat Hermes (Thoth) gewiesen und der Prophet Bitys, der ihn im Heiligtume zu Sais in Ägypten mit Hieroglyphen verzeichnet vorfand, hat ihn dem König Ammon erläutert; auch den (theurgischen Geheim-) Namen der Gottheit, der das ganze Weltall durchdringt (und somit auch unsere Seele durch alle seine Regionen und Sphären zum Demiurgen selbst emporheben kann) hat derselbe Bitys gelehrt.

Es gibt aber noch viele andere Zusammenstellungen hierüber, so dass du mir nicht recht zu haben scheinst, alle Prinzipien der Ägypter nur auf das Physische zurückzuführen; gibt es doch bei ihnen mehrere (wesensverschiedene) Prinzipien und auch hinsichtlich mehrerer (verschiedener) Wesenheiten und auch überweltliche Energien, die sie ebenfalls vermittels des heiligen Kultes verehren; das scheint mir auch schon allgemeine Anhaltspunkte für die Lösung auch aller folgenden Fragen zu bieten. Da ich aber nichts davon ungeprüft beiseite lassen darf, will ich mich auch mit diesen Streitfragen befassen und sie ganz genau von allen Seiten her überprüfen, damit wir sehen, wo du etwa unrichtig entscheidest.

8. Teil

Über die Voraussetzungen, die nach ägyptischer Lehre die Befreiung der Seele vom Zwang der Schicksalsnotwendigkeit ermöglichen, über das Wesen des jedem Menschen als Hüter der Schicksalsbestimmung beigegebenen Eigendämons und über die Methoden seiner Ermittlung und Zitierung behufs Aufhebung der Schicksalsbestimmung

VIII. 6: Du behauptest zunächst, „dass die Mehrzahl der Ägypter auch unsere freie Willensentschließung von der Bewegung der Gestirne abhängig gemacht hat." – Wie es darum (in Wahrheit) steht, muss ich dir aus mehreren Lehrsätzen des Hermes (Thoth) darlegen; wie diese Schriften nämlich besagen, besitzt jeder Mensch zwei Seelen. Von diesen beiden Seelen hat die eine, von dem Ersten, Intelligiblen stammend, auch Anteil an der Macht des (intellegiblen) Schöpfers (Demiurgen), die andere dagegen wird aus dem Umschwünge der (sichtbaren) Himmelskörper (unserm sterblichen Leibe beim Einfahren der „intellegiblen" Seele in diesen Leib im Augenblicke der Geburt) eingeflößt (um die Verbindung der rein immateriellen „intellegiblen" Seele mit dem materiellen Leibe durch ihre Eigenschaft als sensitiv-animalische Seele herzustellen, da sich rein Immaterielles mit Materiellem nicht direkt und nicht ohne jede Vermittlung verbinden kann). In den Umschwung der Himmelskörper kehrt diese Seele auch wieder (nach dem Tode des Leibes und ihrer vollständigen Läuterung infolge der Seelenwanderung) zurück, um (von der Sternregion aus) die Gottheit zu schauen (wie ich schon oben III. 9 lehrte). Unter diesen Umständen ist die eine Seele, die von den Weltkörpern (den Planeten und Dekanen) in uns hinabsteigt, den periodischen Bewegungen der Weltkörper (und mithin auch der durch sie bedingten Schicksalsnotwendigkeit) unterworfen, die Seele aber, die aus dem Intellegiblen uns nur intellegibel zukommt, die überragt das schöpferische Kreisen der Weltkörper. Nur in dieser Seele kann die Loslösung vom Schicksalszwang erfolgen; und auch der Aufstieg zu den intellegiblen Göttern und jede Theurgie, die zum Ungeborenen emporführt, kann nur mit Rücksicht auf dieses(Seelen-)Leben erfolgen.

VIII. 7: Daher ist also keineswegs alles (in uns) durch die unlösbare Fessel der Notwendigkeit, die wir den Schicksalszwang nennen, gefesselt, was du bezweifelst; denn unsere Seele besitzt ja in sich selbst ein Prinzip, ins Intelligible übergehen, von allem Gewordenen zurücktreten und sich mit dem, was wahrhaft existiert, und mit dem Göttlichen verbinden zu können. Auch machen wir daher die Götter, die wir in Heiligtümern und Tempeln als Löser des Schicksalszwanges verehren, deshalb nicht selbst auch von diesem Zwange abhängig, sondern sie selbst vermögen tatsächlich (als seine Herren) ihn auch (durch Vermittlung dieses unseres intelligiblen Seelenlebens) aufzuheben; ihre untersten und letzten Energien freilich, die (von den sichtbaren Gestirngöttern) bis zur Schöpfung und zum Körper herabdringen und sich mit ihm verflechten, bedingen ihn. Mit Recht bringen wir daher diesen Göttern allen heiligen Kult dar, damit sie, allein durch intelligible Überredung über den Schicksalszwang gebietend, die uns durch diesen Zwang aufgebürdeten Übel von uns nehmen.

Aber auch nicht einmal in der Natur ist alles ohne Ausnahme durch die Schicksalsnotwendigkeit gebunden, sondern es gibt eben auch ein Prinzip der (mit der Schöpfung im Lebewesen Mensch schon verbundenen) Seele, das über alle Natur und Schöpfung erhaben ist. Und durch dieses Seelenprinzip vermögen wir auch tatsächlich mit den Göttern eins zu werden, die Schranken des Kosmos zu überschreiten und Anteil am ewigen Leben und an der Macht der übersinnlichen (intelligiblen) Götter zu erlangen. Durch dieses Prinzip sind wir also in den Stand gesetzt, uns selbst zu befreien: Wann nämlich das Bessere (Vollkommenere-Intelligible) in uns sich betätigt und unsere Seele sich zu dem erhebt, was vollkommener als sie selbst ist, dann trennt sie sich durchaus von allem, was sie in der Schöpfung zurückhält, entrinnt dem Unvollkommeneren, tauscht ein anderes Leben für ihr bisheriges ein und ergibt sich einer andern Rangordnung im Weltganzen, während sie ihre bisherige (nur menschliche) Stellung (darin) vollständig aufgibt.

VIII. 8: Wie aber weiter? „Geht es denn an (fragst du), dass man sich mit Hilfe der kreisenden (Gestirn-)Götter selbst befreit, während man doch gleichzeitig eben diese Götter auch für die Herren des Schicksalszwanges hält, für die, die unsere Lebensschicksale mit unlösbaren Fesseln binden?" – Nichts hindert, auch das anzunehmen; denn wenn die Götter tatsächlich viele verschiedene Wesenheiten und Energien in sich vereinigen, schließen sie doch wohl auch zahllose Unterschiede und Gegensätze (an diesen verschiedenartigen Wesenheiten und Energien) in sich. Es lässt sich daher auch darauf hinweisen, dass sich in jedem auch der sichtbaren

(Planeten-)Götter auch gewisse intelligible (und daher über den die Schicksalsnotwendigkeit verursachenden materiellen Energieemanationen stehende) Prinzipien ihrer Wesenheit vorfinden, durch die die Befreiung der Seele von der Schöpfung der Weltkörper ermöglicht wird. Und auch wenn jemand endlich nur zwei Gattungen von Göttern gelten lässt, nämlich nur die (einheitlich gearteten) innerweltlichen (Gestirn-Götter) und die (ebenfalls einheitlichen) außerweltlichen (intellegiblen) Götter, dann erfolgt die Befreiung der Seelen natürlich nur durch die überweltlichen Götter. Hierüber aber wird in dem Traktat „Über die Götter" genauer gesprochen, welche Götter nämlich (zum Intelligiblen) hinaufführen und vermittels welcher ihrer Energien, ferner auch auf welche Weise sie den Schicksalszwang aufheben und durch welchen heiligen Aufstieg (unserer Seelen) nach oben, endlich welche Rangstellung die kosmisch-siderische Natur im Weltganzen einnimmt und auf welche Weise das intelligible Wirken als das vollkommenste Wirken über sie gebietet.

Daher ist es unfromm, sich so zu äußern, wie du aus Homer zitierend sagst: „Die Götter selbst seien lenksam!" Denn die (in der Aufhebung des Schicksalszwanges sich äußernde) Wirksamkeit des heiligen (theurgischen) Kultes ist schon längst durch reine und intelligible (von den Göttern selbst erlassene) Gesetze genau festgelegt: Durch die höhere Ordnung (die intelligiblen Götter) wird nämlich immer das tiefer Stehende (der durch die sichtbaren Gestirn-Götter bewirkte Schicksalszwang) aufgehoben, und indem wir uns (mit Hilfe der Theurgie) in einen vollkommenem Zustand versetzen, erfolgt die Flucht aus dem unvollkommenem. Und dabei kommt es keineswegs zu einem Effekte, der etwa mit der von Uranfang an bestehenden Satzung in Widerspruch steht, so dass also die Götter tatsächlich beeinflussbar („lenksam") wären und zwar durch eine erst nachträglich begründete Kultform (die das bezweckt, was der ursprüng-lichen Entschließung der als völlig unbeeinflussbar erklärten Götter zuwiderläuft); denn schon vom ersten Abstiege der Seelen (von ihren Fixsternen in die zu allererst geschaffenen sterblichen Leiber) an hat sie die Gottheit (der Demiurg) mit der Bestimmung hinabgesendet, dass sie wieder zu ihr zurückkehren sollen. Daher kommt es durch jenes Emporsteigen (der Seelen zum Intelligiblen auch gegen die Schicksalsbestimmung) im Göttlichen zu keiner Veränderung (und Beeinflussung) und das Ab- und Aufsteigen der Seelen steht nicht im Gegensatze zueinander. Wie nämlich im Weltganzen die Schöpfung und die gesamte (sinnlich wahrnehmbare) Natur um uns von der intelligiblen Wesenheit (der immateriellen Götter-

und Ideenwelt) abhängt, so entspricht auch innerhalb der Stellung der Seelen im Weltganzen ihrer Sorge um die Schöpfung (die den Abstieg unserer Seelen in sie verursacht) auch wieder ihre Loslösung von der Schöpfung (und ihr Aufstieg zum Intellegibel-Göttlichen).

IX. 1: Ich will aber auch die Frage nach dem Eigendämon (d. h. nach jenem Dämon, der jedem Menschen als sein Schutzgeist beigegeben ist) nach Kräften richtig zu stellen versuchen, eine Frage, die verwickelt und widerspruchsvoll ist. Die Bemühung (um die Ermittlung und leibhafte Zitierung) des Eigendämons ist, mit einem Worte, eine doppelte, entweder nämlich Sache der (göttlichen) Theurgie oder Sache einer bloßen Kunstfertigkeit (oder Wissenschaft, nämlich der Astrologie); dabei ruft ihn die Theurgie aus den obern (über der sichtbaren Schöpfung erhabenen intellegiblen) Prinzipien herab, die bloße Kunstfertigkeit aber nur aus den in der Schöpfung sichtbar kreisenden Himmelskörpern. Ferner macht die Theurgie von der Feststellung der Geburtskonstellation (Nativität des betreffenden Menschen, dessen Eigendämon ermittelt werden soll) überhaupt keinen Gebrauch, während sich die bloße Kunstfertigkeit auch mit derartigen Methoden befasst; endlich widmet ihm die Theurgie einen universellen und über die sichtbare Schöpfung erhabenen Kult, während ihn die bloße Kunstfertigkeit nur mit Rücksicht auf die (sinnlich-wahrnehmbare) Teilnatur verehrt. Du indes scheinst mir in unvernünftiger Weise die vollkommenere (Methode der göttlichen) Theurgie auf die nur menschliche Kunstfertigkeit übertragen und deine Fragen nur in Rücksicht auf letztere gestellt zu haben.

IX. 2: Aber auch hierin sogar scheinst du mir nur einen kleinen Ausschnitt aus der Bemühung um (die Ermittlung des) Eigendämon (Schutzgeist) herausgegriffen zu haben: Denn die, die sich nur unter Heranziehung der (sinnlich) wahrnehmbaren Natur handwerksmäßig um den Eigendämon bemühen, sind doch gewohnt, ihn aus den Dekansternen, den diensttuenden Tierkreiszeichen und Gestirnen, aus Sonne, Mond und den Polarsternen, aus allen Elementen und aus dem ganzen Kosmos in fest vorgeschriebener Ordnung herabzurufen, du aber wähltest dir unrichtig hieraus nur ein Teilchen aus, nämlich nur den jedes Mal in einem bestimmten „Hause" regierenden Planeten und stelltest deine Fragen nur mit Rücksicht darauf. Und auch hierin, bei diesem einen einzigen von allen in Betracht kommenden Dingen, forschtest du wieder nur danach, auf welche Weise der (die Geburtskonstellation) regierende Planet uns den Eigendämon verleihen soll, infolge welcher und wie beschaffener Emanation, Lebensenergie oder Kraft dieser von ihm zu uns herabgelangt, indem du so eigentlich nur von der Nativitätsstellerei redest, ob sie überhaupt stichhaltig ist oder nicht, und von der Bestimmung des regierenden Planeten, ob sie möglich oder unmöglich ist. Was hat das aber mit (der Tatsache) der Verleihung des Eigendämons (Dämon griechisch: Bedeutung von Geist) zu tun? Denn es ist doch klar, dass es in keiner Beziehung zu seiner Wesenheit und seinem Prinzipe steht, ob wir Menschen wissen, was an derartigen Dingen eigentlich daran ist; denn auch bei all dem, was in der (sinnlich-wahrnehmbaren) Natur sich ereignet, vollzieht sich das Werden eigentlich doch nur an dem (intellegiblen) Weltganzen (insofern als dieses die Idee der sichtbaren Welt und Natur vorstellt), auch wenn wir (dieses Werden am Intellegiblen) nicht zu verstehen vermögen. Trotzdem aber verfügt doch alles über die Realität seiner (intellegiblen) Wesenheit.

So also habe ich deinen Fragen zunächst allgemein entgegnet; ich will aber versuchen, sie auch alle einzeln zu beantworten, indem ich sie (wiederholend) hersetze:

IX. 3: Du sagst also, „dass der glückselig sein muss, der nach Feststellung seiner Geburtskonstellation und nach der (hieraus erfolgten) Ermittlung seines Eigendämons die über sich verhängte Schicksalsbestimmung durch Sühnopfer (für den Eigendämon als Hüter der Schicksalsbestimmung) günstig zu gestalten vermag." – Damit aber scheinst du mir etwas zu behaupten, was weder mit sich selbst noch mit dem wahren Sachverhalt in Einklang steht: Wenn uns nämlich der Eigendämon aus der Gestalt der Geburtskonstellation zugeteilt würde und wir ihn daher aus unserer Nativität ausfindig machen könnten, wie sollen wir da durch die bloße Kenntnis des Wesens unseres, durch die Schicksalsbestimmung verliehenen Dämons auch schon in den Stand gesetzt sein, unsere Schicksalsbestimmung aufzuheben (indem wir sie durch jene Opfer an den Eigendämon günstiger gestalten)? Wenn wir aber tatsächlich die Schicksalsnotwendigkeit durch Opfer beeinflussen könnten (wie du behauptest) und zwar durch Vermittlung des Eigendämons, wie kann er uns da eben durch diese Schicksalsbestimmung zugewiesen (und demnach durch sie bedingt und von ihr abhängig) sein?! In dieser Weise also bekämpft sich das Gesagte selbst untereinander; es steht aber auch mit dem wahren Sachverhalt nicht in Einklang: Denn der Eigendämon kommt jedem einzelnen Menschen keineswegs etwa nur aus der Form seiner Geburtskonstellation zu, sondern er hat vielmehr ein Ursprungsprinzip, das älter (ursprünglicher) ist als die Konstellation, womit wir uns noch weiter unten (in Kapitel 6) beschäftigen werden. Und wenn der Dämon auch tatsächlich nur aus der Konstellation herabstiege (und daher nur durch sie bedingt wäre), müsste doch der, der der Kenntnis seines Eigendämons (aus der Ermittlung seiner Geburtskonstellation) teilhaftig geworden ist, noch keineswegs deshalb auch schon glückselig genannt werden: Denn welcher (vernünftige) Mensch möchte sich wohl zur Abwendung (und mithin Veränderung) seiner Schicksalsbestimmung den Eigendämon zum Führer ausersehen, der uns doch gerade zu dem Zwecke beigegeben ist, dass sich das erfülle, was durch das Schicksal bestimmt ward?! Ferner scheint mir, dass das nur ein Teil und zugleich auch der letzte (niedrigste) Teil der Überlegung über den Eigendämon ist, dass aber das Ganze an seiner Wesenheit bei einer solchen Methode außer acht gelassen wird. Doch sind diese Dinge, wenn auch falsch vorgebracht, doch wenigstens dem Problem des Eigendämons nicht fremd; das Folgende dagegen, was von dir auch bezweifelt wird, nämlich über die Bewertung der astrologischen Regeln und über die Wissenschaft der Nativitätstellung, dass sie unfassbar sei, ist überhaupt nicht geeignet, hinsichtlich des vorliegenden Problems (begründete) Zweifel zu erregen: Denn mag diese Kunst der Astrologie erfassbar oder nicht erfassbar sein, der Ausfluss (die Emanation) aus den Gestirnen teilt uns doch (unter allen Umständen) den Dämon zu, mögen wir diese Kunst begreifen oder nicht begreifen. Bezüglich der Gestirne (und ihres Einflusses auf uns Menschen) vermag aber nur die göttliche Offenbarung die vollste Wahrheit zu verkünden und wir bedürfen daher hierzu keineswegs der Abwägung der astrologischen Regeln oder der nur kunstmäßigen (astrologischen) Divination (die auf diesen Regeln und ihrem Verständnis aufgebaut ist).

IX. 4: Doch wenn ich auch davon absehe, muss ich doch noch hinzufügen, dass du die Unmöglichkeit der Einsicht in die astrologische Wissenschaft nicht mit Recht aus dem Umstände zu folgern scheinst, dass über diese Wissenschaft viel Uneinigkeit besteht oder dass Chaeremon oder sonst irgendwer gegen sie aufgetreten ist; nach diesem Grundsatze wird nämlich überhaupt alles unfassbar erscheinen müssen, da ja alle Wissenschaften unzählige Zweifler (an ihrer Stichhaltigkeit) zählen und in ihnen allen unzählige strittige Probleme zutage gekommen sind. Wie ich nun den

Haarspaltern (Spitzfindigen) zu entgegnen pflege, dass das Falsche doch auch mit seinem Gegenteil (nämlich mit dem Wahren) in Streit liegt und nicht nur Falsches einander gegenseitig bekämpfen muss, ebenso werde ich jetzt auch bezüglich der Astrologie einwenden, dass sie zwar an sich stichhaltig ist, dass dagegen nur die, die bezüglich ihrer irren und nichts von ihren wahren Ergebnissen verstehen, ihr (ohne Grund in Bausch und Bogen) widersprechen. Dazu ist es aber nicht etwa nur hinsichtlich der Astrologie allein gekommen, sondern auch hinsichtlich aller Wissenschaften überhaupt, die den Menschen aus den Göttern verliehen wurden; denn da sich die Wissenschaften im Verlaufe der Zeit vielfach und oft mit den (schwankenden) Auffassungen der Sterblichen vermengten, verblasste ihr göttliches (und daher unbedingt stichhaltiges) Wesen der Erkenntnis.

Und doch gibt es auch innerhalb der Astrologie einen, wenn auch schwachen, so doch augenfälligen Beweis für ihre Stichhaltigkeit: Denn die Merkmale (für die Zuverlässigkeit) der Berechnung der göttlichen (siderischen) Umlaufzeiten liegen ja klar vor Augen, wenn diese Berechnung Sonnen- oder Mondesfinsternisse oder bestimmte Konstellationen des Mondes mit den Fixsternen voraussagt und (nachträglich) der Augenschein die Übereinstimmung des Eintritts dieser Ereignisse mit der Voraussage bestätigt. Aber auch die durch das ganze Zeitalter hindurch bei den Chaldäern und bei uns (Ägyptern) sorgfältig aufbewahrten Beobachtungen der Vorgänge am Himmel legen Zeugnis für die Stichhaltigkeit dieser Wissenschaft ab. Man könnte auch noch andere stärkere Beweise hierfür erbringen, wenn unsere Untersuchung darauf ausginge; da diese Dinge aber überflüssig sind und nicht zur (Frage nach der) Ermittlung des Eigendämons gehören, lasse ich sie mit Recht beiseite. Ich will mich also dem zuwenden, was mehr zur Sache gehört:

IX. 5: Du behauptest nach dem geschriebenen Wortlaute deines Briefes, „dass die Ermittlung des oder auch der bei der Geburt gebietenden Planeten, wenn nämlich mehr als nur einer in Betracht kommen, nach dem Geständnisse der Astrologen selbst nicht mit Sicherheit durchführbar sei, aus der Ermittlung des oder auch der bei der Geburt gebietenden Planeten aber folge auch die Ermittlung des Eigendämons". (Somit sei also die Astrologie überhaupt nicht imstande, den Eigendämon zu ermitteln.) – Wieso sollen aber die Astrologen selbst eingestehen, dass die Ermittlung des gebietenden Planeten unmöglich ist, da sie doch auch wieder klare Methoden zu seiner Bestimmung angegeben haben und in strittigen Fällen bald fünf, bald mehr oder weniger Sätze zur Unterscheidung lehren? Aber auch auf diese Sätze will ich nicht eingehen; ich will vielmehr nur, als wichtiger, beide Annahmen ins Auge fassen (und die sich daraus ergebenden Schlüsse ziehen): Wenn es möglich ist, den bei der Geburt gebietenden Planeten ausfindig zu machen, dann muss auch der aus ihm uns verliehene Eigendämon erfassbar sein; ist dagegen der gebietende Planet nicht bestimmbar, dann muss nach dieser Voraussetzung auch der Eigendämon unbekannt bleiben. Auf jeden Fall aber muss es einen gebietenden Planeten und auch einen aus ihm verliehenen Eigendämon geben: Was aber sollte dann verhindern, dass man den Eigendämon mit Hilfe der Astrologie zwar nur mit Mühe, mit Hilfe der heiligen Offenbarung oder Theurgie dagegen gar leicht ermittle? Doch wird uns der Eigendämon nicht aus dem gebietenden Planeten allein beigegeben, sondern es stehen vielmehr viele Prinzipien über ihm und dazu auch solche, die universeller sind als der gebietende Planet; ferner bewirkt eine solche (astrologische) Methode nur eine handwerksmäßige und nur menschliche auf den Dämon (Geist) gerichtete Operation. Mithin enthält deine Frage schon mit Rücksicht darauf nichts Gesundes.

IX. 6: Wenn ich dir aber den wahren Sachverhalt über den Ursprung des Eigendämons enthüllen soll, sage ich dir, dass er uns nicht etwa aus nur einem einzigen Teile der Dinge am Himmel oder aus nur einem einzigen Elemente des am Himmel Sichtbaren zugeteilt wird; aus dem ganzen Weltall vielmehr und aus dem gesamten mannigfaltigen Leben und Körper in ihm, durch den die Seele zur Schöpfung (und bei der Geburt der Menschen in ihren sterblichen Leib) herabsteigt, wird je ein bestimmter Teil (des Weltalls) jedem einzelnen Bestandteile an uns zur speziellen Herrschaft über jeden dieser unserer Teile zugewiesen (und aus diesen vielen und mannigfaltigen kosmischen Energien setzt sich der über uns gebietende Eigendämon als einheitliches Wesen höherer Ordnung zusammen). Dieser Dämon aber präexistiert schon in seiner Idee, bevor noch unsere Seele in die Schöpfung (und in ihren sterblichen Leib) herabsteigt. Hat sie sich aber einmal ihn zum Führer erlost, dann tritt er ihr sofort als der zur Seite, der zunächst die Lebensäußerungen der Seele zur Erfüllung bringt, sie, wenn sie herabsteigt, mit dem sterblichen Leibe verbindet, das gemeinschaftliche Lebewesen (Mensch, das sich jetzt aus Seele und Leib zusammensetzt) beaufsichtigt, aber auch das Eigenleben lenkt: Denn was wir denken, denken wir nur, da er uns den Anstoß dazu eingibt, und wir tun nur das, was er uns in den Sinn bringt. Er lenkt aber den Menschen nur so lange, bis wir uns durch die heilige Theurgie einen Gott zum Aufseher und Geleiter unserer Seele setzen; in diesem Augenblick weicht er nämlich dem höheren Wesen und übergibt ihm die Vorsteherschaft oder ordnet sich ihm unter, um mit ihm zusammen zu wirken, oder dient ihm sonst irgendwie als dem Gebieter.

IX. 7: Davon ausgehend werde ich dir aber auch deine weitere Frage leicht beantworten: Der Eigendämon ist nicht Führer über nur einen einzigen Teil an uns, sondern vielmehr überhaupt Führer über alle unsere Teile und verbreitet sich über die gesamte Herrschaft über uns, wie er uns ja auch aus allen Ordnungen im Weltganzen zugeteilt wurde; denn was dir als Beweis für deine (entgegengesetzte) Behauptung beizusetzen beliebt, dass es mehrere Dämonen gäbe, die über verschiedene Körperteile gesetzt sind, einen Dämon der Gesundheit, Schönheit und sonstigen Verfassung unserer Glieder, und dass endlich ein einziger Dämon als gemeinsamer Vorsteher über alle diese (Teil- und Glieder-)Dämonen gesetzt sei, das darfst du nur als Argument für die Herrschaft eines einzigen (und einheitlichen) Dämons über alles an uns auffassen; daher unterscheide ja nicht zwischen einem Dämon unseres Leibes und einem unserer Seele und einem unserer Vernunft. Denn es ist doch widersinnig, dass, während das Lebewesen (Mensch) eine Einheit vorstellt, der ihm vorgesetzte Dämon vielartig sein soll; ist doch vielmehr überall das Herrschende einfacher organisiert als das Beherrschte! Noch widersinniger als das aber ist es, (wenn du behauptest), dass jene vielen Dämonen, die über die Glieder gebieten, nicht miteinander verbunden, sondern voneinander getrennt und unabhängig sein sollen (während doch die Glieder selbst, die sie betrauen sollen, miteinander aufs engste verbunden sind). Endlich bringst du auch noch in der Weise einen Gegensatz unter sie, als seien gewisse (dieser angeblichen Glieder-dämonen) gut, gewisse aber böse, obwohl doch die bösen Dämonen niemals eine herrschende Stellung innehaben und den guten Dämonen nicht in vollwertiger Weise entgegengesetzt (sondern vielmehr immer schwächer als diese) sind.

IX. 8: Dann wendest du dich davon ab und gehst auf die Auffassung der Philosophen über, machst aber dabei die Grundlage für (die Existenz eines individuell selbständigen) Eigendämon überhaupt zunichte: Denn wenn der Eigendämon tatsächlich ein Teil unserer Seele wäre, z. B. das Vernünftige an ihr, und mithin der glückselig, der über eine gute Vernunft verfügt, dann handelt es sich ja überhaupt nicht mehr um eine andere (von unserer Seele verschiedene) und vollkommenere Klasse (höherer Wesen) und auch nicht mehr um etwas, das der Rangklasse der Dämonen angehört und die menschliche Seele als sie überragend beherrscht. Dann würde der Eigendämon tatsächlich nur irgendwelche Seelenteile oder nur irgendwelche Sonderenergie der Seele vorstellen, die mit Obmacht über die vielen Formen des animalischen (nur sensitiven) Lebens in uns ausgestattet und in allem mit der Seele selbst verwachsen ist, nicht aber etwas, das, seiner Natur nach selbständig, über unser ganzes System gebietet.

IX. 9: Dann erwähnst du noch eine andere Untersuchung über den Eigendämon, nach welcher sein Kult wie zwei, beziehungsweise drei (voneinander verschiedenen) Wesen dargebracht wird. – Diese Auffassung aber hat das Ziel vollständig verfehlt; denn die über uns stehenden Prinzipien zu spalten und nicht vielmehr auf die Einheit zurückzuführen, bedeutet eine Irrlehre und verfehlt die Einheit, die (als höchstes Prinzip) alles beherrscht. Auch schränkt jene Auffassung, die den Eigendämon mit Rücksicht auf seine Vorsteherschaft über unsern Körper und über die Sorge um unsern Körper einengt, seine führende Stellung aufs äußerste ein. Weshalb soll ich also die Kultform, die mit dieser Theorie zusammenhängt, überprüfen, da doch ihre Elementarvoraussetzung fehlerhaft ist?
Es gibt vielmehr für jeden einzelnen von uns Menschen nur einen einzigen Dämon, der die Führung über uns innehat; denn auch das darf man nicht annehmen, dass allen Menschen zusammen ein gemeinsamer und ein und derselbe (Schutz-)Dämon zukommt, ebenso wenig aber auch, dass zwar jedem einzelnen Individuum ein eigener Dämon (Geist) zur Seite steht, diese (vielen) Dämonen aber doch von gleicher (gemeinsamer) Wesenheit sind: Denn unsere individuelle Verschiedenheit und die Verschiedenheit der Materie (unserer individuellen Leiber) kann unmöglich eine Gemeinsamkeit und Identität der an sich körperlosen Wesenheiten (unserer Eigendämonen) vertragen.
„Warum aber", (wendest du ein) „wird dann der Eigendämon von allen (individuell voneinander verschiedenen) Menschen doch, in gemeinsamer Weise angerufen (und zitiert)?" – Weil die Zitierung der Dämonen immer nur vermittels des einen ihnen als Herrn übergeordneten Gottes erfolgt, der von Urbeginn an jedem einzelnen Menschen seinen Eigendämon bestimmte und auch bei den heiligen (theurgischen) Operationen jedem einzelnen

Menschen seinen eigenen Eigendämon nur nach seiner (göttlichen) Willensentschließung sichtbar werden lässt. Denn in der theurgischen Praxis wird stets das Niedrigere nur durch Vermittlung des (ihm) Übergeordneten herbeigerufen; daher gibt es auch bezüglich jener Dämonen, die die Weltgebieter über die Dinge in der sichtbaren Schöpfung sind, nur einen einzigen Führer, der jedem einzelnen Menschen seinen Eigendämon herabsendet. Wenn uns aber einmal unser Eigendämon selbst (mit Hilfe des über ihn gebietenden Gottes) erschienen ist, dann gibt er den ihm angemessenen (individuellen) Kult, seinen Namen und die Art und Weise an, wie man ihn (hinfort direkt) herbeirufen kann.

IX. 10: Und diese Ordnung (der Zitierungsstufen) ist auch den (zitierten) Dämonen angemessen, die eine als angepasst denen selbst, die zitiert werden, die zweite als von den ursprünglichem (übergeordneten, göttlichen) Prinzipien ausgehend, und endlich die dritte als aus diesen beiden zusammen den vollen Effekt bewirkend. Daher darfst du die Anrufungen an die Götter (und höhern Wesen überhaupt) nicht mit denen, die nur an Menschen gerichtet sind, nicht die mystischen Anrufungen mit den profanen und nicht die, die über jede Beschränkung und Nichtbeschränkung erhaben sind, mit den an Menschen gerichteten Befehlen vergleichen, mögen diese genau bestimmt oder unbestimmt gehalten sein. Denn nichts von den Dingen und Verhältnissen bei uns Menschen hat mit dem Universellen und mit jenen Wesen etwas gemein, die uns in ihrer ganzen Rangstellung, Wesenheit und Natur überlegen sind. Den Menschen aber unterlaufen hierin die ärgsten Missgriffe, wenn sie von der menschlichen Schwäche auf die Obmacht der Dämonen schließen und von dem, was klein, wertlos und beschränkt ist, das Große, Wertvolle und Vollkommene ermitteln wollen.
Soviel also antworte ich dir außer dem schon früher Gesagten auch über den Eigendämon.

9. Teil

Über die Mittel und Wege zur Erlangung der wahren Glückseligkeit. Schlussgebet des Abammon-Jamblichus

X. 1: So bleibt denn nur noch die Besprechung (deiner Fragen über die Gewinnung) der Glückseligkeit übrig, worüber du aber in recht verworrener Weise anfragtest, indem du zunächst Einwände erhobst, dann allerhand Zweifel äußertest und dann endlich Aufklärung verlangtest. Indem ich also deine Fragen einzeln, wie du sie stelltest, wieder hersetze, will ich dir in angemessener Weise darauf antworten: Zunächst gabst du zu überlegen, „ob es nicht vielleicht noch einen andern Weg zur Glückseligkeit gäbe, der uns entgangen ist, und welcher Weg wohl auch ohne die Götter vernünftigerweise zu ihr emporführe". Wenn aber (wie ich lehre) die Wesenheit und Vollendung aller Güter in den Göttern inbegriffen ist, und wenn ihre erste (vollkommenste) Energie und Kraft nur uns (echten Theurgen) und nur denen zukommt, die sich ebenso zu den Höhern stellen wie wir und sich in gehöriger Weise an die Vereinigung mit dem Göttlichen machen, dann bemühen wir uns in gewiss ernst zu nehmender Weise sowohl um den Ursprung (das Prinzip) als auch um die End- (und Zweckbestimmung) aller Güter; denn hier (in dieser unserer von den Göttern ausgehenden und mit den Göttern arbeitenden theurgischen Methode) findet sich die Schau der Wahrheit und der intellegiblen Erkenntnis. Mit der Erkenntnis der Götter aber erfolgt zugleich auch unsere Einkehr bei uns selbst und die Erkenntnis unser selbst (d. h. unserer Bestimmung, unser Seelenspiegel). Ganz ohne Grund bist du also darüber im Zweifel, dass man auf die Mutmaßungen der Leute (in diesem Punkte) nicht hinblicken dürfe; denn welcher Mensch, der sein Denken auf die Götter gerichtet hat, findet noch Zeit, auf die Anerkennung (seiner Auffassung und seines Tuns) von Seiten der Menschen herabzublicken?!

X. 2: Aber auch in dem, was folgt, hegst du kein begründetes Bedenken, „ob nämlich nicht etwa doch nur unsere eigene Seele aufs Geradewohl hin sich allerhand gewaltige Phantasiebilder vorgaukle (die die Theurgen dann für die leibhaften Erscheinungen der Götter selbst und für den zuverlässigen Quell der Erkenntnis alles Göttlichen halten)". Wie könnte nämlich in dem, was wahrhaft existiert (nämlich in den sich leibhaft

180

offenbarenden Göttern) der Quell zu bloßen Phantasievorstellungen (unserer Seele) liegen? Ruft denn die Phantasie in uns nicht tatsächlich nur bloße Phantome (und nichts anderes) hervor? Auch wird ja das Phantasievorstellungsvermögen unserer Seele überhaupt nicht erregt, wenn sich unser intelligibles (davon durchaus verschiedenes Seelen-)Leben in vollkommener Weise betätigt (und sich so nur der Vernunftteil unserer Seele zur ekstatischen Schau der Götter erhebt, wie ich oben III. 14 ausgeführt habe). Existiert nicht ferner auch die Wahrheit bei den Göttern, nicht nach einer bloßen Übereinstimmung, sondern vielmehr wesenhaft im Intelligiblen begründet (wie ich ebenfalls schon oben II. 10 bewies)? Ohne Grund werden also diese Anschuldigungen (gegen die Wahrheit der Göttererscheinungen, die die echte Theurgie allein zu bewirken vermag) von dir und gewissen andern Leuten unter das Volk gebracht.

Aber auch die Verleumdungen, die gewisse Leute gegen die Verehrer der Götter vorbringen, als seien sie Gaukler und großsprecherische Lügner – und ähnliches hast ja auch du geäußert – auch diese Verleumdungen berühren die wahre Lehre vom Göttlichen und die wahre Theurgie nicht. Wenn aber tatsächlich an den Wissenschaften von den (göttlichen) Gütern auch derartige wilde Seitentriebe aufschießen, wie ja auch neben allen Künsten und Wissenschaften stets auch Afterkünste und -Wissenschaften aufwuchern, so sind diese wilden Seitentriebe (nämlich die gottlose und betrügerische Magie und Goetie) der wahren Theurgie mehr als allem andern entgegengesetzt; denn das Schlechte ist doch dem Guten noch mehr feind als das nur Nichtgute.

X. 3: Ich will aber danach auch noch die übrigen Verleumdungen durchgehen, die du gegen die göttliche Vorhererkundung der Zukunft vorbringst, indem du gewisse andere (als die von mir allein anerkannten und im vorausgehenden dritten Teil besprochenen) Methoden der Vorhererkundung der Zukunft anführst: Mir nämlich scheint es ganz ohne Wert zu sein, wenn irgend jemand die Fähigkeit, die Zukunft vorauszudeuten, aus seiner physischen (materiell-körperlichen) Naturanlage in der Weise besitzt, wie auch den Tieren das Vorhererkennen von Erdbeben, Winden oder Stürmen zukommt; denn eine solche in der physischen Natur allein begründete Mantik erfolgt doch nur infolge einer besondern Schärfe des (sinnlichen) Wahrnehmungsvermögens oder infolge der Miterschütterung und Beeinflussung rein physischer Energien (die in diesen Tieren und auch Menschen walten), hat aber gar nichts Verehrungswürdiges an sich.

(Doch darüber habe ich schon oben III. 26 gesprochen). Und auch wenn jemand nach menschlicher Verstandesberechnung oder handwerksmäßiger Beobachtung aus äußern (nur in der sinnlich wahrnehmbaren Natur liegenden) Zeichen auf das seine Schlüsse zieht, wofür es (solche) andeutende Vorzeichen gibt – wie etwa auch die Ärzte aus der Zusammenziehung des Pulses oder aus dem Frostschauer den (bevorstehenden) Fieberanfall vorhererkennen – auch diese Methode erscheint mir nichts Wertvolles und Gutes zu enthalten; denn dabei verfährt man ja in nur menschlicher Weise, zieht seine Schlüsse nur infolge der uns Menschen selbst eignenden Urteilskraft und fällt seine Erkenntnisse über Dinge, die sich nur in der Physis in Übereinstimmung mit dem Gewordenen (Physisch-Irdischen) abspielen, nicht aber frei von unserer durch den Körper bedingten Rangstellung. Daher hat auch diese Energie, die sich nur infolge unserer Physis an die Ermittlung der Zukunft macht, wie sie sich ja auch in allem andern Physischen ganz offensichtlich regt, in Wahrheit doch gar nichts Seligzupreisendes an sich; wie kann sich denn auch ein echtes, vollkommenes und ewiges Gut unter dem finden, was mit uns Menschen infolge der physischen Schöpfung verwachsen ist?

X. 4: Nur die göttliche Mantik allein also, mit den Göttern wahrhaft verknüpft, gewährt uns Anteil am göttlichen Leben und macht uns selbst in Wahrheit göttlich, da sie auch Anteil an der göttlichen Vorsehung und an den göttlichen Ratschlüssen besitzt; sie gewährt uns aber auch das Gute in unverfälschter Weise, weil das selige Denken der Götter mit allen Gütern angefüllt ist. Also sehen die, die diese Mantik ihr eigen nennen, nicht etwa nur die Zukunft, sind aber deshalb auch noch nicht zugleich glückselig, wie du vermutest; denn da jede göttliche Voraussicht auch von guter Wesenheit ist, sehen sie nicht etwa nur die Zukunft voraus, sondern verstehen es zugleich auch, die Zukunft in günstiger Weise zu gestalten. Empfangen sie doch das Gute und Schöne selbst und mit der Voraussicht auch die ihnen wahrhaft zukommende (göttliche) Rangstellung und so kommt ihnen auch das zu, was ihnen frommt; denn die Götter gewähren ihnen auch die Macht, sich vor den Übeln zu behüten, die aus der (sinnlich-wahrnehmbaren) Natur drohen (wie ich das oben III. 3 speziell für die Traumoffenbarung näher ausgeführt habe). Wenn aber die Tugend geübt werden muss und diesem Zwecke auch die Unklarheit der Zukunft dient, dann verbergen die Götter allerdings auch das, was erst geschehen soll, um dadurch unsere Seele vollkommener zu machen; wenn dagegen das keinen

Unterschied macht, sondern vielmehr die Vorhererkundung den Seelen nützlich ist, dann legen sie die Vorhererkundungsmöglichkeit der Zukunft mitten in die Wesenheit (der Theurgen) hinein, um ihre Seelen zu retten und (zu sich) emporzuführen.

X. 5: Doch warum spreche ich überhaupt so weitläufig darüber, da ich doch schon im Vorausgehenden vielfach dargetan habe, dass die göttliche Mantik die menschliche überragt? Zweckmäßiger ist es daher, dir das, was du von mir verlangst, zu erweisen, nämlich den Weg zur Glückseligkeit anzugeben und worin sein Wesen besteht, denn nur daraus lässt sich die Wahrheit ausfindig machen und zugleich lassen sich dadurch auch alle deine Bedenken leicht beheben.

Ich erkläre also, dass der (rein) kontemplative und intellegible Mensch (d. h. die Idee des Menschen im Reich der nur intellegiblen Ideen) früher (vor dem Eingehen der Seele in den materiell-sterblichen Leib, wodurch die hier auf Erden lebenden Menschen als Abbilder des ideellen Menschen Zustandekommen) mit der Schau der (intellegiblen) Götter (der Herren aller Mantik) eins gewesen ist; dann aber (bei der Geburt jedes irdischen Menschen) legt der ideelle Mensch auch eine andere (von seiner ideellen Menschenseele verschiedene Teil-)Seele an, nämlich jene, die seiner menschlichen Erscheinungsform (im Reich des Materiellen hier auf Erden) angepasst ist und dadurch gerät er in die Fessel des Schicksalszwanges (d. h. in die Notwendigkeit der läuternden Wiedergeburten in einer Kette von vergänglichen Leibern). Man muss daher erwägen, welche Lösungs- und Befreiungsmöglichkeit von diesen Fesseln es gibt; es gibt aber tatsächlich keine andere Möglichkeit als nur die Erkenntnis der Götter allein: Denn die Idee (d. h. die vollkommenste Stufe) der Glückseligkeit (die mit der Befreiung unserer Seele von den Fesseln der Schicksalsbestimmung identisch ist) besteht nur im Verständnis des Guten (d. h. des Göttlichen, das ja wesenhaft gut ist), ebenso aber besteht auch die Idee des Schlechten im Vergessen der Güter und in der Täuschung hinsichtlich dessen, was schlecht ist. Die Glückseligkeit aber existiert nur mit dem Göttlichen zusammen, das Schlechte dagegen ist vom Sterblichen untrennbar; und jene durchmisst auf den Pfaden der priesterlichen (theurgischen) Erkenntnis die Wesenheiten des Intellegiblen, diese dagegen, zurückgestoßen von den (intellegiblen) Prinzipien, wendet sich nur der Erforschung der Ideen des Körpers (und des Körperhaften) zu. Und jene ist die Erkenntnis des Vaters (Schöpfers), diese dagegen das Abirren von ihm und das Vergessen des präessentiellen, sich selbst genügenden Gott-Vaters; jene bewahrt das wahre Leben, indem sie unsere Seelen zu ihrem Vater emporführt, diese dagegen führt den Menschen als Herrn der (sinnlich wahrnehmbaren) Schöpfung nach unten bis zu dem, was überhaupt keinen Bestand hat, sondern sich in fortwährendem Fluss befindet.

Das also betrachte als den ersten (und vorzüglichsten) Weg zur Glückseligkeit, der die Erfüllung der Seelen in der intellegiblen Vereinigung mit der Gottheit in sich schließt. Die durch das Priestertum und die Theurgie (auf diesem Wege) vermittelten Gaben der Glückseligkeit aber werden „Tor zum göttlichen Schöpfer des All", „Stätte" oder „Hof des Guten" genannt. Und dieser Weg bietet zuerst auch die Kraft zu einer viel vollkommeneren Seelenläuterung, als sie etwa durch die nur körperliche Läuterung (durch rituelle Askese, wie du sie predigst, oder durch die Riten der Mysterienweihen) erzielt werden kann, ferner aber auch die Vorbereitung unseres Denkens auf das Anteilhaben und auf die Schau des Guten und die Befreiung von allem Entgegengesetzten und danach endlich (als höchstes Ziel und Gut) die Vereinigung mit den Göttern, den Gebern des Guten, selbst.

X. 6: Wenn aber dieser Weg unsere Seele mit den einzelnen Teilen des Weltganzen und mit allen sie durchdringenden göttlichen Energien verbunden hat, dann führt er sie auch dem universellen Schöpfungsgotte (dem Demiurgen) zu, versetzt sie in ihn und eint sie, frei von allem Materiellen, mit dem ewigen Vernunftprinzipe (dem Logos) allein; dann verbindet nämlich, meine ich, dieser Weg die Seele des Theurgen (mit diesem Prinzipe) in jedes Mal ihren Fähigkeiten angepasster Weise durch die aus sich selbst erzeugte, aus sich selbst bewegte, alles erhaltende, intellegible, alles verwaltende, zur intellegiblen Wahrheit hinaufführende, in sich vollkommene, tätig wirkende Energie und überhaupt durch alle andern schöpferischen Energien insgesamt, so dass unsere die Werke der Theurgie wirkende Seele dann in den schöpferischen Wirkungsmöglich-keiten und Entschlüssen jener Energien vollkommen begründet ist: In diesem Augenblicke verpflanzt die Theurgie unsere Seele in den universellen Schöpfungsgott! Und das ist das Ziel des heiligen emporführenden Weges bei den Ägyptern!

X. 7: Unter dem göttlichen Guten verstehen sie nämlich jenen Gott, der vor der Vernunftordnung (und Vernunfterfassung) steht, unter dem menschlichen Guten dagegen die Vereinigung mit ihm. Letzteres hat Bitys aus den hermetischen Büchern (ins Griechische) übersetzt. Demnach lassen die Ägypter auch dies nicht außer acht, wie du argwöhnst, sondern auch dieser Teil der Lehre wurde bei ihnen in gottgeziemender Weise tradiert. Auch behelligen die Theurgen die göttliche Vernunft (den Nus) in keineswegs belanglosen Dingen (wie das die Zauberer zur Erzielung rein irdischer und mithin vergänglich wertloser Güter und Genüsse tun), sondern vielmehr nur in solchen Dingen, die sich auf die Läuterung, Befreiung und Rettung der Seele beziehen. Auch erstrecken sich ihre Bemühungen nicht etwa auf zwar schwierige, den Menschen aber dabei auch noch unnütze Dinge, sondern vielmehr im Gegenteile auf das, was für unsere Seele das Allerförderlichste ist. Endlich werden die, die in allem über die trügerische und dämonische Natur erhaben und zur intellegiblen und göttlichen Natur emporgehoben sind (in all dem Gesagten) keineswegs durch einen trügerischen Dämon getäuscht (wie auch du anzunehmen scheinst).

X. 8: Soviel also habe ich dir nach meiner Fälligkeit auf deine Bedenken hinsichtlich der göttlichen Mantik und Theurgie geantwortet. Am Schlüsse meiner Erörterungen aber flehe ich jetzt zu den Göttern, dir und mir die Gnade zu gewähren, dass wir die wahre Erkenntnis unfehlbar bewahren, dass uns die Götter von Ewigkeit zu Ewigkeit die Wahrheit schenken und uns Anteil an der vollkommeneren Erkenntnis der Götter mitteilen mögen, worin für uns das glückseligste Ziel der Güter liegt und die Bürgschaft einträchtiger Liebe zueinander!

Das goldene Blatt der Weisheit
Seila Orienta/Franz Bardon

Zum ersten Mal in der okkulten Literatur wird die 4. Tarotkarte des Hermes Trismegistos verständlich beschrieben und offengelegt. Sie beinhaltet unbekannte Konzentrations- und Meditationsübungen. Des Weiteren gibt sie Hinweise und erklärt die Unterschiede zwischen Magie und Mystik und Gefahren des einseitigen Weges. Am Ende steht die Verbindung mit der universellen Gottheit, dem Herrn der Sonnensphäre, welcher quabbalistisch „Metatron" genannt wird.

*

5. Tarotkarte – Mysterien des Steins der Weisen
Seila Orienta/Franz Bardon

Dieses Buch stellt die Vorderseite der Alchemie dar, die die einzelnen praktischen Übungsschritte erklärt, ohne die verschlüsselten Mystifikationen der alten Alchemisten auch nur annähernd zu erwähnen, wie man es aus den anderen Büchern des Franz Bardon kennt. Es wird erklärt, dass ohne vollkommene Beherrschung der 4 Elemente keine Alchemie möglich ist. Des Weiteren wird mit den einzelnen Ebenen, mit den Matrizen, dem elektromagnetischen Fluid usw. gearbeitet. Doch der Hauptpunkt stellen die göttlichen Eigenschaften wie z. B. die Allmacht dar, mit denen der Göttliche Stein der Weisen durch gewisse Übungen geladen wird.

*

Talismanologie und Mantramkunde
Seila Orienta/Franz Bardon

Zum ersten Mal werden hier (magisch) geladene Mantrams – Gebetssätze – preisgegeben, welche bei nötiger Reife, Ausgeglichenheit und Reinheit durchdringende Erfolge versprechen. Mantrams sind ja nach Bardon nicht irgendwelche „Suggestionssätze", sondern sie sind Ideenausdrücke, mit denen man mit Mächten, Kräften, Eigenschaften, also Gottheiten, in Verbindung kommen kann. Gleichzeitig werden die dazugehörigen Siegelzeichen der göttlichen Ideen preisgegeben, welche im rituellen

Zusammenhang mit den Mantrams stehen. Ein Buch, dass nicht nur die Hermetiker, sondern auch die Anhänger der Yogawissenschaften inspirieren wird!

*

Eine Sammlung der schönsten und lehrreichsten Beschwörungsgeschichten
Hohenstätten

Dieses Buch ist einzigartig, denn es zeigt den zweiten Band von Franz Bardon an Hand von interessanten Evokationsberichten, die genau das bestätigen, was Bardon in seinem Buch geschrieben hat, und noch darüber hinaus. Es werden sensationelle Erlebnisse geschildert, die man sonst niemals findet. Auch aus unveröffentlichten Schriften wird zitiert.

*

Verkörperungen des Meister Arion
Hohenstätten

Man wird beim Lesen dieses Buches nicht glauben, wie viele bekannte und unbekannte Inkarnationen Franz Bardon hatte. Die paar, die im „Frabato" bekannt gegeben wurden, stellen nur einen geringen Teil seiner Verkörperungen dar. Wir mussten, da es dermaßen wenig Literatur über die Verkörperungen gab, wieder hunderte und aberhunderte von Büchern, Aufsätzen, Zeitschriften und Artikeln durcharbeiten, bis wir genügend Material für dieses Buch hatten. Aber der Leser wird sich beim Lesen sicherlich über unsere Arbeit freuen, denn sie wird ihn in Erstaunen versetzen!

*

Shamballa, der goldene Tempel des Lichts
Hohenstätten

Dieser Tempel dürfte jeden Leser von Bardons Roman „Frabato" fasziniert haben. Dass es aber in der okkulten Literatur noch viel mehr Informationen darüber gibt, die man aber nur findet, wenn man alles Veröffentlichte gelesen hat, dürfte dem einen oder anderen unbekannt sein. Es wurden wieder ganze Stöße von Büchern durchgesehen und das Ergebnis wird hier veröffentlicht. Es wird aber gleichzeitig darauf hingewiesen, wie viel Schundliteratur es darüber gibt, wie viel Lügen im Umlauf sind, damit sich der Schüler der Hermetik ein klares Bild machen kann. Wir bringen in

187

diesem Buch alles, was wir an Material darüber gefunden haben und es wird auch noch einiges aus der eigenen Erfahrung, was das Wertvollste ist, mitgeteilt. Nicht nur über den Tempel wird berichtet, sondern auch über die damit verbundene „Bruderschaft des Lichts", dessen Sitz er darstellt.

*

Auf der Suche nach Meister Arion
Hohenstätten

Diese Autobiographie eines Schüler der Hermetik des Franz Bardon schildert sein magische Leben, in welcher zahlreiche Erfahrungen zu den Übungen aus dem Adepten geschildert werden, die die Hauptperson selbst erlebt hat. Es wird der schwere Weg des Adepten aus autobiographischer Sicht gezeigt, seine vielen Tiefschläge, aber auch seine glanzvollen Seiten und Zeiten. Der harte Kampf mit dem Seelenspiegel wird bis in alle Einzelheiten aufgezeigt, genauso wie die vielen anderen Wege, in welche der Autor reinschnupperte, um dadurch reichlich Erfahrung sammeln zu können. Darüber hinaus enthält es unzählige Erfahrungen und Berichte betreffs Mantramistik nach Bardon, die wahre Runenmagie, zahlreiche Evokationen sowie Invokationen mit seinem Lehrer Anion, einen magischen Exorzismus, wie er bisher noch nie öffentlich geschildert wurde. Mentalreisen, Beeinflussungen, Übungen zur Gottverbundenheit, Erscheinungen, Alchemie, Heilungen mit den verschiedensten magischen Methoden z. B. Quabbalah oder durch die Elemente, Schutzgeistevokationen und viele andere magische „Wunder" seines Freundes und Lehrers Anion. Auch einige magische Fotos in Farbe, ein bisher von Bardon unveröffentlichtes Akashafoto von Christus und ein Bild des schwebenden Meister Arion werden in diesem Buch preisgegeben. Der Inhalt ist viel reichlicher, als hier kurz beschrieben werden kann.

*

Magisches Gleichgewicht
Hohenstätten

Dieses Buch zeigt eindeutig, dass in allen anderen Systemen das „Gleichgewicht" genauso gebraucht wird, wie bei Bardons Werken. Er war nicht der Einzige, der das erwähnte, aber er war der erste, welche es deutlich erklärte, denn die anderen Systeme sprachen nur durch das Symbol, welches nicht jedem Leser verständlich war. Obendrein bringen wir noch Unveröffentlichtes vom Meister Arion zu dieser Grundlage der magischen Entwicklung.

*

Das Leben und die Erfahrungen eines wahren Hermetikers
Seila Orienta

Diese Autobiographie eines Magiers ist unübertroffen, denn bis jetzt hat kein einziger, okkult Geschulter, so offen und ehrlich gesprochen wie Seila Orienta. Er gibt in diesem Werk sein Leben bekannt, sowie seine zahlreichen und äußerst interessanten Erlebnisse und Erfahrungen. Es werden auch zum ersten Mal Fotos von Wesen der Sphären gezeigt, welche Franz Bardon höchstpersönlich in den 20ern gemacht hat. Des Weiteren schreibt Seila Orienta über die Sphären, über Dämonen, Logenkontakte und vieles, vieles mehr, was einem ehrlich strebenden Hermetiker das Herz übergehen lassen wird.

*

Das Leben des Franz Bardon
Hohenstätten

Dieses Buch beschreibt das Leben des Meisters außerhalb des Frabatos, welches seine Sekretärin – Otti V. – geschrieben hat. Es beinhaltet Erklärungen zu seiner „Biografie", weitere Einzelheiten über den Kampf mit der FOGC, seine Beziehung zu Wilhelm Quintscher und anderen Okkultisten, was alles bisher unbekannt war! Des Weiteren werden viele Erlebnisse seiner Schüler in Prag erzählt, verschiedene magische Leistungen und interessante Geschichten Bardons beschrieben, die bis dato unveröffentlicht sind. Es werden auch seine drei Lehrwerke und deren Wirkung auf die Öffentlichkeit von einem anderen, unbekannten Standpunkt geschildert, welcher durch bisher schwer zugänglichen Schriften unterstützt wird. Als Krönung wird seine aus dem tschechischen übersetzte „Runenschrift" zum ersten Mal veröffentlicht. Auch einige Seiten aus anderen unveröffentlichten Schriften von ihm sowie interessante Fotos des Meister Bardon und seiner Freunde werden hier preisgegeben und vieles, vieles mehr.

*

In Verbindung mit der Gottheit
Hohenstätten

Über das Thema der Gottverbundenheit mit all seinen Formen und

Methoden wurde bis heute noch nie ein Buch verfasst geschweige denn eine Schrift geschrieben. Man findet in der okkulten wie in der östlichen Literatur nur spärliche Hinweise, die größtenteils verschlüsselt sind oder so geschrieben wurden, dass man sie kaum versteht. Im Gegensatz dazu wird in diesem Buch offen dargelegt, dass das 1. kleine Arkanum der 78 Tarotkarten die Gottverbundenheit in ihrer Reinform darstellt.

*

Hermetische Heilmethoden
Hohenstätten

Dieses Buch stellt in der okkulten Literatur ein absolutes Unikum dar, denn über die Gesamtheit der okkulten Heilmethoden wurde bis jetzt noch NIE etwas Sinnvolles geschrieben. Es werden alle Heilmethoden erwähnt, die der hermetische Schüler mit Hilfe seiner bisher erlangten Konzentrationsfähigkeit ausüben und verwenden kann.

*

Erste hermetische Zeitschrift

„Der hermetische Bund teilt mit" ist eine der wenigen magisch-mystischen Zeitschriften, welche sich soweit als möglich auf die universelle Lehre von Franz Bardon bezieht. Sie versucht sich an die Gesetze des 4-poligen Magneten zu halten und vermittelt Wissen sowie Hinweise für die Praxis, damit der Leser die Möglichkeit hat, sie in seinen hermetischen Weg aufzunehmen und für sich gewinnbringend zu verarbeiten.

Noch viel mehr hermetische Literatur finden Sie auf unserer Website: http://www.hermetischer-bund.com.

Viel Vergnügen beim Stöbern!

Der Verlag